昭和30年代～50年代の地方私鉄を歩く 第14巻

新潟県の私鉄

新潟交通、越後交通、蒲原鉄道、頸城鉄道自動車

髙井薫平 著

かぼちゃ電車の行き違い。◎六分　昭和56（1981）年11月　撮影：田中義人

Contents

1章 カラーフィルムで記録された新潟県の私鉄

2章 新潟県の私鉄モノクロームの記録

新潟交通モワ51の牽く貨物列車。◎灰方〜小中川　昭和55（1980）年5月　撮影：安田就視

まえがき

　第7回配本として「甲信越の私鉄3　越後の私鉄」をお届けいたします。現在では新幹線も通じ、日本一の米どころとして、また本州の日本海側の中心地でありまた、歴史のある工業地帯でもあります。一方ハンデキャップはわが国有数の豪雪地帯という点ですが、それも現在では克服されています。

　また、新幹線も早く開業しましたが、意外なことに私鉄が現在一つも残っていません（新しく生まれた北越急行と、転換で生まれたえちごトキめき鉄道は別として）。

　越後の国にはかつて4つの電気鉄道と、1つの非電化軽便鉄道が存在しました。電気鉄道の一つは戦後に電化した762㎜軌間の軽便鉄道でしたが、廃止になる直前まで4〜5両編成の電車が走っていました。

　ところでご存じのように長野県川上村に水源をもつ大河千曲川は、新潟県下では信濃川と呼ばれ、新潟県の主要都市のひとつ長岡市を通って、県都新潟市で日本海に流れ込みます。この信濃川の流れが富を生み、新潟、長岡という二つの都市を形成したのだと思います。

　ところが大河の流れにはいくつかの問題もありました。とくに私設鉄道にとって大河に橋をかけるという事業は経済的に負担でした。さらに官鉄が信濃川の対岸を走り、川向うに駅が作られると対岸の私鉄は厳しくなります。長岡鉄道は信濃川を渡ることができず、長岡駅の対岸に西長岡駅を作り、貨車の授受は国鉄線と連絡しやすいところまで支線を設けて貨車を通しました。新潟交通の場合は県庁に近い市の中心部に起点を設けましたが、人の流れを左右する国鉄新潟駅はやはり信濃川を渡らなければなりませんでした。一時期市内線を延長し、新潟市内電車として計画が進んだ時期もありましたが、この計画は挫折します。その後も新潟交通は国鉄新潟駅乗り入れのため、色々策を練っていたようですが、最後に採ったのはバスとの連帯運輸でした。

　もう一つの電車線、蒲原鉄道も当初から電車線でスタートした小さな鉄道でした。都会から少し離れた村や町を結びました。路線は信越本線の加茂と磐越西線の五泉を結ぶ形で、途中の村松はこの地の中心地でした。沿線は実に新潟らしい風景で、秋になると付近は黄色に染まり、村には活気がありました。しかし、道路の整備と、路線が開業した50年前には考えもしなかった自動車の普及がこの鉄道を廃止に追い込みます。この間、この鉄道の車両改善にかけた思いが伝わってきます。戦前からの車両も使っていましたが、戦後すぐに新車を投入、その後も他社からの譲受でサービス向上に努めたように思われます。それは、沿線界隈に残された保存車両の多さで、最盛期には10両近くを数えたことが物語るように思います。

　農業地帯で頑張った鉄道に非電化の軽便鉄道、頸城鉄道自動車があります。○K「マルケー」の愛称で親しまれましたが、かつての百間町の車庫跡には奇跡の復帰を遂げた車両たちが地元の人たちに見守られて健在です。

　そのほか、越後の鉄道で忘れられないのが糸魚川にあった東洋活性白土の専用鉄道です。活性白土というのは石油精製の際、触媒として使用するセメントに似た粉末で、セメント袋に入れて輸送されていますが、その袋を入れたトロッコを何両か繋いで糸魚川駅に届けるのが役目でした。特筆すべきはそのトロッコを牽く機関車が蒸気機関車で、軌間が610㎜であったことも我々を惹き付ける魅力になっていました。軽便鉄道好きの集まりである若い集団に、彼らの持つ小さな機関車を走らせる場所を提供してくれたよき理解者でしたが、惜しくも昭和57年に廃業してしまいました。

　この巻は現在鉄道として何も残っていない地域の特集になりました、幸いいくつかの鉄道の車両は保存という形で残されておりますので、これらも含めてご紹介いたします。

髙井薫平

1章
カラーフィルムで記録された
新潟県の私鉄

【七谷駅ホーム】
七谷駅は加茂まで全通した時に設置され、列車交換設備のほか側線を含む堂々たる駅であったが、その後無人駅になった。
◎七谷　昭和48（1973）年3月　撮影：西川和夫

新潟交通

【混合列車】
モワの後ろに社型の有蓋貨車を挟んだ面白い編成だ。県庁前では入換えができないから列車はこのまま東関屋まで折り返した。
◎県庁前　昭和37（1962）年10月
撮影：荻原二郎

【関屋大橋を渡るモハ11】
関屋大橋は信濃川の本川分流にかかる橋で昭和46（1971）年5月に完成した。新潟交通の鉄道橋も兼ねていたが、現在は歩道橋になっている。
◎東関屋～東青山
平成10（1998）年6月
撮影：矢崎康雄

【米輸送に頑張る】
米どころを走る新潟交通では、収穫期になると長い有蓋貨車を牽くモワ51に出会うことができた。貨物は燕駅で国鉄に引き継がれた。◎六分　昭和56（1981）年11月　撮影：田中義人

【モワ51は貨車を牽いてやって来た】
機関車を持たない新潟交通では、開業時に準備されたモワ51が貨物輸送に活躍した。
◎燕〜灰方　撮影：安田就視

【モハ16を先頭にMTT編成が行く】
モハ16は3代目である。
◎燕〜灰方
撮影：安田就視

【チューリップ畑に沿って走るモハ19】
◎昭和58（1983）年4月　撮影：隅田 衷

【モハ2230＋2229】
小田急電鉄時代の塗色のまま、排障器を取り
付けただけで使用された。
◎燕
平成5（1992）年7月
撮影：荻原俊夫

【白根の大凧合戦で賑わう】
江戸時代中ノ口川。堤防改修工事完成をきっかけに行われた「たこ合戦」で、毎年6月6日に行われる。白根は列車の行き
違いができるこの地区の主要駅だった。◎白根　昭和61（1986）年6月　撮影：安田就視

越後交通長岡線(元·長岡鉄道)

【モハ3001】
二階建の駅の建物はこの当時でもレトロ感が漂う。一時期、長岡鉄道の本社はこの建物にあった。
◎西長岡駅　昭和35(1960)年7月　撮影：J.Wally Higgins(NRA)

【モハ2002】
この時代、クリームとグリーンの塗装は多くの地方鉄道で見られた。番号も大きく好ましい配色だった。
◎西長岡　昭和35(1960)年7月　撮影：J.Wally Higgins(NRA)

【EB-111の混合列車】
混合列車の入替、後ろの2軸客車も電車と同じクリームとグリーンの塗装である。
◎西長岡駅　昭和35（1960）年7月　撮影：J.Wally Higgins（NRA）

【モハ1400形（1402）】
もと小田急。1402は形式番号とも小田急時代と変わっていない。◎寺泊　昭和42（1967）年5月　撮影：荻原二郎

【西長岡駅】
遠くのホームに停車しているのは小田急から来た1400形。最後のころ長岡線の旅客の主力は小田急から来た電車だった。手前は貨物輸送を担った電気機関車群、手前のED261はすっかり古参になった。
◎西長岡　昭和48（1973）年6月　撮影：安田就視

【ED5100（5102）】
貨物輸送をやめた長野電鉄の元・定山渓鉄道の機関車。働き場の鉄道会社が3回も変わったが、この越後交通時代の塗色が一番似合う気がする。◎西長岡　昭和57（1982）年10月　撮影：大賀寿郎

越後交通栃尾線 （元・栃尾電鉄）

【モハ211を先頭に走る快速列車】
国鉄信越本線の線路と並んで長岡方面に向かう。前面に快速の列車標識を掲げている。
◎昭和35（1960）年7月　撮影：J.Wally Higgins（NRA）

【モハ203】
この電車は元々鮮魚台のあったガソリンカーを電車に改造したもの。
◎長岡　昭和35（1960）年7月　撮影：J.Wally Higgins（NRA）

【モハ208】
悠久山からの列車は直角に曲がって長岡に到着する。◎長岡　昭和32（1957）年2月　撮影：J.Wally Higgins（NRA）

【ED51】
昭和24（1949）年に日立製作所で製造された立派な電気機関車である。◎栃尾　昭和41（1966）年5月　撮影：荻原二郎

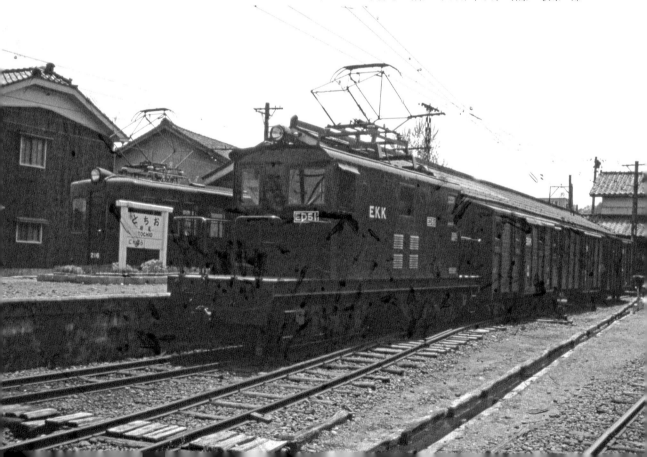

【クハ112他】
クハ112元モハ210という自社工場製の電動車だったが、新鋭電動車に押されて制御車として編成に復帰した。
◎新見附　昭和45（1970）年5月　撮影：J.Wally Higgins(NRA)

【モハ205他】
幾たびの改造を重ねたモハ205だが、このあと張り上げの屋根に雨樋を巻く工事を行っている。
◎悠久山　昭和35（1960）年7月　撮影：J.Wally Higgins(NRA)

【クハ104を先頭のTMTM編成】
電動車に余裕が出てきたのか4両編成で電動車が2両も入っている栃尾線では珍しい編成。先頭のクハ104はモハ212以降の栃尾標準のスマートな車体だが、台車は小坂鉄道から来たイコライザー台車だ。
◎長岡　昭和45（1970）年5月　撮影：J.Wally Higgins（NRA）

【しんがりを務める木造客車】
この写真が撮影された当時はまだ青とクリームの塗装であった。赤い後部表示板はしっかり付いている。
◎悠久山　昭和35（1960）年7月　撮影J.Wally Higgins（NRA）

【栃尾線車両区】
昭和42（1967）年11月に長岡駅に付属していたすべての機能が下長岡駅近くに移転され、栃尾線のすべての機能を備えた栃尾線の中枢が出来上がった。しかし昭和50年度末の鉄道廃止により短命に終わった。
◎下長岡　昭和48（1973）年３月　撮影：西川和夫

【浦瀬駅に進入するモハ212ほか】
◎浦瀬
昭和48（1973）年3月
撮影：西川和夫

【MMTT編成】
先頭は力持ちのモハ209、次位のモハ213はパンタを上げているがおそらく運転手は乗っていないのだろう。半分崩れかけた瓦葺きの農家の資材小屋が印象に残った。
◎浦瀬～宮下
昭和48（1973）年３月
撮影：西川和夫

蒲原鉄道

【蒲原鉄道11】
このころは茶色に白帯の塗装
だった。
◎土倉
昭和33（1958）年7月5日
撮影：J.Wally Higgins（NRA）

【モハ31】
出張工事で生まれた車両、台車
や電気品は在来の車両から工面
して対応し、おかげで形式変更
型形式に及んだ。このころは茶
色に白帯の塗装だった。
◎土倉
昭和33（1958）年7月
撮影：J.Wally Higgins（NRA）

【モハ51他】
夏の日中、車庫で憩う車両たち。
モハ51は元モハ13で、部品をモ
ハ31に提供して形式が変わっ
た。
◎村松
昭和33（1958）年7月
撮影：J.Wally Higgins（NRA）

【モハ11形（12）】
刈り入れ前の田んぼの中にある高松駅にモハ12がひっそりやって来た。◎高松　昭和56（1981）年9月　撮影：安田就視

【五泉駅】
初冬のある日、磐越西線の列車の合間、五泉の町の買い物帰りか、ホームの中ほどに切り取られた乗換え通路を通って蒲原鉄道のホームに向かう。
◎昭和56（1981）年11月
撮影：田中義人

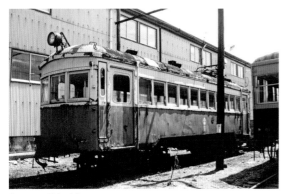

【モハ11形（12）】
加茂延長の時作られた半鋼製の小型電動車は、かなり傷んだ姿で車庫の裏手に置いてあった。
◎村松　平成11（1999）年8月　撮影：田中信吾

【モハ61とモハ71】
西武鉄道ではわき役だったこの2両の電車は、鉄道廃止まで主役だった。
◎村松　平成11（1999）年8月　撮影：田中信吾

【七谷駅に停車中のモハ41】
交換設備や側線を持った重要駅
だったが、既に駅員のいない無
人駅になっていた。モハ41は最
初2扉で製造されたが、乗客の
増加を期待して車体を延長し、
3扉に改造されている。
◎七谷
昭和48（1973）年3月
撮影：西川和夫

【ED1】
開業から鉄道廃止まで見届けた
唯一の車両だ。今も冬鳥越に保
存されている。
◎村松
昭和48（1973）年8月
撮影：亀井秀夫

【ED1とモハ71】
最古参で唯一の電気機関車で
あるED1と乗客の増加に対応し
て、西武鉄道から購入した準新
車。ともに鉄道廃止の日まで活
躍した。ED1の機器室正面に取
り付けられた社章は電車にはな
かったものだ。
◎村松
平成11（1999）年9月
撮影：亀井秀夫

【村松車庫】
構内踏切にも警報機が付きすっかり近代化され、かつての面影はなくなった。電車もいつの間にか昔の西武鉄道色が幅を利かせる。
◎平成2 (1990) 年10月
撮影：安田就視

【モハ31】
モハ31は常用される4両の電動車の中で、全線の廃業時まで使用された。
◎高松
昭和56 (1981) 年9月
撮影：安田就視

【国鉄からの
乗り換え客を待つモハ31】
信越本線から乗り換える蒲原鉄道の加茂駅ホームは、踏切でつながっていた。国鉄線のホームに貨物列車が停車して踏切をふさぐ場合には、一時的に編成を分割して通路を作った。
◎加茂
昭和48 (1973) 年3月
撮影：西川和夫

頸城鉄道自動車

【DB81の牽く旅客列車】
機関車形式はDB8で、8ｔ機、車番が1ということのようだ。◎浦川原　昭和41（1966）年5月　撮影：荻原二郎

【ホハ4、5ほかの混合列車】
頸城鉄道の終点の駅の風景。◎浦川原　昭和37（1962）年7月　撮影：荻原二郎

【ホジ3】
◎明治村
昭和40（1965）年10月
撮影：梅村正明

【DB81の牽く混合列車】
◎北四谷〜飯室
昭和43（1968）年8月
撮影：田尻弘行

【ホジ3が客車2両を牽いて現れた】
◎下保倉〜浦川原　昭和43（1968）年8月　撮影：田尻弘行

東洋活性白土専用線

【雪を頂いた山をバックに走る】
今日は出荷が多いのか製品を満載したトロッコを5両も連結している。工場から糸魚川の駅まで800mを推進運転で、先頭のトロッコには監視員が乗っている。
◎糸魚川〜工場

【協三工業のBタンク機関車】
糸魚川駅で国鉄のタキから積み替えた燃料を満載した小さなタンク車を牽いてきた。
◎昭和42（1967）年5月
撮影：荻原二郎

【トロを牽く】
国鉄糸魚川駅と工場のあいだの製品には小さな機関車がトロッコを3両牽引した。製品を満載したトロッコを牽くとき機関車はバック運転。工場に帰るときは機関車が正位になる。
◎昭和52（1977）年10月
撮影：安田就視

【小型機関車運転会】
台湾基隆炭礦の機関車。愛好者の集まりである羅須地人鉄道協会の手で台湾から持ってきたさらに小さな機関車の運転会が数年にわたって行われた。この活動がその後の「成田ゆめ牧場まきば線」建設につながっていく。
◎工場構内
昭和55（1980）年5月
撮影：荻原俊夫
（このページ3枚とも）

北越急行ほくほく線

　平成9（1997）年に北陸新幹線開業までのつなぎという目的もあって、上越線の六日町から北陸本線犀潟まで60kmをショートカットして生まれた高規格の鉄道である。特急列車が上越新幹線との連絡駅越後湯沢から金沢まで特急「はくたか」が設定された。特急列車は北越急行線内を最高速度160km/hで走行し、間を縫って走る各駅停車用車両も高性能車両が用意された。

　ルートは途中かつて頸城鉄道が走っていた付近をかすめ、沿線には久しぶりに列車が走った。しかし、平成27（2015）年の北陸新幹線開業により北越急行は地方の1路線になったが、相変わらず高規格のレールの上を今度は地方の人たちの足として毎日元気に走っている。

【JR西日本681系はくたか】
通過列車優先の線路配置で、通過列車は直線の方の線路を通過する。
◎まつだい　平成25（2013）年12月　撮影：髙井薫平

【JR東日本485系改造車】
ほくほく線を経由する特急「はくたか」のうちJR東日本担当の列車は、新車でなく使い古された485系を更新修理して（V編成）2編成が充当された。
◎直江津　平成19（2007）年9月　撮影：髙井薫平

【北越急行所属の681系2000番台】
北越急行所有の681系はJRの車両と塗色が異なっていた。北陸新幹線の開業で「はくたか」はなくなり、車輌はJR西日本に引き取られた。
◎まつだい　（平成25（2013）年12月　撮影：髙井薫平

【HK100】
12両が在籍し、快速列車スノーラビットに使用する8.9号車は車内にプラネタリユーム装置を設け、この鉄道の長大トンネル通過を旅のお楽しみに変えてくれる。そのほかの車両もクロスシートで最高速度時速110km/hの高性能車、開業に合わせて地元の新潟鐵工所で生まれ、その後新潟鐵工所の事業を引き継いだ新潟トランシスで製造されている。
◎まつだい　平成25（2013）年12月　撮影：髙井薫平

【JR西日本489系による「はくたか」】
ほくほく線が開業した時、JR東日本、西日本とも、既存の481.489系を充当した。東日本會社は新線対応用として大幅な改造工事を実施したが、すでに485系の後継車681系を登場させていた西日本會社は681系が充足するまでのつなぎで、そのままの姿で投入、その使用期間は短かった。
◎くびき〜犀潟　平成14（2002）年12月
所蔵：フォト・パブリッシング

【KH100-8】
新造当初のKH100-8、車内は転換式クロスシートで快速列車に用いられた。のちに車内に投影装置を取り付け観光列車として人気を高めた。
◎六日町基地　平成17(2005)年月　撮影：高井薫平

【超快速ゆめぞらのKH100-9】
高規格路線の特徴を生かして走る観光列車、北越急行線はトンネル区間が長いことを逆手に、車内にコンピュータグラフイックの映像を天井に映し出す。上映時間は計22分、5回に及び人気を呼んでいる。
◎犀潟　令和4(2022)年5月　撮影：高井薫平

【線内快速用に生まれたグレードアップ車両】
◎くびきの～大池いこいの森
平成19(2007)年9月　撮影：荻原俊夫

【創業25周年のヘッドマークを付けたKH100-3＋KH100-4】
◎北新井～新井　令和2(2020)年5月　撮影：荻原俊夫

【681系によるはくたか】
田んぼの中まっすぐ伸びる高架鉄道をJR西日本の681系がやって来た。
◎犀潟～くびき　平成15(2003)年2月15日　所蔵：フォト・パブリッシング

保存車両

【新潟交通モワ51】
月潟駅跡に保存される「かぼちゃ電車」の1両。「かぼちゃ電車保存会」の手で保存され、黄と緑の塗装も鮮やかに、新潟電鉄開業時の電車の姿を今に伝える。モワ51とモハ11の空間を開けて、モワ51の顔を拝めるようになっているのは心憎い演出だ。
場所：新潟市南区月潟駅跡
アクセス：JR新潟駅よりバスで80分
平成24（2012）年6月
撮影：髙井薫平

【新潟交通モハ11】
モワ51の隣に繋がるのが、モハ11。一時は各地の地方私鉄に導入された「日車標準車体」も今ではこれが現存唯一となった。特に復元された箇所は無く、鉄道末期の頃の姿のままである。
場所・アクセス：同上
平成24（2012）年6月
撮影：髙井薫平

【新潟交通キ116】
キ116、モワ51、モハ11の3両は鉄道営業最終日の翌日、東関屋で他の仲間たちに今生の別れを告げ、キ116を先頭に、モワ51とモハ11の3両が月潟駅まで自走回送された。
場所・アクセス：同上
平成24（2012）年6月
撮影：髙井薫平

【蒲原鉄道モハ61】
蒲原鉄道営業廃止まで活躍した
モハ61は、先立って部分廃止と
なった沿線にあった冬鳥越駅跡
にほど近いスキー場に保存され
た。スキーガーデン営業時間帯
は、車内を見学することができ
るようだ。
場所：加茂市長谷 冬鳥越スキー
ガーデン
アクセス：JR加茂駅より車で20
分
令和4（2022）年9月
撮影：髙井薫平

【蒲原鉄道モハ61＋モハ1】
モハ61とモハ1は連結されて保
存されている。以前はモハ1に
も屋根が無かったが、豪雪地帯
ゆえ木造車体の劣化が心配され
たため、クラウドファンディン
グにより全国の有志より寄付金
を集め、立派な屋根が設けられ
た。
場所・アクセス：同上
令和4（2022）年9月
撮影：髙井薫平

【蒲原鉄道モハ1】
モハ1は下回りを他車に供出したのち、
長いこと車体だけが倉庫として村松駅
構内に残され、半分建屋に取り込まれ
た姿だった。それが、鉄道廃止の際に
奇跡的に救出されて、下回り、パンタ
グラフ、前照灯も取り寄せて立派な電
車として復元された。新潟県最古の木
造電車として大切に保存されている。
場所・アクセス：同上
令和4（2022）年9月
撮影：髙井薫平

【蒲原鉄道ED1】
蒲原鉄道営業廃止まで残った
ED1だが、すぐに安住の地に
移ったモハ61と異なり、しばら
く村松駅跡にモハ31と共に残さ
れた。その後、村松駅跡の整理
の際にモハ31は解体されてし
まったが、幸いED1は冬鳥越ス
キーガーデンに引き取られた。
そのような背景があるため、同
地でもモハ61とは離れた場所に
安置されている。
場所・アクセス：モハ61と同じ
令和4（2022）年9月
撮影：髙井薫平

【蒲原鉄道モハ41】
五泉市内の公園に保存されているモハ41、こちらの保存
状態は良いようだ。
五泉市内　平成17（2005）年7月
撮影：髙井薫平

【蒲原鉄道モハ11】
一足先に現役を退いたモハ11はこの地から
村松駅を望み、残された仲間たちの最後の
活躍を見守った。保存開始から40年余りが
経過して、屋根があっても破損が進んでい
る。修復を望みたい。城址公園の隣には郷
土資料館があり、ここにも蒲原鉄道にちな
む事物が展示されている。
場所・アクセス：同上
令和4（2022）年9月
撮影：荒井 稔

【五泉～加茂間の畑の中に
保存されたモハ71とクハ10】
かつて電車が走っていた沿線の田んぼの中に、
訪問した時、ほぼ直角に置かれた2両の電車を
覆う木造の屋根、村松市学校町が作った立て看
板もかなり朽ちかけており、電車は雑草に覆わ
れていた。
村松市内　平成17（2005）年7月
撮影：髙井薫平

【頸城鉄道自動車2号機】
西武山口線への貸与終了後に頸城自動車に返却されるも大切に保管され、消息不明だったかつての仲間たちの帰郷に合わせて昔懐かしの百間町車庫跡に戻ってきた。火こそ入らないが、黒光りする車体は現役時代を彷彿とさせる。
場所：上越市頸城区　くびき野レールパーク
アクセス：北越急行大池いこいの森よりバスで15分
平成25（2013）年12月
撮影：髙井薫平

【頸城鉄道自動車DC92】
平成16（2004）年に、兵庫県で奇跡的に発見された車両のうち、動態保存化の第一号。平成19（2007）年に、実に36年ぶりに再びエンジン音を頸城の山野に響かせた。公開日には訪れた見学客を満載した客車・貨車を、現役さながら力強く牽引する。
場所・アクセス：同上
平成25（2013）年12月
撮影：髙井薫平

【頸城鉄道自動車ホジ3】
平成24（2012）年に動態復元がなされた。保存運転時には、DC92の牽引列車に連結される場合と、ホジ3単独で走る場合がある。室内には特徴的なエンジン覆いの木箱も健在だ。
場所・アクセス：同上
平成25（2013）年12月
撮影：髙井薫平

【兵庫の山から戻ってきた
当初のホジ3】
車体のあちこちに傷みが見ら
れ、これから改修工事が始まる。
場所：くびきのレイルパーク
平成17（2005）年7月
撮影：髙井薫平

【頸城鉄道自動車ハ6】
これも兵庫県内に保存されてい
た車両の一つ。体験乗車で乗れ
る唯一の客車で、他には無蓋貨
車ト5に畳を敷いたものがあ
る。なお「くびき野レールパー
ク」の営業日は不定期のため、
訪問される場合は事前に公式
HP等で確認されたい。
平成25（2013）年12月
撮影：髙井薫平

【魚沼鉄道ハ2】
頸城鉄道時代も大きな改造は
されていなかったので、復元と
いっても外観（塗装）くらいで
あるが、ハ6と見比べてその差
異を発見するのも面白いだろ
う。
場所：新潟市中央区 新潟県立
自然科学館
令和4（2022）年9月
撮影：髙井薫平

【頸城鉄道自動車ラキ1】
新潟県から遠く離れ、雪とまったく縁のない温暖な千葉県に引き取られた。「羅須地人鉄道協会」の管理のもと「成田ゆめ牧場まきば線」で保存されている。なお軌間は、同線に合わせて762mmから610mmに改軌された。
場所：成田市名木 成田ゆめ牧場
アクセス：JR滑河駅より送迎バスで10分
令和4（2022）年9月
撮影：髙井薫平

【東洋活性白土1号機】
東洋活性白土が倒産後、同じ糸魚川市内にある建設会社に引き取られたが、平成11（1999）年に「羅須地人鉄道協会」に引き取られた。動態保存化が試みられているが、鉄道現役時代から殆ど動いたことが無かったこともあり、その作業は難航しているという。
場所・アクセス：同上
令和4（2022）年9月
撮影：髙井薫平

【東洋活性白土2号機】
東洋活性白土の倒産後、糸魚川小学校に保存された。平成19（2007）年の江戸東京博物館の「大鉄道博覧会」で展示されたのち、今度は糸魚川のフォッサマグナミュージアムに展示された。令和2（2020）年に糸魚川駅構内の「糸魚川ジオステーション ジオパル」に移された。
場所：糸魚川市大町 糸魚川ジオステーション ジオパル
アクセス：JR糸魚川駅構内
令和4（2022）年2月
撮影：佐竹雅之

新潟電鉄・栃尾鉄道の沿線案内図

矢崎康雄

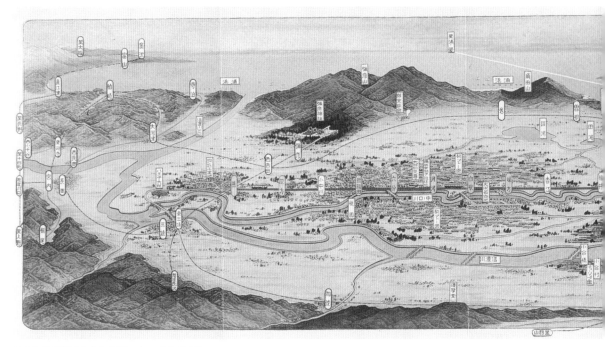

【新潟電鉄沿線案内】（昭和8（1933）年発行）

新潟電鉄が開業した年の発行で下部が東・南側で越後平野、上部が西・北側で日本海側である。日本海を金沢から湯野浜までいれ、右上には佐渡島が浮かんでいる。新潟電鉄は中央に赤の直線で書かれ、線上の電車のカットはパンタグラフをつけたボギー車。右側の県庁前から東関屋は道路併用軌道で細い線で描かれ東関屋から燕への鉄道線と違うことがわかる。また主要駅は白地ではなく黄色で区別してある。新潟電鉄が沿って走る中ノ川分流と信濃川は右からの横書きである。信濃川河口の新潟市をみると、臨港鉄道、海沿いには飛行場も記載されている。飛行場と隣の国立倉庫、関屋にあった競馬場は黒枠で表示されている。新潟港からの航路の先は北海道、両津のほか、左に延びる先は満州蒙古である。日本海の水平線の上は赤く描かれ対岸の陸地のように見える。

【栃尾鉄道沿線図絵】（昭和2（1927）年発行）
栃尾鉄道開業の12年後、悠久山への開通3年後の発行で、西から東方向を見た絵図である。手前、すなわち下が越後平野で左右に信越本線が走る。上は東の方向で後方は山が連なる。右手に長岡、悠久山、左手が上見附、栃尾と線路は赤で示されている。右下に長岡の家並みが描かれ、信濃川を挟んで、長岡鉄道の西長岡駅も記載されている。信濃川には多くの船が浮かび、上がっているのは花火のように見える。上見附駅は頭端式で、図絵も折り返しに描かれている。終点栃尾の手前が楡原（にればら）でその手前に栃尾鉄道唯一のトンネルがあった。見附町と栃尾町の境でこの図絵では牛ヶ額トンネルと記されているが牛ヶ嶺の誤植らしい。今は道路と化し楡原トンネルと名前も変わっている。

絵葉書に登場した1920〜30年代の新潟の私鉄

絵葉書提供　白土貞夫

(1)新潟電鉄

【新潟県庁前】
絵葉書の表記が右から左書きに変わっている。写っている電車も元・神中鉄道のガソリンカー改造のクハを連結している。

【新潟県庁前】
電車はホームに入っていて、県庁との位置関係が良く分かる。電車は塗り分けに変わっていて、絵葉書の解説は左書きに変わっている。

【新潟県庁前】
絵葉書の表記が右から左書きに変わっている。写っている電車も元・神中鉄道のガソリンカー改造のクハを連結している。

(2)長岡鉄道

【本社西長岡停車場】
この西長岡の駅は鉄道廃止の時までこの姿をとどめていた。本社は2階、入り口を入るとホームに出る。

【長岡鉄道と寺泊港】
港は当時佐渡に渡る港の一つだった。だから長岡鉄道はまず越後鉄道大河津と寺泊の区間が開業するが、海岸まで下りるのにスイッチバックを設けるなど苦労している。

【寺泊停車場及新潟県水産試験所】
この絵を見るとかなり立派な駅だったことが分かる。機関車は開業時用意された大日本軌道製1.2.4のいずれか、自重18トンのCタンク機である。水産試験所は昭和34年に新潟市に移転している。

(3)蒲原鉄道

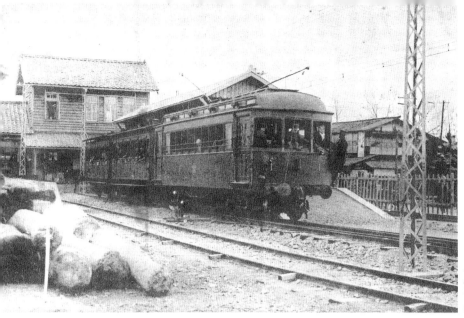

【村松停車場】
デハ1が鉄道省から払い下げを受けたマッチ箱客車を2両牽いている。駅舎の位置が線路終端にあり、加茂延長の前である。

【村松停車場】
この写真で駅舎の位置が良く分かる。駅前には人力車が並んでいる。

【加茂町のガードと電車】
加茂延長で増備された半鋼製モハ11〜13のうちの1両、ガードの下を信越線が通っている。

(4)頸城鉄道

【新黒井停車場】
列車を牽いて停車しているのは
開業時用意されたドイツ、コッ
ペル製のBタンク機関車。開業
時に発注した3両のうちの1両
と思われる。

【浦川原停車場】
コッペルが入れ換え中。当時の
駅前の雰囲気が良く分かる貴重
な1枚である。

【新黒井停車場】
開業記念の絵葉書である。機関
車はドイツ、コッペル製のBタ
ンク機関車、客車は貨車3両の
後ろに2両、うち1両はホロハで
頸城鉄道が2等級制だったこと
を表している。
◎提供：頸城自動車

新潟県の私鉄切符

所蔵・解説 堀川正弘

新潟交通

中小私鉄ではかなり早くに自動券売機が導入されていました。

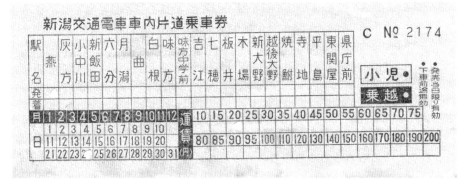

越後交通

長岡線と栃尾線の車補です。よく見ると注意書き事項の表示が異なっています。

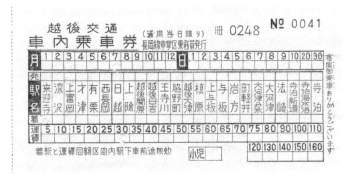

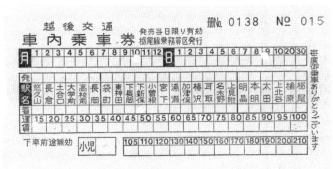

硬券式の補充券です。

往復乗車券です（往路だけですが）

準硬券ともいうような、軟券と硬券の間の紙質で、回数券のように連続して印刷されていたものをちぎって発売されました。

蒲原鉄道

下は、国鉄の窓口で発売されたものです。

蒲原鉄道 車内乗車券 101号 冊No.258				No.0022
発駅名着	運	賃	月	日
五　泉	1	25	1	1
今　泉	2	30	2	2
村　松	3	35	3	3
西村松	4	40	4	4
寺　田	5	45	5	5
大蒲原	6	50	6	6
高　松	7	55	7	7
土　倉	8	60	8	8
冬鳥越	9	65	9	9
七　谷	10	70	1C	10
狭　口	15	75	11	20
駒　岡	20	80	12	30
東加茂	小 ○ 児			
陣ヶ峰	通用発売日共2日			
加　茂	停留所下車無効			

蒲原鉄道 車内乗車券 106号 冊No.16				No.0004
発駅名着	運賃		月	日
五　泉	3	55	1	1
今　泉	5	60	2	2
村　松	8	65	3	3
西村松	10	70	4	4
寺　田	15	75	5	5
大蒲原	20	80	6	6
高　松	26	85	7	7
土　倉	30	90	8	8
冬鳥越	35	95	9	9
七　谷	40	100	10	10
狭　口	45	105	11	20
駒　岡	50	110	12	30
東加茂	割引		小児	
陣ヶ峰	通用 当日（下車前途無効）			
加　茂	発売日共2日（停留所下車前途無効）			

左が昭和30年代、右が昭和40年代の物です。様式はさほど変わっていませんが、「停留所」下車（前途）無効と有るのは珍しいですね。

頸城鉄道自動車

最終日前日です。この時はもう百間町までしか営業されていませんでしたので、ゴム印で「大池」までに訂正されています。

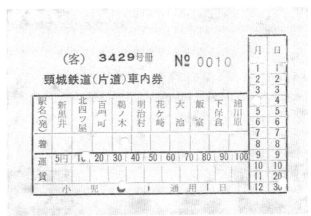

記念乗車券

黒崎中学前駅開設記念 1982・1・1

No 001135

新潟交通線 前↔黒崎中学前 290円
(昭和57年3月31日まで有効)
下車前途無効
新潟県庁前

木場 新大野 中学前 越後大野 焼鮒

鉄道線廃止記念乗車券（月潟〜燕）
平成5年8月1日

No 000619

No 000619

新潟交通線
月潟↔燕
440円

平成5年7月31日まで有効
下車前途無効

鉄道線廃止記念乗車券（月潟〜燕）
平成5年8月1日

No 000671

No 000671

新潟交通線
燕↔灰方
150円

平成5年7月31日まで有効
下車前途無効

長鉄さようなら記念
50年4月

来迎寺 西長岡 越後関原 脇野町 与板 大河津 寺泊

（越後交通）
西長岡 から 長岡線 90円 区間ゆき
西長岡駅発行
下車前途無効

越後交通株式会社

栃鉄 さようなら記念
1915—1975 (60年間)

栃尾
上見附
椿沢
浦瀬
下長岡
白久悠
長岡

越後交通株式会社

（越後交通）から
上見附
栃尾線 50 円区間ゆき
上見附駅発行
下車前途無効

長岡線 大河津 ←→ 寺泊 1915 1973 58年間
さようなら記念

越後交通

来迎寺
西長岡
大河津
寺泊

（越後交通）
大河津 ←→ 寺泊
50円 発売当日限り

栃尾線 悠久山 ←→ 長岡 1924—1973 49年間
さようなら記念

越後交通

悠久山
栃尾
長岡
上見附

（越後交通）
悠久山 ←→ 長岡
30円 発売当日限り

頸城鉄道線廃止記念
1914 → 1971

1971.5.1限り

乗車券
10 15 20 25 30 40 50 60
46年5月1日まで通用

乗車券
10 15 20 25 30 40 50 60
46年5月1日まで通用

本書に登場する鉄道の駅名一覧

〔廃止路線〕

（駅名は廃止直前の状況、日付は開業年月日、左側の数字の単位はkm）　（貨）→貨物専用駅

【新潟交通】
軌間1067mm/直流600V・1500V→1500V
白山前〜燕 36.1km　1999（平成11）年4月5日全廃

km	駅名	よみ	開業年月日
0.0	白山前	はくさんまえ	1933（昭和8）年7月28日
2.6	東関屋	ひがしせきや	1933（昭和8）年4月1日
3.6	東青山	ひがしあおやま	1980（昭和55）年9月26日
4.4	平島	へいじま	1933（昭和8）年4月1日
5.4	寺地	てらじ	1967（昭和42）年10月1日
6.2	ときめき	ときめき	1997（平成9）年3月16日
6.8	焼鮒	やきふな	1933（昭和8）年4月1日
8.6	越後大野	えちごおおの	1933（昭和8）年4月1日
9.1	黒崎中学前	くろさきちゅうがくまえ	1982（昭和57）年1月1日
9.6	新大野	しんおおの	1934（昭和9）年7月21日
11.5	木場	きば	1933（昭和8）年4月1日
12.8	板井	いたい	1933（昭和8）年4月1日
14.9	七穂	ななほ	1937（昭和12）年11月22日
16.1	吉江	よしえ	1933（昭和8）年4月1日
17.0	味方中学前	あじかたちゅうがくまえ	1953（昭和28）年4月1日
18.1	味方	あじかた	1933（昭和8）年4月1日
20.0	白根	しろね	1933（昭和8）年4月1日
20.8	千日	せんにち	1985（昭和60）年12月7日
21.7	曲	まがり	1934（昭和9）年10月20日
24.2	月潟	つきがた	1933（昭和8）年8月15日
26.7	六分	ろくぶ	1933（昭和8）年8月15日
29.1	新飯田	にいだ	1933（昭和8）年8月15日
31.0	小中川	こなかがわ	1933（昭和8）年8月15日
32.8	灰方	はいかた	1933（昭和8）年8月15日
36.1	燕	つばめ	1933（昭和8）年8月15日

【越後交通長岡線（来迎寺線）】
軌間1067mm/蒸気・内燃・直流750V→1500V
来迎寺〜西長岡 7.6km　1995（平成7）年4月1日廃止

km	駅名	よみ	開業年月日
0.0	来迎寺	らいこうじ	1921（大正10）年11月18日
1.7	深沢	ふかさわ	1921（大正10）年11月18日
4.6	才津	さいづ	1921（大正10）年11月18日
7.6	西長岡	にしながおか	1921（大正10）年11月18日

【越後交通長岡線（寺泊線）】
軌間1067mm/蒸気・内燃・直流750V→1500V
西長岡〜寺泊 31.6km　1993（平成5）年3月31日全廃

km	駅名	よみ	開業年月日
0.0	西長岡	にしながおか	1916（大正5）年1月5日
2.3	日越	ひごし	1916（大正5）年1月5日
3.5	上除（貨）	かみのぞき	1916（大正5）年1月5日
4.3	越後関原	えちごせきはら	1916（大正5）年1月5日
5.5	越後日吉	えちごひよし	1954（昭和29）年10月
6.4	王寺川	おうじがわ	1916（大正5）年1月5日
8.9	脇野町	わきのまち	1916（大正5）年1月5日
10.0	越後大津	えちごおおつ	1952（昭和27）年4月
11.6	槙原	まきはら	1916（大正5）年1月5日
13.3	上与板	かみよいた	1928（昭和3）年5月6日
14.8	与板	よいた	1915（大正4）年10月7日
17.1	岩方	いわかた	1921（大正10）年11月1日
20.2	町軽井	まちかるい	1916（大正5）年10月27日
22.6	大河津分水	おおこうづぶんすい	時期不詳
23.7	大河津	おおこうづ	1915（大正4）年10月7日
25.7	法崎	ほうざき	時期不詳
28.5	寺泊新道	てらどまりしんどう	1932（昭和7）年4月1日
30.4	寺泊海水浴	てらどまりかいすいよく	1922（大正11）年5月27日
31.6	寺泊	てらどまり	1915（大正4）年10月7日

【越後交通栃尾線】
軌間762mm/蒸気・内燃・直流600V→750V
悠久山〜栃尾 26.4km　1975（昭和50）年4月1日全廃

km	駅名	よみ	開業年月日
0.0	悠久山	ゆうきゅうざん	1924（大正13）年5月1日
0.6	長倉	ながくら	1924（大正13）年5月1日
1.6	土合口	どあいぐち	1953（昭和28）年7月15日
2.0	大学前	だいがくまえ	1924（大正13）年5月1日
2.3	高校前	こうこうまえ	1953（昭和28）年7月15日
2.8	長岡	ながおか	1916（大正5）年12月6日
3.5	袋町	ふくろまち	1936（昭和11）年5月1日
3.9	中越高校前	ちゅうえつこうこうまえ	1955（昭和30）年5月15日
4.2	下長岡	しもながおか	1953（昭和28）年7月15日
5.4	下新保	しもにいほ	1916（大正5）年9月9日
6.7	小曽根	こぞね	1915（大正4）年6月28日
7.5	宮下	みやした	1915（大正4）年8月29日

○ 8.8　浦瀬　うらせ　1915（大正4）年2月14日

○ 10.2　加津保　かつほ　1915（大正4）年2月14日

○ 12.0　椿沢　つばきざわ　1915（大正4）年6月28日

○ 13.5　耳取　みみとり　1915（大正4）年6月28日

○ 15.1　名木野　なきの　1953（昭和28）年6月11日

○ 16.0　上見附　かみみつけ　1915（大正4）年2月14日

○ 18.2　明晶　みょうしょう　1915（大正4）年6月28日

○ 19.8　本明　ほんみょう　1915（大正4）年6月28日

○ 21.0　太田　おおた　1915（大正4）年2月14日

○ 21.9　上北谷　かみきただに　1915（大正4）年6月28日

○ 24.5　楡原　にればら　1916（大正5）年1月14日

○ 26.4　栃尾　とちお　1915（大正4）年2月14日

【蒲原鉄道】

軌間1067mm/直流600V

五泉〜加茂21.9km　1999（平成11）年10月4日全廃

○ 0.0　五泉　ごせん　1923（大正12）年10月20日

○ 1.0　今泉　いまいずみ　1923（大正12）年10月20日

○ 4.2　村松　むらまつ　1923（大正12）年10月20日

○ 5.8　西村松　にしむらまつ　1930（昭和5）年7月22日

○ 8.1　寺田　てらだ　1930（昭和5）年7月22日

○ 9.7　大蒲原　おおかんばら　1930（昭和5）年7月22日

○ 10.9　高松　たかまつ　1930（昭和5）年7月22日

○ 12.5　土倉　つちくら　1930（昭和5）年7月22日

○ 13.0　冬鳥越　ふゆとりごえ　1932（昭和7）年11月20日

○ 15.2　七谷　ななたに　1930（昭和5）年7月22日

○ 16.9　狭口　せばぐち　1930（昭和5）年7月22日

○ 18.5　駒岡　こまおか　1930（昭和5）年7月22日

○ 19.4　東加茂　ひがしかも　1930（昭和5）年7月22日

○ 20.8　陣ヶ峰　じんがみね　1930（昭和5）年10月20日

○ 21.9　加茂　かも　1930（昭和5）年10月20日

【頸城鉄道自動車】

軌間762mm/蒸気・内燃

新黒井〜浦川原　15.0km　1971（昭和46）年5月2日全廃

○ 0.0　新黒井　しんくろい　1914（大正3）年10月1日

○ 2.6　北四ツ屋　きたよつや　1914（大正3）年10月1日

○ 5.4　百間町　ひゃくけんまち　1914（大正3）年10月1日

○ 6.4　鵜ノ木　うのき　1955（昭和30）年4月7日

○ 7.7　明治村　めいじむら　1914（大正3）年10月1日

○ 8.6　花ヶ崎　はながさき　1955（昭和30）年4月7日

○ 9.5　大池　おおいけ　1930（昭和5）年9月1日

○ 11.3　飯室　いいむろ　1914（大正3）年10月1日

○ 13.8　下保倉　しもほくら　1914（大正3）年10月1日

○ 15.0　浦川原　うらがわら　1916（大正5）年5月5日

新潟県の私鉄時刻表（戦前）　解説：矢崎康雄

【昭和10（1935）年】

鉄道開業から、時刻は漢数字が使用された。24時間制ではないため、午前、午後は枠を分けて表示してある。また横書きも右から書かれていた。この時刻表で新潟電鉄はほぼ1時間間隔、長岡鉄道は大河津～寺泊が自動車と記載されているところがある。蒲原鉄道は五泉・村松間小運転列車が別枠で表示されている。頸城鉄道は駅名の上にテをつけている駅があるのも面白い。

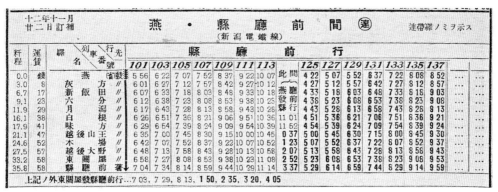

燕・縣廳前間（運）（新潟電鐵線）
十二年十一月 廿二日訂補　連帶驛ノミヲ示ス

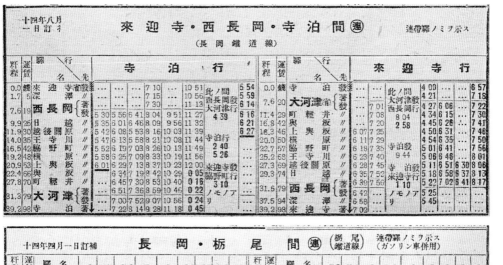

來迎寺・西長岡・寺泊間（運）（長岡鐵道線）
十四年八月 一日訂補　連帶驛ノミヲ示ス

長岡・栃尾間（運）（栃尾鐵道線）（ガソリン車併用）
十四年四月一日訂補　連帶驛ノミヲ示ス

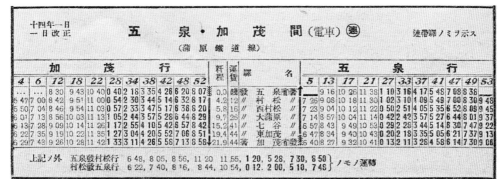

五泉・加茂間（電車）（運）（蒲原鐵道線）
十四年一月 一日改正　連帶驛ノミヲ示ス

新黑井・浦川原間（運）（頸城鐵道線）
十四年四月 一日訂補　三等車ノミ 連帶驛ノミヲ示ス

【昭和14（1939）年（新潟電鉄のみ昭和12年訂補）】
時刻がローマ数字表記になったが24時間制にはなっていない。午後の時刻は太字にして区別されていた。新潟電鉄は列車番号が載っていて、燕から県庁前に向かう列車が下りで奇数番号である。（上りはスペースがなく割愛）。長岡鉄道の電化は戦後で、この時点では気動車を2両前後保有している。栃尾鉄道も電化されておらずガソリンカー併用と表示がある。

新潟県の私鉄時刻表（昭和30年） 解説：矢崎康雄

新黒井──浦川原 （連）（頸城鉄道）

							粁	円								
6 43	7 52	此間 新黒井発	18 10	20 01		1	0	発新黒井着	6 23	7 17	8 24	此間 新黒井行	18 58	─	
7 00	8 10	浦川原行	18 25	20 18		5.4	30	〃 古間町発	6 08	7 00	8 09	浦川原発	18 41	19 29	
7 07	8 18	920.1042.1152	18 33			7.7	40	〃 明治村〃	…	6 50	8 01	901.1028.1150	18 33	19 22	
7 20	8 31	1358.1520.1641	18 46			11.3	50	〃 飯 室〃	…		7 49	1343.1459.1645	18 19	19 11	
7 31	8 44		18 57			15.0	70	着浦川原発			7 37		18 05	19 00	

来迎寺──西長岡──寺泊 （連）（電）（長岡鉄道）

715	807	此 間	917.1123	1848	※2012	粁	円	発来迎寺着	705	754	此 間	830.1030	1820	※1933
732	824	1235.1412.1558.1741	1905	2029		7.6	20	着西長岡発	648	738	1206.1320.1507.1658	1803	1916	

5 40	6 07	此間西長岡発	19 15	20 50		7.6	20	発西長岡着	6 54	7 54	此間 西長岡行	20 20	21 10
5 58	6 35	寺泊957.1237	19 33	21 11		16.5	60	〃 脇野町発	6 34	7 13	寺泊新道発 907	20 01	20 49
6 11	6 58	1457.1710 寺泊	19 49	21 24		22.4	80	〃 与 板〃	6 19	6 59	1004.1055.1144	19 48	20 35
6 21	7 12	新道行 744.831	19 59			27.8	90	〃 町軽井〃		6 48	1324.1544.1749	19 32	20 25
6 42	7 33	916.1035.1144	20 19			31.3	110	〃 大河津〃		6 41	寺泊発 703.810	19 23	20 15
6 52	7 46	1354.1600.1814	20 29			36.1	120	〃 寺泊新道〃		6 28	1235.1429.1632	19 06	19 58
6 59	7 57	※大河津行1522	20 36			39.2	130	着寺 泊発		6 10	※大河津発1722	18 58	…

長岡─西長岡 （電）（連） 長岡発 720. 805. 850. 920.1005.1045.1125.1153.1220.1300.1330.1430.1530.1635.1740.1850
3.5粁 1945.2035.2125 西長岡発 655. 735. 825. 901. 941.1023.1115.1141.1204.1240.1259.1350
15円 1436.1548.1653.1759.1906.2021.2111 （上表※＝不定期）

悠久山──長岡──栃尾 （電）（連）（栃尾鉄道）

…	659	745	此間 悠久山発	2007	2148	粁	円	発悠久山着	655	738	758	此間 悠久山行	2044	2120
…	709	755	長岡行約30分毎	2017	2158	2.8	10	着長 岡発	645	728	748	長岡発約40分毎	2034	2110
559	711	756	栃尾行 820.850	2019	…	粁	円	発長 岡着	…	725	747	栃尾発919.1003	2026	2108
617	730	813	1001.1125.1240	2037		5.9	20	〃 浦 瀬発		703	730	1033.1142.1224	2014	2054
625	738	821	1317.1358.1438	2046		9.2	30	〃 椿 沢〃		653	741	1359.1426.1529	2006	2045
638	753	834	1540.1627.1708	2059		15.8	40	〃 上見附〃		640	711	1611.1619 1957	2037	
659	815	856	1818 他に不定	2121		21.8	65	〃 稲 原〃		612	647	1847 他に不定	1935	2012
704	819	900	期列車あり	2125		23.7	70	着栃 尾発		606	642	期列車あり	1929	2012

燕──県庁前 （電）（連）（新潟交通）

…	615	638	705	此間 30-50分	1906	1952	2040	粁	円	発燕 着	624	649	738	832	此間30─50	2049	2154	─
505	645	710	738	白根発804. 857	1935	2021	2108	16.1	50	〃 白 根発	553	619	709	802	分県庁前発	2021	2127	2214
546	711	738	805	950.1302.1516	1959	2043	2131	27.5	80	〃 越後大野〃	528	554	645	736	807. 1501	1958	2104	2153
607	730	757	827	1703.1756.1912	2016	2101	2149	35.8	90	着県庁前発	…	535	625	716	1705. 1825	1940	2045	2135

五泉──加茂 （電）（連）（蒲原鉄道）

…		610	此間五泉発	1700	1835	1915	粁	円	発五泉着	648	731	此間加茂発	1938	2013	2126
525	610	654	加茂行	1747	1834	1934	4.2	20	〃 村 松発	640	723	五泉行	1930	2005	2118
538	623	707	734. 850. 952	1800	1901	1948	9.7	30	〃 大蒲原〃	626	708	813. 908.1015	1902	1949	2102
552		721	1100.1202.1320	1814		2002	15.2	50	〃 七 谷〃		653	1130.1229.1345	1934	2047	
608		737	1433.1608	1830		2018	21.9	70	着加茂着		636	1458.1627.1757	1917	2029	

上表の他 五泉発村松行 700. 810. 926.1028.1127.1235.1350.1502.1535.1752.1807.1950.2020.2055.2135
村松発五泉行 550. 750. 830. 939.1040.1142.1255.1415.1515.1640.1742.1820.2040

【昭和30（1955）年】

地方鉄道が元気だったころの時刻表である。長岡鉄道は来迎寺線と寺泊線が分けて記載されており、来迎寺から寺泊への直通列車はない。下には西長岡と長岡の連絡バスが載っているがカットが初期の北通乗合自動車のようなデザインのままである。次の欄の栃尾鉄道長岡からの約40分毎、新潟交通30－50分毎という表記では忙しい利用者にとっては不十分なのできちんと時刻を入れるべきであろう。蒲原鉄道は五泉、加茂両駅で国鉄に連絡をとるために列車によっては村松で長時間停車する。村松は発着時間を入れた方が親切だった。といっても限られたスペースに最大限の情報を盛り込ませているのがこの時刻表であろう。

2章
新潟県の私鉄
モノクロームの記録

【不思議な列車】
雪の晴れ間を縫ってED1とモハ31が連結してやって来た。荷物が溜まったのか、どちらかが故障したのか不思議な列車が眼下を通過した。◎冬鳥越　昭和37 (1962) 年12月　撮影：大賀寿郎

新潟交通

国鉄駅を出てしばらく歩くと萬代橋を渡り、さらにしばらく歩く。渡るのは新潟交通が新潟駅に届かなかった原因となった信濃川の流れである。少し話が脱線するが、同じ理由で長岡鉄道が国鉄長岡駅に届かず、信濃川を挟んだ対岸の西長岡で止まっている。

新潟交通の新潟側の起点駅は「県庁前（白山前）」という。東関屋から道路上に敷設された線路を進んだ先の、上り下りに分かれたロータリーのような広場の真ん中にあった。鉄筋3階建ての立派な駅舎だが、ホームも線路も1本だった。将来このまま広場を抜けて道路を進めば、新潟市の繁華街の中心古町に通じる。ここからさらに進んで右折し、萬代橋を渡れば新潟駅前に至る。これで新潟市内電車の完成である。事実、新潟交通には市内線専用のモハ1、2という屋根の中央にパンタグラフを載せた路面電車タイプの単車を保有していた。また市内線専用の電車が走った県庁前から東関屋の間の軌道法による併用軌道区間（2.2km）には6カ所の停留場が設けられていたが、戦時中に廃止されてしまったことで、市内線延長の夢は断たれて、これら2両の電車は戦時中に新規開業した川崎市電に譲渡された。以後同区間は、鉄道線の車両だけが通過し、途中無停車で走っている。東関屋まで交換設備もないから、ダイヤ作成にも苦心するところだった。

東関屋には車庫もあり、この鉄道の心臓部である。また、東関屋から市内中心までの区間はダイヤ構成上の隘路にもなっており、東関屋でも新潟駅直行のバスに接続するサービスも行っていた。東関屋からしばらくは信濃川の分流、中ノ口川に沿って燕に向かう。燕では国鉄線と連絡しており、貨物連絡運輸も行われていた。

新潟交通の戦前からの車両はこじんまりした中に、風格を感じる車両だった。小型で近代的な四角い車体はどこか愛着を感じた。残念ながら戦後の車体更新、近代化改造で、新しいスタイルに生まれ変わったが、同じ流れを汲んだ電動貨車モワ51が今も月潟駅跡に保存されている。車体更新車もなかなかのスタイルだという評価が高い。その中でモハ11がモワ51の隣に保存されている。

一時期は非常に多くの乗客で賑わったが、やがて東関屋〜県庁前の併用軌道区間が道路混雑を理由に廃止となった。程なく閑散区間の燕〜月潟も廃止となり、路線の両端で他の鉄道線に連絡しない、離れ小島のような路線となった。部分廃止後も駅の新設等の経営努力を続けていたが、平成11（1999）年に全線廃止となった。モハ11とモワ51、ラッセル車のキ116は、運行最終日の翌日に東関屋で仲間達に永遠の別れを告げ、月潟駅まで自力回送され、そこが安住の地となった。緑と黄色の塗分けから今は「かぼちゃ電車」の愛称で親しまれていて、冬は立派な雪囲いを設けるなど保存車両として大切に扱われている。

【モハ11形（15）】
開業の時投入された5両のラストナンバー、15号だけは東関屋〜県庁前の軌道線枠で造られたが11〜14と大きな変化はない。運転席窓のひさしはこの車両の特徴だ。
◎県庁前
昭和40（1965）年5月
撮影：髙井薫平

【モハ11形 (11)】
昭和8 (1933) 年の開業に合わせて日本車輛で製造された定員80名、全長も12mと当時作られた他私鉄の車両に比べて小ぶりであるが、同型の制御車や荷物電車なども同時に作られ、正面がフラットで少し大ぶりな下降式窓など、どこかに主張を持った好ましい車両に仕上がっている。
◎白根
昭和40 (1965) 年5月
撮影：髙井薫平

【モハ11形 (12)】
白根を出て東関屋に向かう。後ろについているのは戦時中に増備されたクハ34だ。
◎白根　昭和40 (1965) 年5月　撮影：髙井薫平

【東関屋車庫】
右はモハ12、左はモハ14と思われる。他に神中鉄道の元ガソリンカークハ33や日本鉄道自動車工業製のクハが並んでいる。小型車の元気だった時代。
◎東関屋
昭和40(1965)年5月
撮影：髙井薫平

【クハ31形(31)】
モハ11～14と同時に作られた両運転台式の制御車で、昭和38年に片運転台が撤去された。
◎白根
昭和40(1965)年5月
撮影：髙井薫平

【モハ11形(15)】
併用区間を行く。3両編成のしんがりはモワ51が務めている。
◎県庁前～東関屋
昭和44(1969)年8月
撮影：隅田 衷

【併用区間】
クハ31を先頭に県庁前を出発する。県庁前の駅名は昭和60（1985）年、県庁の移転に伴い「白山前」と改称される。
◎県庁前　昭和38（1963）年5月　撮影：今井啓輔

【モハ11①＋クハ31】
個人的見解だけど、つくづく良い電車だと思う。車体の大きさ、使用されたパーツの数々、どれも当時の一級品を備えていた。
路面区間走行に対応した排障器もこの電車のアクセントになっていた。
◎木場　昭和40（1965）年5月　撮影：髙井薫平

【クハ34形（35）】
大戦末期の昭和19（1944）年9月に日本鉄道自動車工業の手で制御車が2両増備された。この車両の登場でモハ11～15はすべてMT2両編成を組むことになった。物資の乏しい時期、日本鉄道自動車工業は各地の中堅私鉄に車両を提供しているがこの車両もその一つ。国鉄TR23によく似た鋳鋼製台車が特徴だった。
◎東関屋　昭和40（1965）年5月　撮影：髙井薫平

【クハ33形（33）】
昭和18（1943）年に神中鉄道のキハ31を譲り受け、モハ11～15の相棒として使用した。クハ31～35の中で一番の小型だった。
◎東関屋　昭和44（1969）年5月　撮影：髙井薫平

【東関屋駅】
新潟交通の拠点駅であるが駅舎のたたずまいは地味な感じだった。駅舎の入り口にワンマン電車の運転についての大きな立て看板があった。◎昭和57(1982)年5月　撮影：今井啓輔

【新潟交通燕駅】
国鉄弥彦線の燕駅はこの駅舎の手前側にある。やたらに駅名を誇示した駅の看板が目立つ。
◎昭和45(1970)年9月　撮影：荻原二郎

【モハ18＋モハ17＋クハ37】
朝のラッシュに運転される3両
編成。東武鉄道の供出車両の元
デハ2形（7、9）で、国鉄から払
い下げを受けた元キハ41080の
クハ37を引いている。新潟交通
にとって最大の輸送量を誇る組
み合わせである。
◎県庁前〜東関屋
昭和44（1969）年5月
撮影：髙井薫平

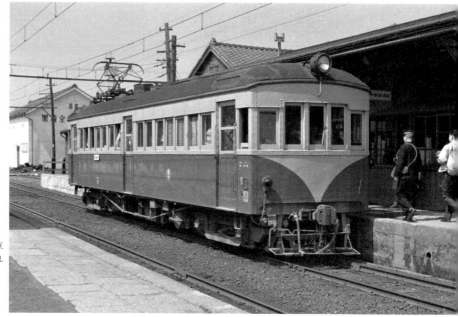

【モハ17形（17）】
定員の大きな東武鉄道からの車
両は日中、単行運転で使用され
ることが多かった。
◎東関屋
昭和40（1965）年5月
撮影：髙井薫平

【モハ19形（19①）】
元東武鉄道デハ1形（6）で、兄
弟が東武博物館に健在である。
ダブルルーフがこの車両の特徴
であった。国鉄から来た元宮城
電気鉄道（現・仙石線）クハ38
とカップルを組む。
◎東関屋
昭和44（1969）年5月
撮影：髙井薫平

【モハ16形（16②）】
国鉄からやって来た元伊那電気鉄道（現・飯田線の一部）の車両。本来ダブルルーフだが、全体にカバーのようなもので覆われて、ベンチレーターはモニター部から屋根中央に移設されている。
◎県庁前
昭和41（1966）年1月
撮影：大野眞一

【庫内のモハ16②】
狭い貫通扉は伊那電気鉄道の電車の特徴である。
◎東関屋
昭和44（1969）年5月
撮影：髙井薫平

【クハ38形（38）】
国鉄仙石線の前身である宮城電気鉄道の車両で、富山港線を最後に廃車となり、昭和31（1956）年にやってきた。国鉄時代の記号番号はクハ6300だった。車体は木製でなんとも垢抜けしないスタイルの車両だった。
◎東関屋
昭和44（1969）年5月
撮影：髙井薫平

【クハ37形（37）】
国鉄キハ41080形が前身の制御車。
台車はTR26からTR11に代わっ
ている。のちに扉位置を変える
大工事を実施する。
◎昭和40（1965）年５月
撮影：髙井薫平

【併用軌道を行くクハ37】
国鉄キハ41000形の車体は大きく改
造されていないが、台車がＴＲ11に
交換され、連結器も簡易自連から並
形自連に換装されている。
◎県庁前〜東関屋
昭和40（1965）年５月
撮影：髙井薫平

【大改造後のクハ37】
客用扉を中央に寄せ、専用の乗
務員扉を設けた。客用扉も大き
くなり、正面は電動車に合わせ
たのか２枚窓になった。台車も
TR11系に変わり、キハ41000形
の面影は連結面側に残った４枚
の窓くらいになった。
◎白山前
昭和62（1987）年11月
撮影：亀井秀夫

【併用区間を行く】
道路通行量もしだいに増え、電車は肩身が狭い存在になってきた。
◎白山下　昭和62（1987）年11月　撮影：亀井秀夫

【車体更新車モハ25】
モハ11～15は小型すぎたため、そのほかの車両も対象にして日本車輌東京支店で車体を作り変えた。昭和35（1960）年10月にその第一号としてモハ19（元東武鉄道のデハ6）が登場。正面2枚窓、Hゴム支持の側窓が並ぶ2扉車で、新しい新潟交通の顔になった。当初、車両番号は旧番号をそのまま踏襲していたが、その後、種車にトレーラーがあったりして、乱れている。この車体更新と合わせて、黄色と緑色のツートンカラーに塗装変更がなされ、誰が名付けたのか「かぼちゃ電車」の愛称はこの車両の登場のころつけられたのかと思う。
◎県庁前　昭和48（1973）年7月　撮影：亀井秀夫

【モハ24形（24）】
東武鉄道から来たモハ17の更新車である。昭和44（1969）年12月の更新で標準車体となったが、昭和35（1960）年に始まった車体更新の時とスタイルはほとんど変わっていない。
◎東関屋〜東青山
昭和62（1987）年11月
撮影：亀井秀夫

【モハ18形（18②）】
元宮城電気鉄道のクハ38を改造した。台車も変わり元々トレーラーだったから、電機品はどこからか持ってきたのだろう。昭和37（1962）年12月の竣工である。
◎東関屋
昭和62（1987）年11月
撮影：亀井秀夫

【モハ10形（12②）】
更新後の車体は正面2枚窓、非貫通式で、これはこれでよいスタイルに仕上がっていた。
◎県庁前
昭和48（1973）年7月
撮影：亀井秀夫

【モハ10形（12②）】
県庁前駅は交差点の中にあるような存在で、車止めも頑丈な物は作らず、レールのうえに細い鉄材が止められているだけだった。幻に終わった、新潟駅前延伸の名残なのかもしれない。
◎県庁前
昭和40（1965）年5月
撮影：髙井薫平

【モハ15＋クハ39】
田植えの済んだ田圃の中を行くMT編成。越後平野の田圃には榛の木が多く見られた。
◎昭和40（1965）年5月
撮影：髙井薫平

【モハ20形（21）】
モハ13の更新車、昭和42（1967）年12月に更新された。更新時期が前後したので、モハ21は昔の車両番号をもらえなかった。
◎東関屋
昭和62（1987）年11月
撮影：亀井秀夫

【併用区間を走るモハ25】
朝のラッシュが終わると電車は単行になった。モハ25は新潟電鉄時代、市内線所属名義で造られたモハ15の電機品を流用した新製車両で、モハ11～14と同じ仕様で造られていた。
◎県庁前～東関屋　昭和46（1971）年4月　撮影：髙井薫平

【モハ19の牽く貨物列車】
寒さをこらえて待っていたら、旅客用のモハ19が有蓋貨車を4両引いて現れた。この日はモワ51も動いていたから、コメの出荷が多かったのかもしれなかった。◎灰方付近　昭和47（1972）年3月　撮影：田中義人

【クハ49＋モハ16】
電動車は標準車体への更新が進んでいたが、制御車についても更新が始まった。小田急電鉄からデハ1400、クハ1450、クハ1350形8両（電動車1両、制御車7両）の車体を譲り受け、これを旧車体と載せ替えた。唯一標準車体となっていなかった電動車モハ16もこれに載せ替えた。写真はクハ49との元小田急同士の編成、なお、低いホームから乗降するためステップが設けられている。
◎県庁前
昭和48（1973）年7月
撮影：亀井秀夫

【クハ45＋クハ36＋モハ18】
朝のラッシュ時間帯に運転された3両編成。越後平野には勾配もほとんどないので、MTT編成が可能だった。
◎灰方～燕
昭和62（1987）年11月
撮影：亀井秀夫

【クハ36＋クハ45】
ラッシュが終わりトレーラーは東関屋の車庫で待機する。小田急から来た車両は貫通扉を埋め、正面中央の窓が1段高くなっていてこの窓の上部に方向幕が納められていた。
◎東関屋
昭和48（1973）年7月
撮影：亀井秀夫

【モハ2229＋モハ2230】
車両が不足したのか小田急電鉄のデハ2220形が突然登場した。いわゆる出っ放し状態で、塗装も変更せずにワンマン化と排障器を取り付けたくらいの改造だった。昭和59（1984）年に入線して、主にラッシュ輸送に使われた。唯一のカルダン駆動の高性能電車であった。最末期に電動機故障のため使われなくなり、そのまま廃止の日を迎えた。
◎東関屋
平成5（1993）年7月
撮影：荻原俊夫

【モワ51の牽く貨物列車】
刈り終わった田んぼの向こうをモワ51が乗入れ貨車を牽く貨物列車がやって来る。
◎灰方付近
昭和47（1972）年3月
撮影：田中義人

【併用区間を行く併結列車】
県庁前に入るとき、モワ51は旅客列車に増結される。
◎県庁前～東関屋
昭和44（1969）年8月
撮影：隅田 衷

【月潟にて】
モワ51がトム1両牽いて燕に向かう。モワ51は鉄道廃止後月潟駅に駅舎と供に保存された。
◎月潟
昭和40（1965）年5月
撮影：髙井薫平

【キ1形（1）】
元国鉄の木造ラッセル車で、大正13(1913)年に国鉄大宮工場で製作。昭和26(1951)に入線後、自社工場でモワ51と総括制御可能な改造を受け、除雪作業に活躍したが、昭和43(1968)年、鋼製キ116の入線により廃車された。
◎東関屋
昭和41（1966）年2月
撮影：今井啓輔

【キ100形（116）】
木造のラッセル車キ1に替って昭和43（1968）年から使用を開始した。なかなかたくましい面構えである。車両は燕に向いており、雪が降ると東関屋から燕に向かって除雪に出動した。
◎東関屋
昭和62（1987）年11月
撮影：亀井秀夫

信濃川に翻弄された越後の鉄道　佐竹雅之

　川は有史以来、多くの恵を人類に与えてきた。その証拠に四大文明はすべて大河の傍から発祥している。しかし、その反面川は時に人類に刃を向ける。特に近代以前の治水技術が未熟な時代は、豪雨等で一旦川が氾濫すればもう手の施しようがなかった。わが国最大の流路長を誇る信濃川も多聞に漏れない。川幅の広い信濃川は産物の流通路として古来より活用され、数多の恵を流域の街や村に与え、その結果長岡、新潟という二つの都市の形成に寄与することとなった。一方、信濃川は古来より幾度も水害が発生し、その度に流域に甚大な被害を与えている。記憶に新しいところでは、令和元（2019）年の台風により、上流域の千曲川が氾濫し北陸新幹線の基地が浸水した結果、留置中の新幹線車両の多くが廃車となる憂き目に逢っている。本稿では、その信濃川と越後の鉄道の切っても切れない関係について覗いてみたいと思う。

　新潟県下で初めて信濃川を鉄道が渡ったのは、明治31（1898）年のこと。私鉄の北越鉄道である。この橋梁は600mの長さがあり、当時としては十分な難工事だったと思われる。しかし北越鉄道は私鉄だが、その創業には渋沢栄一が関わっており、一地方の資本家だけが参画した他の有象無象の私鉄ではなく、東京からも多くの資本家が加わった「大私鉄」である。むしろ明治中期くらいまでは政府（官鉄）より資本力、技術力もこれらの「大私鉄」の方が高いことが少なくなかった。北越鉄道は米山〜青海川の米山隧道も自社で完工していることを見ても、その資金力や技術力は申し分なかったと思われる。北越鉄道を除けば、この後に紹介する私鉄はどれも自社の力では信濃川を越えられなかったことを鑑みても、その実力は納得である。このような「大私鉄」の殆どは、明治40（1907）年に国有化され、後の国鉄幹線へと進化をしていったが、北越鉄道もこの時に買収対象となり、現在の信越本線となった。

　次に越後地方に鉄道が敷設されるのは、明治44（1911）年に開業した魚沼鉄道である。魚沼鉄道については163ページに詳細を記述したので、そちらをご覧いただきたい。この魚沼鉄道が来迎寺以北の敷設権を一旦は取得したのだが、その後紆余曲折があり、結局長岡鉄道に譲られた。

　ところでここで鉄道から話題を外れ、大河津分水について触れなければならない。新潟県は日本海側に小高い山地があり、これに囲まれる越後平野は丁度お盆の底のような形となり、更には最下流部を中心に川面よりも低い地帯が広がるため、信濃川が一旦氾濫すると容易に水が引かないという大きな弱点があった。だから、越後平野は信濃川の堤防に細い道があるほかは近代的な交通路を建設することが難しかった。信越本線も本来なら建設コストの安価な平野を走って新潟へ向かうのが合理的と思われるが、わざわざ600mもの鉄橋を掛けて信濃川を渡ってそのまま今度は東側の山地にへばりつくようにして新潟を結んでいるのは、こうした水害リスクを考えてのことである。そんな中、大河津分水の工事が明治42（1909）年から開始された。計画は江戸時代というから、実に200年越しの着工だ。これが完成すれば、信濃川の水流の大半が日本海側に流れ込むことで、越後平野の水害リスクは大いに低下することになる。これを見越して越後平野に近代的な鉄道を敷こうという動きが始まる。それが長岡鉄道だった。長岡鉄道は、先に日本海側の寺泊から大河津、与板を経て大正5（1916）年に西長岡までを開通させた。この西長岡は、信越本線の長岡と信濃川を挟んで対峙した場所にある。この付近の川幅は850mにもなり、河川敷を加えれば900m以上もの長い鉄橋が無ければ鉄道を通すことは叶わない。長岡鉄道は当初は国鉄の長岡駅に接続することを考えていたが、結局その鉄橋を掛ける資金を捻出できず、ここがターミナル駅となってしまった。またこれは想像だが、長岡鉄道が西長岡に到達する直前の大正3（1914）年に、信濃川が氾濫して川の東西を結んでいた木橋の長生橋が破壊されており、その復旧等が多忙を極め、新たに鉄道を架橋するような余裕が長岡市にも無かったことも影響したのかもしれない。

　ところで、越後地方ではないが信濃川を越すことができた私鉄がもうひとつある。長野県の長野電気鉄道（現長野電鉄）だ。信濃川（長野県内では千曲川）を村山橋で越しているが、これにはカラクリがある。実は、村山橋を作る際に鉄道側が道路併用橋にするように長野市に請願をしてこれが通ったのだ。このおかげで長野電気鉄道は、本来の架橋コストよりもずっと低い金額を支払うだけで信濃川を越えることができたのだ。もし長岡鉄道も、長生橋の復旧工事の際に関わることが出来ていれば、国鉄の長岡駅に乗り入れることが出来たかもしれない。しかし長生橋の復旧は今回も低コストの木橋となり、これが近代的な鉄骨橋と

なったのは昭和になってからとなった。

　西長岡は川を挟んだとはいえ、一応長岡市内であるがやはり国鉄線への接続は私鉄にとっては必須のため、西長岡から今度は走る向きを真逆にして、魚沼鉄道から譲り受けた免許を使って信越本線の来迎寺駅へ線路を伸ばし、大正10（1921）年に全通した。

　長岡鉄道と前後して開業したのが越後鉄道で、大正元（1912）年に柏崎〜白山を一気に開通させた。これも大河津分水で水害リスクが低くなったため敷設出来た鉄道である。海沿いを県都新潟市までを結ぶのが目的だったが、越後鉄道も信濃川によりその進路を阻まれる。白山は国鉄の新潟駅の眼と鼻の先だったが、ここがターミナルとなってしまった。越後鉄道は元号が変わった直後の昭和2（1927）年に国有化されて国鉄越後線となったが、信濃川を架橋できたのはなんと戦時中の昭和18（1943）年のこと。しかも通過するのは軍需物資を運ぶ貨物列車だけで、当初は旅客列車は白山止まりだった。今でこそ越後線が渡る新潟駅付近の信濃川は水量も少なくなっているが、これは昭和47（1972）年に開通した、関屋分水のおかげである。関屋分水ができたことで、大河津分水に流れない信濃川の水流の大半がこれを経由して日本海に注ぐようになり、新潟市内の水害リスクは極めて低くなった。しかしそれ以前は、最下流のこの付近は水流も多く、川幅も広く、鉄橋工事は国有鉄道の手でも難儀するほどどだった。

　大正11（1922）年、延べ工事人数が1000万人ともいえる国家的プロジェクトの末、大河津分水が開通した。工事は大成功で、目論見通り信濃川の水流の大半が分水を経由して日本海に注ぐことになり、下流域の水害リスクが大きく低下した。一例として、新潟市内に掛けられた萬代橋付近の川幅は分水の開通により1/3まで狭くなった。水流が減ったことで、生活の安全性は高まったが、困ったことが生じた。燕市付近で信濃川から西に分岐する中ノ口川の水運は、信越本線から離れていたこと、その間には信濃川が横たわり、東西往来が容易でなかったことから大正になっても続いていた。しかし水流が少なくなったことで、中ノ口川の川底に土砂が堆積し、これまでの水運が立ち行かなくなったのだ。これの代替、河川輸送の近代化を目的として昭和8（1933）年に新潟電鉄が開業した。県庁前〜燕という越後平野を南北に貫く初めての鉄道である。そして当然のように、今度は県庁前から国鉄新潟駅への乗り入れを目論んだ。東関屋から県庁前は併用軌道なので、そのまま道路を通り、萬代橋を渡るルートだ。新潟電鉄開通の4年前に近代的な鉄筋コンクリート橋として架け替えられた萬代橋は、来る路面電車のために強度も広さも十分な仕様だった。

　ところが、新潟電鉄は結局ここを渡ることはできなかった。一番の問題は資金である。そうこうするうちに戦火が激しくなり、延伸工事どころではなくなってしまった。戦後、新潟交通（陸運統制令により昭和18（1943）年に新潟電鉄は新潟交通になった）は、新潟駅乗り入れ延伸工事の申請を再度提出するが、ここで意外なことが障害となった。実は戦時中の昭和20（1945）年に1500V昇圧をしている。戦時中の輸送力増強のためで、県下の鉄道では初の1500V路線となった。なんとこの1500Vで新たに路面軌道を延伸することが当時の軌道法に抵触し、監督官庁が難色を示したのだ。そこで新潟交通は、電化による乗り入れから、なんと天然ガス車による乗り入れに申請を切り替えた。天然ガスは県内で噴出しており、自社バスでも天然ガス車を多数運行していたためだろう。だが、再三の免許延長を繰り返したが、ついに免許失効し新潟駅乗り入れは幻となってしまった。県庁前駅には自社バスが接続し、これで萬代橋を渡って新潟駅への接続を取るという、中途半端な形になってしまった。

　大河津分水開通のおかげで、越後平野を流れる信濃川は川幅が狭くなったことで川跡では干拓が進み、越後平野は日本有数の大穀倉地域へと姿を変えた。そこで収穫された米は沿線の地方私鉄によって国鉄線へ接続され、全国の消費地へ輸送されていった。収穫の時期になるとどの路線も非常に長い有蓋車を連ねた米輸送列車が行き来した。しかしモータリゼーションが進展してくると、これらの姿も過去のものとなった。長岡鉄道（越後交通長岡線）、新潟交通は、大きな都市を間近に控えるにも拘わらず、国鉄の玄関駅に乗り入れることが出来なかったことが禍して、旅客・貨物とも離れていき、生き残ることができなかった。しかしこれらの鉄道が、水害リスクが低くなった越後平野を走り、大穀倉地となった沿線で収穫された米をせっせと全国に輸送することで越後地方の経済力は大いに高まり、現在の発展へとつながった。そう思うと、信濃川に翻弄されたこれらの地方私鉄もまぎれもなく、現在の越後地方の礎となったのである。その痕跡は、ごく少数の保存車両を除き、跡形もなく消えてしまったが、もしこの地域を訪問する機会があれば、越後地方の発展に寄与した、長岡鉄道、新潟交通に思いを馳せてみてはいかがだろうか？

越後交通長岡線（元 長岡鉄道）

　長岡鉄道は不思議な会社だった。当初は長岡から日本海岸の寺泊に至る非電化鉄道で、大河津では、越後鉄道（昭和2（1927）年に買収され、国鉄越後線）を平面交差して海側に出た。起点の西長岡は国鉄の長岡駅を出てかなり歩かなければならなかった。途中大手大橋という長い橋で信濃川を渡る。最近では長岡の花火で有名なところで、信濃川の広い河原が広がっている。この大河の流れが長岡鉄道の長岡駅乗り入れを不可能にしていた。バスの便もあったが15分ぐらいかかるからずいぶん離れている。だから長岡鉄道は国鉄線とのやり取りを信越線の来迎寺に定め、来迎寺線が開業する。当初は長岡駅へ乗り入れを計画していたため西長岡はスイッチバックになった。

　スイッチバックはもう1カ所あった。ぼくは間に合わなかったが終点の寺泊は海岸に近い寺泊の市内地にあり、電車は寺泊新道から海岸に向けて下り始め、寺泊海水浴でスイッチバックして終点寺泊についた。機関車牽引の列車の時代は寺泊海水浴では機関車の付け替えを行わず、そのまま推進運転で終点の寺泊に向かったと聞いた。終点の寺泊は佐渡汽船の乗り場に近く、また漁港にも近かったようだが、今では寺泊の駅については地元の人に聞いても良く判らなかった。かつては魚を入れたかごを背負う行商が多く利用していた。

　佐渡航路も現在不定期便の運行がある程度で、ターミナルには人影はなかった。しかし、このあたりの小さな古い温泉場でもあり、今も魚と日本海に沈む夕日が名所で、近くにある魚市場とともに人を集めている。ややこしいのは寺泊の名称で、海岸に降りる路線が昭和41（1966）年に廃止されると、寺泊新道が寺泊を名乗り、長岡線が廃止された現在はＪＲの大河津駅が寺泊駅に変更されている。

　長岡鉄道は西長岡〜寺泊間に大正5（1916）年（その前年部分開業あり）開業の非電化鉄道である。蒸気機関車は7両あったといわれるが、電化が早かったこともあり詳細は判然としない。気動車はガソリンカー3両、ディーゼルカーが2両あった。なおディーゼルカーは、長岡ディーゼルカーものである。昭和26（1951）年に西長岡〜寺泊が電化されると、ガソリンカーはエンジンを下して客車となったが、ディーゼルカーは電車に改造されている。

　昭和35（1960）年、沿線に付近で産出される天然ガスを原料とする日産化学の長岡工場ができて専用側線も完成した。貨物輸送が急増し、電気機関車は新造を含めあちこちから集められ、昭和44（1969）年には1500Vに昇圧された。昭和50（1975）年の旅客営業廃止後も貨物鉄道として平成7（1995）年まで存続し、日産化学の工場操業廃業に合わせて営業を廃止、越後交通長岡線の使命は終わった。

【寺泊新道におけるモハ3001】◎寺泊新道　昭和39（1964）年10月　撮影：髙井薫平

【モハ3000形（3001）】
京浜急行のデハ111（いわゆるトンボ電車の木造版）の台枠や電機品を使って日本鉄道自動車工業で新造した。車体は2003と同系の東京の電車的スタイルだが、不思議なことにウインドヘッダーが車体全周に回っており（ふつうはドアのところは切れているか持ち上がっている）、独特な雰囲気である。◎西長岡　昭和39（1964）年10月　撮影：髙井薫平

【モハ3000形（3002）】
いかにも変わった電車だと思う。一見、東京の電車の雰囲気もあるがやはり田舎の電車だ。戦時中緊急でバラック電車を多く作った日本鉄道自動車工業の伝統がどこか残っている。この車両は、来迎寺〜西長岡の旅客営業が廃止となった昭和47（1972）年に廃車になり、蒲原鉄道に移り、同社のモハ81となった。◎大河津　昭和39（1964）年10月　撮影：髙井薫平

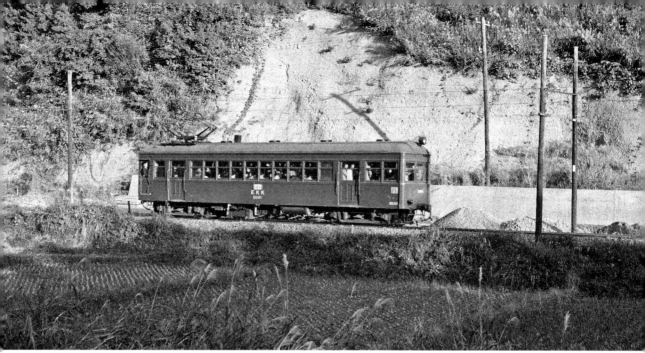

【寺泊新道〜法崎間を行く】
モハ3001が寺泊に向かう乗客を乗せて寺泊新道に向かう。
◎法崎〜寺泊新道　昭和39（1964）年10月　撮影：髙井薫平

【モハ3000形（3002）】
新塗装になったモハ3002。
◎西長岡
昭和46（1971）年4月
撮影：髙井薫平

【モハ3000形（3002）】
小田急から大量に1400形が入り、出番がずいぶん減って車庫に休んでいることが増えた。
◎西長岡
昭和45（1970）年7月
撮影：荻原俊夫

【モハ3002と電装解除したモハ2003】
◎西長岡　昭和46（1971）年4月　撮影：髙井薫平

【モハ2000形（2002）】
手持ちの台車モーターを使って生まれた直接制御車。車体は同時期に生まれたモハ3001、3002に酷似するが、これらに比べて車体長が1mほど短い。来迎寺線で使用され、昇圧後はパンタグラフを残したまま、トレーラーとして使用された。
◎西長岡　昭和39（1964）年10月　撮影：髙井薫平

【モハ2000形（2002）】
私鉄向け初のディーゼルカーキハ202、203を昭和26、27（1951、52）年に電車に改造したもの。残念なことにディーゼルカー時代の姿を見ていないが、腰高なスタイルは気動車時代からのものらしい。ぼくの知る範囲では使用区間は来迎寺線専用だったようで、昭和44（1969）年の1500Ｖ昇圧時に電気機関車の牽く貨物列車の後ろにぶら下がるトレーラーになった。ただ室内灯や暖房のため、電装解除後も屋根上にパンタグラフが残された。
◎西長岡　昭和39（1964）年8月　撮影：今井啓輔

【モハ3000形（3005）】
京王帝都電鉄京王線のデハ2125を購入、東横車輌の手で3扉を2扉に、片運転台式を両運転台式に改造した。たまたま東横車輌碑文谷工場は東横線の車窓から毎日のように望めることができて、完成が待ち遠しかったが、見事に好ましい電車が誕生した。長岡鉄道では本線運用だったが、小型すぎたこととからか、昇圧を機に姿を消した。
◎西長岡　昭和39（1964）年5月　撮影：髙井薫平

【モハ5000形（5001）】
東横車輛は地方鉄道用車両の改造にかけてはなかなかの名手だった気がする。このモハ5001も元富士身延鉄道のモハ1206を両運転台式に復元、車内のクロスートはそのままに、かつての富士身延鉄道もかくありきという車両を作り上げた。国鉄時代は1200Vであったが、長岡入りの時は一旦750Vに降圧工事を行い、その後、1500V昇圧工事もなされた。
◎岩方
昭和46（1971）年4月
撮影：髙井薫平

【モハ5000形（5001）】
◎西長岡
昭和39（1964）年10月
撮影：髙井薫平

【モハ5000形（5001）】
新塗装になり、昇圧も終えて、大量に入ってきた小田急電鉄の車両に交じって活躍を再開する。
◎西長岡
昭和46（1971）年6月
撮影：髙井薫平

【元小田急車両も入線した寺泊（元・寺泊新道）】
◎寺泊　昭和47（1972）年3月　撮影：田中義人

【モハ1400形（1404）】
元小田急デハ1210で長岡入りに際し、西武所沢で改造工事が行われ、この時両運転台式になった。
◎西長岡　昭和46（1971）年6月　撮影：高井薫平

【モハ1400形 (1402)】
元小田急デハ1402で改造工事は
東洋工機で行われ、両運転台式
になった。
◎西長岡
昭和46 (1971) 年6月
撮影：髙井薫平

【モハ1400形 (1403)】
元小田急デハ1209が種車で前面
のカーブは小田急時代に平妻に
なっている。種車の関係で側面
の窓配置が異なる。越後交通入
りの改造工事は自社工場で行わ
れた。
◎西長岡
昭和46 (1971) 年6月
撮影：髙井薫平

【クハ1450形 (1451)】
クハ1451～1456は小田急クハ
1450形及びデハ1407からの改造
で、工事の難易度からか1両を
除いて自社工場で改造工事が行
われた。クハ1451は小田急時代
も同一番号であった。
◎西長岡
昭和46 (1971) 年6月
撮影：髙井薫平

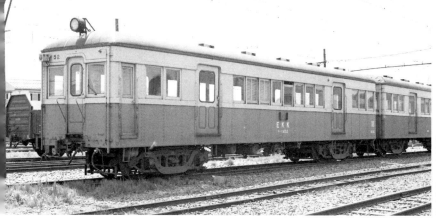

【クハ1450形（1452）】
この車両だけが元電動車デハ1407の改造だが、工事は自社工場で行われた。越後交通で廃車後に新潟交通に移って、未入籍でレール塗油車として使用されたようだ。
◎西長岡
昭和48（1973）年7月
撮影：亀井秀夫

【クハ1450形（1453）】
同じ番号の小田急クハ1453である。自社工場で越後入りの改造工事を行った。
◎西長岡
昭和46（1971）年6月
撮影：髙井薫平

【クハ1450形（1454）】
元小田急クハ1466である。自社工場で越後入りの改造工事を行った。
◎西長岡
昭和46（1971）年6月
撮影：髙井薫平

【クハ1450形（1455）】
元小田急クハ1457で自社工場において改造工事が行われた。なお、長岡線旅客営業廃止後に、新潟交通に移ったが、入籍せず部品取りが目的だった。
◎西長岡
昭和48（1973）年7月
撮影：亀井秀夫

【ハ15】
元雨宮製作所の2軸のガソリンカーであった。戦後の電化によりエンジンを下して客車になった。
◎西長岡
昭和31（1956）年9月
撮影：園田正雄

【来迎寺線の混合列車】
蒸気機関車時代から残った2軸客車ハ6とハニフ21を従えたED311の牽く混合列車。ハニフ21は開業に合わせて大正11（1922）年に、日本車輌で製作されたもの。
◎西長岡
昭和39（1964）年12月
撮影：髙井薫平

【ハニフ21形（22）】
日本車輌、大正11（1922）年製の手荷物合造車。電化後も来迎寺線で活躍した。
◎来迎寺
昭和37（1962）年8月
撮影：今井啓輔

【ハ3形(6)】
天野工場製、大正5(1916)年製の2軸客車。主に来迎寺線で使用された。
◎西長岡
昭和41(1966)年5月
撮影：荻原二郎

【ホハ31形(31)】
天野工場製、開業時の大正4(1915)年10月生まれのボギー客車。電化後も電車に牽かれて主に来迎寺線で使用された。
◎西長岡
昭和39(1964)年12月
撮影：高井薫平

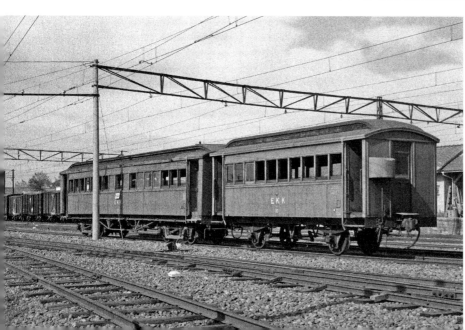

【ハ9形(10)】
ハンドブレーキの大きなカバーが目立つ。この時期ボギー電車が増え、2軸客車の出番は減っていた。
◎西長岡
昭和39(1964)年12月
撮影：高井薫平

【留置中の客車ハ11・ホハ34・33】
◎西長岡
昭和39（1964）年12月
撮影：髙井薫平

【ホハ33形（33.、34）】
元上田丸子電鉄の西丸子線
のモハ3211、3212を昭和38
（1963）年に譲り受けたもの。
上田丸子時代に電機品は他
車に譲っていたから、客車と
して入線。当時の乗客需要は
大きかったためだと考えられ
る。しかし僕の撮った時は明
らかに使われていなかった。
◎西長岡
昭和39（1964）年12月
撮影：髙井薫平
（中・下）

【EB110形（111）】
一見EDのように見える小さな凸形電気機関車。丸みを帯びた愛嬌のあるスタイルだが、実は55.9kwの主電動機は1台車に一つずつ、だからEBである。昭和27（1952）年に日本鉄道自動車で生まれた。来迎寺線で軽い貨物列車を引いたが、昭和42（1967）年、秋田中央交通に移った。
◎西長岡
昭和39（1964）年8月
撮影：今井啓輔

【EB110形（111）】
車号板にはEB-111と表記されていた。記号と番号の間にハイフンを付けるのは珍しい。
◎西長岡
昭和39（1964）年8月
撮影：今井啓輔
（中・下）

【ED260形(261)】
今はポートラムの走る富山港線の前身、富岩鉄道からのロコ2は日本鉄道自動車で昭和15(1940)年に改造された。昭和35(1960)年に、日産化学輸送用として入線した。大正13(1924)年アメリカ・ウエスティングハウス製の30トン機関車
◎西長岡
昭和39(1964)年8月
撮影：今井啓輔

【ED261の牽く列車】
機関車がそろうまで、ED261は長岡鉄道の主力機関車だった。1500V昇圧後も活躍した。
◎西長岡
昭和39(1964)年12月
撮影：髙井薫平

【ED210形(211)】
出自は京王電軌の電動貨車である。昭和28(1953)年に長岡入りし、しばらくデワ102を名乗ったが、電機品や台車を変え電気機関車ED211になったが、スタイルは大きな荷物扉を持つ電動貨車そのままだった。1500V昇圧時に、改造対象から外れ廃車となった。
◎西長岡
昭和41(1966)年6月
撮影：大野眞一

【ED-211(ED-211)】
京王帝都からやって来たころか、車体に白帯を巻いていた。電動貨車のような車だが、貨物列車というより、短い編成の混合列車がよく似合った。
◎西長岡
昭和31(1956)年9月
撮影：園田正雄

【ED31形（311）】
東芝製40トン電気機関車として、同形機は多いが、この車両はそれをスケッチして生まれた西武所沢工場製である。西武鉄道E31として使用ののち昭和38（1963）年に越後交通入りして、廃業の時まで使用された。
◎西長岡
昭和39（1964）年8月
撮影：今井啓輔

【ED311】
ED311は貨物専業に移行する中、新入りに交じって使用され続けた。
◎西長岡
昭和48（1973）年7月
撮影：亀井秀夫

【来迎寺行き列車】
ED311がモハ2001を引く。この頃になるとモハ2001はめったに自力で本線を走る姿に出会えなかった
◎西長岡
昭和41（1966）年6月
撮影：大野眞一

【ED510形（511）】
貨物輸送の増加に伴い、長野電鉄からED5002、5003の2両の電気機関車を昭和45（1970）年に導入した、昭和2（1927）年に日立製作所で造られた機関車。越後交通廃業後、ED511が長野に里帰りした。
◎西長岡
昭和46（1971）年4月
撮影：高井薫平

【ED510形（512）】
機関庫も整備されており、このとき越後交通の貨物輸送の将来は明るく見えた。
◎西長岡
昭和48（1973）年7月
撮影：亀井秀夫

【ED510形（511）】
雪を噛んでいるが、この機関車にはスノープロウはついていなかったようだ。
◎来迎寺
撮影：高橋慎一郎

【ED40形（401）】
昭和42（1967）年に東洋工機で
生まれた40トン電気機関車。
デッキ付きの丸みを帯びた箱
型はいわゆる東洋工機スタイ
ルである。台車は電車用TR25
（DT12）をはいている。
◎西長岡
昭和46（1971）年4月
撮影：髙井薫平

【ED40形（401）】
使用しない時にはパンタグラフを
シートで被うという珍しい光景。
◎西長岡
昭和46（1971）年7月
撮影：亀井秀夫

【ED311とED401が重連で行く】
◎昭和53（1978）年3月
撮影：佐藤嘉春

【ED260形（262）】
昭和44（1969）年に越後交通が
1500Ｖに昇圧した時、車両不足
を補う目的で西武鉄道から借り
入れたE11だが、昇圧工事完了
後もそのまま越後に残ってし
まった機関車。アメリカ・ウエ
スチングハウス製で生まれの同
じED261と同じに扱われED262
となったがかなりスタイルは違
う。
◎西長岡
昭和46（1971）年4月
撮影：髙井薫平

【ED5100形（5101）】
元定山渓鉄道のED5001、5002
である。第2の職場、長野電鉄
で貨物輸送に活躍し、同社の
貨物輸送が廃止された昭和54
（1979）年に越後入りした。越後
交通では主力機として活躍した
が、沿線工場の撤退により貨物
営業も廃止、そのまま運命を共
にした。
◎西長岡
昭和62（1987）年11月
撮影：亀井秀夫

【ED5100形（5102）】
昭和32（1957）年、新三菱重工三
原製作所で生まれた。当時国鉄
のエースだったＥＦ58を思わせ
る正面2枚窓、非貫通の車体は
新鮮であった。北海道では乗り
入れの国鉄客車を牽引し、長野
ではリンゴを運んだ。
◎西長岡
昭和62（1987）年11月
撮影：亀井秀夫

【除雪用モーターカー】
雪国新潟らしく除雪機械は整
備されていた。
◎西長岡
昭和46(1971)年4月
撮影：髙井薫平
（上・中）

【ED401がタキを
3両牽いてきた】
◎来迎寺
昭和53(1978)年3月
撮影：佐藤嘉春

田中角栄と越後交通　木村和男

　新潟出身の政治家といえばまず田中角栄が挙げられるだろう。彼は「日本列島改造論」を唱えるなど交通を非常に重視したが、新潟県内に於いても彼は非常に重要な役割を果たしている。

　まず彼の経歴を見てみよう。昭和22（1947）年第23回総選挙で初当選、その後、昭和58（1983）年第38回総選挙当選まで、16期連続当選、議員在職43年という偉業を成し遂げた。昭和32（1957）年7月、第一次岸信介改造内閣で郵政大臣に就任。戦後初めての30歳代での国務大臣である。その後、昭和47（1972）年7月に初の新潟県出身の首相（第64代）となった。郵政大臣就任中、当時の東急コンツェルンの創始者五島慶太と知己になったことが、以下に述べる越後交通の歴史に深くかかわっている。

　越後交通株式会社は、昭和35（1960）年、長岡鉄道が中越自動車並びに栃尾電鉄と合併して商号変更されたものである。

　長岡鉄道は、中貫鉄道の名で大正3（1914）年3月に設立され、同年8月に商号変更された。来迎寺－西長岡－寺泊間の全線開通は、大正10年（1921）年5月であった。

　中越自動車は、昭和3（1928）年開業、昭和18（1943）年の戦時統合により新潟県中越地区のバス会社を統合した。その後、昭和34（1959）年に東京急行電鉄の傘下に入った。今でいうM＆Aのはしりである。越後交通の路線バスに東急バスと同じ銀地に赤ラインの塗色が採用されたのはその名残である。

　栃尾電鉄は、長岡市の悠久山駅から長岡駅、見附市の上見附駅を経由して、栃尾市（現・長岡市）の栃尾駅までを結んでいた軽便鉄道線。大正2年（1913）年に長尾鉄道株式会社として設立、大正3年、栃尾鉄道株式会社に改称された。悠久山駅までの開通は大正13年5月であった。その後、昭和31（1956）年に栃尾電鉄株式会社へと改称した。

　田中角栄は、長岡鉄道の沿線自治体から路線存続と電化を実現させる切り札として要望を受け、昭和25（1950）年11月に、同社の社長に就任した。このとき長岡鉄道のバス部門拡充にのちに刎頸之友となった国際興業の小佐野賢治が協力したとされる。昭和26年（1951）年12月に鉄道省OBの佐藤栄作を顧問に呼ぶなどの手を打ち長岡鉄道の電化を実現させた。これにより、それまで地盤のなかった長岡鉄道の沿線で支持を広げ、昭和27（1952）年10月の総選挙で、初めてトップでの当選を果たした。

　長岡鉄道社長であった田中角栄は合併後越後交通の取締役会長に就任したが、恐らく五島慶太との繋がりにより東急グループの傘下に入ったのであろう。その時点で長岡鉄道は長岡線、栃尾電鉄は栃尾線と名称変更した。昭和41（1966）年取締役社長に就任したが、同年東急グループからは離脱。

　越後交通が発足すると、本社に田中角栄の後援会「越山会」の本部がおかれ、本社内に越山会全体の事務をとりしきる秘書課がもうけられたのであった。

　越山会の説明を少々。昭和28（1953）年第26回総選挙で、田中角栄が4回目の当選を果たした直後、それまであった後援会を発展する形でできた。その名前の由来は、上杉謙信が七尾城の戦いを制し能登平定を果たした際に呼んだ漢詩「十三夜」の一節「越山併得能州景」「エツザンアワセエタリ・ノウシュウノケイ」からとっているとする説もある。

　簡単に解説すると、上杉謙信が七尾城の戦いに勝利したとき、「越中・越後さらに能登も併せて雄大な景色が眺められる。国では家族が心配していると思うが、今宵はこの景色を眺めようではないか」と十三夜の月の日に読んだものである。また越山とは越中・越後の山々をさす。

　この越山会の名物といえるものに、目白詣でというものがあった。新潟から団体で2泊3日の日程を組んで、田中邸を訪れ、田中角栄と面談。記念撮影をし、東京観光をするというものであった。ここでは、「記憶にございません」で有名な小佐野賢治の国際興業のバスが使われた。似た様な話が現在もあるやなしや。

　越後交通に話を戻すと、その後、鉄道部門がモータリゼーションの波を直接かぶり昭和50（1975）年3月に栃尾線全線、同日長岡線の旅客営業が廃止（長岡線貨物営業廃止は平成7（1995）年4月）。現在は高速バスの運行等を主体とするバス会社であり、田中一族の非上場会社である。

　このように、新潟県の地元に多大の貢献をした田中角栄。鉄道好きでも知られ、今年「日本列島改造論」出版から50年を迎える。上越新幹線、関越自動車道の実現を目にした後、平成5年12月に亡くなられたが、元気であったら平成9年3月の北越急行ほくほく線の実現等に喜び、その後、新潟県のさらなる発展を考えたのか興味が尽きない。

越後交通栃尾線（元 栃尾電鉄）

磐越西線経由で長岡に着いた時、冬の太陽はかなり西に傾いていた。確か前日の夜に上野を発ち、途中沼尻にも立ち寄らず、鹿瀬の昭和電工のハノーバーに出会っただけだった。長岡の国鉄線から狭くなった跨線橋を渡っていくとそこにはナローゲージの電車が百鬼夜行のようにひしめく天国があったわけだが、当時の僕はあまり執着心がなく、持っていた知識は古いTMSに載った高松吉太郎さんの片ボギーの気動車を改造した電車だった。すでに片ボギーの改造電車はボギー車に改造された後の様だった。だから通り一遍、構内に散らばっていた車両を撮っただけである。垂れ目のコッペルの向こうに半分雪に埋もれていた元草軽の凸電もまともに撮っていない。それでも雪の悠久山を往復した。桜の季節には花見客で賑わうそうだが、この日は駅の外にも出ていない。この日の宿は小千谷に決めており、心は明日乗る国鉄飯山線に飛んでいた。

その後、何だかんだといわれながら趣味の対象が地方私鉄に移ってくると、栃尾鉄道（昭和31年に栃尾電鉄へ改称）への訪問の旅は以後増加していく。ご承知のように栃尾電鉄は戦後の電化鉄道である。当時どこも車両の事情は苦しく、新しく電化したこの鉄道に車両を回してくれる軽便鉄道はなく、ただ草軽電気鉄道だけが、虎の子の電車5両のうち、3両を譲ってくれた。これは硫黄の輸送が経営の柱の一つだった草軽電気鉄道が列車を機関車牽引のものに決めていたからだと推察したい。

路線の長い栃尾鉄道にとって3両の電車は貴重な存在だったが、それでは車両が足らず、これまでのガソリンカーを電車に改造する道を選んだ。対象になった車両の中には先述した片ボギー式ガソリンカーもあり、これまでのガソリンエンジンに変え、モーターを床下に取り付ける方法を選んだ。同様にガソリンカーを改造した下津井電鉄に比べ、安易な方法といえた。工事は自社工場で主に行われたようだが、床下に2台モーターを吊った車両や、機関車代用にも使うため、床下モーターと吊り掛け式モーターを両方採用した車両も生まれた。昭和35（1960）年に、長岡鉄道、中越自動車と経営統合を行い越後交通栃尾線になった。

その車両需要はひっ迫し、自社工場製の車両や外注によるきちんとした車両を投入、連結器も昭和36（1961）年には、軽便鉄道では一般的な朝顔タイプから日立ウィリソン式自動連結器に交換し、ほぼ同時に当時の地方私鉄では非常に珍しくCTCによる運行管理も導入された。制御装置も総括制御車が主力になり、サハを挟んだ編成列車も走るようになった。特筆すべきは神鋼電機が開発した垂直カルダン方式を採用したことも話題になった。

ナローゲージながら精一杯大きく見せたような栃尾線の電車は、なかなか魅力があった。垂直カルダンのおかげで出力も向上し、1M4T編成も走り、総括制御可能な車両は均整の取れたスタイルのクハを先頭にした4両編成が主力だった。

しかし、昭和50（1975）年に道路の整備、モータリゼーションの普及で突然この愛すべき軽便電車は姿を消す。保存車両は現在1両も残っていないことを聞きさらに、ショックだった。

今、長岡駅の東口、かつて栃尾や悠久山行きの小さな電車が発着した栃尾電鉄の駅跡は栃尾線の代行バスともいえる、悠久山、上見附、栃尾行のバスが発着するバスターミナルと越後交通の営業所となっている。また、かつてナローゲージの電車がひしめき合っていた車庫跡は大きな駐車場となっており、どこを歩き廻ってもあの軽便電車が発着した痕跡は見つけられない。

【悠久山を出るMTTT編成】
自社工場製最後の新車モハ211が
気動車改造の電車の電装解除し
たトレーラー3両牽いてやって
来た。
◎悠久山
昭和41（1966）年4月
撮影：髙井薫平

【モハ212】
モハ212は栃尾電鉄にとって最初の本
格的新造電車である。なかなかしゃ
れたデザインで数年に渡って6両が
作られたが、1両も残っていない。
◎悠久山
昭和41（1966）年4月
撮影：田尻弘行

【栃尾終点】
終点の栃尾駅は突き当たった
形で古い瓦屋根葺きの駅舎が
ある。ホームには機回り線が
あり、電動車は機回り線を
通って再び列車の先頭に立っ
た。
◎栃尾
昭和47（1972）年3月
撮影：田中義人

【モハ200】
昭和23（1948）年の電化の時草軽電気鉄道から応援にやって来た元モハ105。最初見たときには茶系の塗分けで白帯を巻いていたように思う。のちに垂直カルダンを装備するとは知る由もなかった。
◎長岡
昭和32（1957）年1月
撮影：髙井薫平

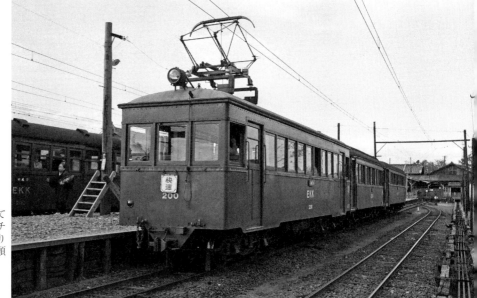

【モハ200の快速列車】
後ろにホハを2両連結している。上見附駅はスイッチバック駅で電動車は機回り線を通って再び編成の先頭に立つ。
◎上見附
昭和39（1964）年12月
撮影：髙井薫平

【モハ200】
1年半ぶりに訪問した際には、クリーム色と空色の新しい塗装に変わっていた。この車はこの後すぐに昔からの鋼板フレームの台車のまま垂直カルダンを装備して、性能は一新した。
◎長岡
昭和33（1958）年5月
撮影：髙井薫平

【200形（モハ200）】
草軽電気鉄道のモハ100形は5両全車が最終的に栃尾電鉄入りしたが、うち4両は車体に大改造が加えられ、草軽電鉄時代の
外観を残したのはこのモハ200（草軽電鉄モハ105）だけだった。このモハ200も昭和34（1959）年に垂直カルダンに改造されて
いる。◎長岡　昭和41（1966）年4月　撮影者：髙井薫平（上・下）

【モハ201（パンタ側）】
片ボギーのガソリンカーから電車に化けたモハ202.3.4は不思議な電車で、その詳しい変化の記録に出会っていない。筆者の怠慢だが見付けられなかった。写真は非貫通であり、殆ど同時期撮影の下の写真は貫通扉が付いている。たぶん前後で違う顔を付けたとしか思えない。
◎悠久山
撮影：園田正雄

【モハ201形（201）】
昭和5（1930）年松井車輌製のガソリンカーを電車化したもの。エンジンに変えて東京急行電鉄の75馬力モーターを取り付けた。最初は片ボギーのままであったが、昭和30（1955）年にボギー化された。しかし、非力はいかんともしがたく、2年ほどでモーターを下して客車化。ホハ22に改造された。
◎長岡
昭和32（1957）年1月
撮影：高井薫平

【ホハ22形（22）】
モハ201から改造されたトレーラー。気動車＞電車＞客車と変貌を続けるが、気動車時代の鮮魚台は電車化の時に、車体延長で失われた。
◎悠久山
昭和41（1966）年4月
撮影：田尻弘行

【ホハ23】
この車の経歴は複雑である。元江ノ電、その前は武蔵中央電気鉄道の路面電車が前身だという。しかも車体は大改造しているので、昔をしのぶのは台車だけだ。
◎長岡
昭和41（1966）年4月
撮影：高井薫平

【モハ201形（202）】
モハ201と同じ経緯で昭和5
（1930）年松井車輌製のガソリン
カーの電車化した車両、後にボ
ギー化されるがモハ201と同じ
理由で客車化された。
◎長岡
昭和32（1957）年1月
撮影：高井薫平

【ホハ25形（25）】
モハ202は昭和35（1960）年に客
車ホハ25に改造された。
◎長岡
撮影：高橋慎一郎

【モハ201形（203）】
モハ201、202と同じ経緯で電車
化、片ボギーのボギー化を経て
昭和41（1966）年10月、ホハ13に
改造された。
◎長岡
昭和32（1957）年1月
撮影：高井薫平

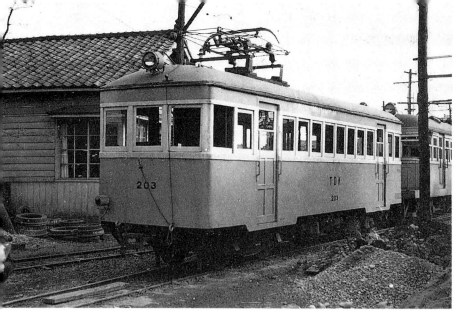

【モハ201（モハ203）】
片ボギーのガソリンカー改造の電車、栃尾鉄道の十八番だがのちにどこかから調達したボギー台車に交換、ただし床下1個モーター直角カルダンは変化なかった。
◎長岡
昭和32（1957）年1月
撮影：髙井薫平

【モハ201形（203）】
修理中なのか、床下器具はついているが、パンタグラフが見えない。ただ工場ではなく駅構内での撮影で、トレーラーとしてたまたま使用されていたのかもわからない。
◎長岡
昭和41（1966）年4月
撮影：髙井薫平

【ホハ13形（13）】
モハ203の電装解除車。客車扱いで電動車に牽引された。
◎長岡
昭和41（1966）年4月
撮影：髙井薫平

【モハ204形（204）】
ガソリンカーを電車化したものだが、栃尾鉄道最初のボギー式ガソリンカーだった。駆動方式は床下にモーターを吊り下げるスタイルは変わっていなかった。◎長岡　昭和32（1957）年1月　撮影：髙井薫平

【ホハ24形（24）】
モハ204の電装解除車。昭和35（1960）年1月電装をとかれて客車になった。
◎長岡　昭和41（1966）年4月　撮影：田尻弘行

【モハ205形（205）】
キハ111の改造。昭和7（1932）年、日車製のボギー式ガソリンカーを電車化した。改造当初はモハ201〜204と同じ、75馬力の主電動機を床下にぶら下げる直角カルダン方式だったが、昭和28（1953）年から大改造に着手、車体延長、垂直カルダン採用など見違えるような姿で登場した。◎長岡　昭和32（1957）年1月　撮影：髙井薫平

【モハ206形（206）】
元石川鉄道のボギー客車だったが、
戦時中にガソリンカーに改造し、さ
らに電車化した車両。最終スタイル
は3扉の中央扉が両開き扉、貫通幌
付きだった。
◎悠久山
昭和33（1958）年5月
撮影：髙井薫平

【モハ205を先頭に】
大改造によって垂直カルダン4個モー
ター、車体延長により制御装置も総括制
御になり、第一線の主力車両になった。
◎長岡
昭和41（1966）年4月
撮影：髙井薫平

【モハ206形 (206)】
この車両も床下モーターによる直角カルダンを採用している。側面の扉配置などを見ても設計者の設計意図がどうしてもわからない不思議な電車だった。◎長岡　昭和32 (1957) 年１月　撮影：髙井薫平

【ホハ27形 (27)】
この車両はまず客車で生まれ、電化で電車に変身、最後はまた客車に戻った。昭和29 (1954) 年の車体改造で半流線型の車体を平妻型になった。◎悠久山　昭和41 (1966) 年１月　撮影：髙井薫平

【モハ208】
元草軽電気鉄道のモハ103。しばらく客車代用で使用された後、神鋼電機の垂直カルダンを装備、栃尾電鉄、技術改革の先鞭となった。
◎長岡
昭和32（1957）年1月
撮影：高井薫平

【モハ200形（208）】
元草軽電気鉄道のモハ103で神鋼電機が開発した垂直カルダンの最初の装備車になった。車体の改造は行われず、その後栃尾鉄道が積極的に採用する垂直カルダンの先駆者であったが、昭和41（1966）年にサハ301に改造された。
◎長岡　昭和32（1957）年1月　撮影：高井薫平

【モハ207形（207）】
草軽電気鉄道からモハ200に続いてやって来た元草軽電鉄のモハ104である。栃尾電鉄ではまずモハ207の車体を3メートルほど延長、HL制御、垂直カルダンモーターを取り付け、近代化に貢献した。
◎長岡　昭和45（1970）年8月　撮影：高橋慎一郎

【MTTM編成】
車号はよくわからないがモハ212を先頭にサハ301を2両挟んだMTTM編成。762mmナローの鉄道には珍しい質の高さだが、すでに鉄道廃止の波が近づいている。
◎昭和40（1965）年8月
撮影：高橋慎一郎

【モハ207形（207）】
モハ207はさらに進化を遂げ、ドア位置の変更、張り上げ屋根に改造してスマートな車体になった。もう元草軽電鉄モハ104だという面影は残っていない。
◎長岡　昭和41（1966）年4月　撮影：髙井薫平

【下新保駅に進入するモハ209牽引の長岡行き電車】
◎下新保　昭和46（1971）年8月　撮影：小池陽一

【長岡駅におけるモハ209】
牽引されているのは2軸車を2つつないだホハ10と唯一の両開き扉を持つホハ27である。
◎長岡　昭和46（1971）年8月　撮影：小池陽一

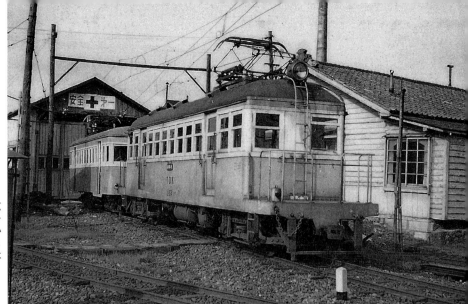

【209形（モハ209）】
この角度から見るとデッキの広さが目立つ。冬場はこのデッキの上にスノウプロウを載せていた。デッキに上がるステップも取り付けられ、もはや装備では電気機関車である。
◎長岡
昭和39（1964）年11月
撮影：田尻弘行

【209形（モハ209）】
◎長岡
撮影：髙井薫平

【モハ209（209）】
今はなき栃尾電鉄を代表する電車だろう。一見電車だが、性能と各部の造りは電気機関車で、この軽便鉄道にとっては貴重な存在であった。
◎長岡
昭和32（1957）年1月
撮影：髙井薫平

【210形（モハ210）】
昭和29（1954）年に自社工場で作った野心作。車体にアルミ合金を使用して軽量化、車内はクロスシートだった。早くに電装を解かれてクハ112になった。◎長岡：昭和39（1964）年12月　撮影：髙井薫平

【112形（クハ112）】
モハ210の電装解除車、HL制御グループに加わり上見附駅での入れ替えが不要になった。
◎長岡付近　昭和46（1971）年4月　撮影：髙井薫平

【栃尾駅風景】
入れ換え中のモハ211は自社製造のトレーラーを大改造して生まれた。栃尾鉄道最初のHL制御車で、垂直カルダンを採用、
その後制動装置をAMMに改造、総括制御編成列車の一員となった。写真撮影時まだ電動車が様々なスタイルのトレーラー
を牽引するスタイルが栃尾線の日常だった。◎栃尾　昭和41（1966）年4月　撮影：高井薫平

【211形（モハ211）】
昭和25（1950）年に作ったホハ21をクハ30に改造後、昭和31（1956）年に自社で大改造、垂直カルダンを付けた電動車に変身し
た。部分廃止時廃車。◎長岡　昭和39（1964）年11月　撮影：田尻弘行

【ホハ20・30】
初めて見る写真で少し困惑した。というのはこれまで1両しかないと思っていたホハ20が2両連結している。手前はすでに知っているホハ20で、のちに大変身を遂げたホハ20。2両目はホハ30という表記が見えるが、その後ホハ21に改められている。またこの車両は一見してこれまで、2段上昇窓のように思っていたが1段下降式であることが写真から見て取れる。
◎長岡
昭和32(1957)年7月
撮影：園田正雄

【20形（ホハ20）】
昭和25(1950)年に自社工場で生まれた。一時期車両番号のないまま使用され、ホハ21となったがこの写真ではホハ20である。深い屋根が特徴であり、一時期制御車に改造する計画もあったが、結局、昭和32(1957)年に大改造が行われてモハ211に変身する。
◎長岡
昭和41(1966)年4月
撮影：髙井薫平

【悠久山で出発を待つモハ211】
色々なスタイルの客車を3両も引いている。
◎悠久山
昭和41(1966)年4月
撮影：髙井薫平

【悠久山を出たガラクタ編成の長岡栃尾行】
後ろからホハ22、ホハ27、ホハ25とモハ211。ともにかつては電動車として一人で走った面々である。
◎悠久山　昭和41 (1966) 年4月　撮影：高井薫平

【212形 (モハ212)】
久々の外部に発注した新造車。全金属製のノーシルノーヘッダーの好ましい近代的なスタイルの車両で、以後の車両もモハ213～217が東洋工機で生まれた。ただ、モハ212で採用した垂直カルダン駆動はモハ215までで、昭和39 (1964) 年に作られたモハ216から、なぜか垂直カルダンは吊掛式に戻った。
◎悠久山　昭和39 (1964) 年11月　撮影：田尻弘行

【213形（モハ213）】
◎長岡
昭和37（1962）年11月
撮影：髙井薫平

【モハ215】
垂直カルダンのパイオニア的存在だった垂直カルダン装備の最後の新車になった。栃尾電鉄ではその後の新車は吊り掛け式に戻った。
◎悠久山
昭和41（1966）年4月
撮影：髙井薫平

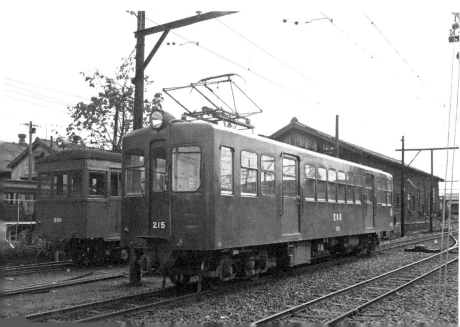

【215形（モハ215）】
モハ213、214に続いて東洋工機で生まれた。最後の垂直カルダン採用車両である。
◎悠久山
昭和39（1964）年2月
撮影：髙井薫平

【元気だったころの
長岡車庫】
左からモハ215・モハ212・
クハ104。
◎下長岡
昭和47（1972）年3月
撮影：田中義人

【213形（モハ213）】
客用扉の窓ガラスは上の段にし
か入っていない。下の段にもガ
ラスは入れられる構造になって
いて、一時はやった客用扉の窓
縮小デザインより、電車らしさ
を感じた。
◎下長岡
昭和41（1966）年4月
撮影：髙井薫平

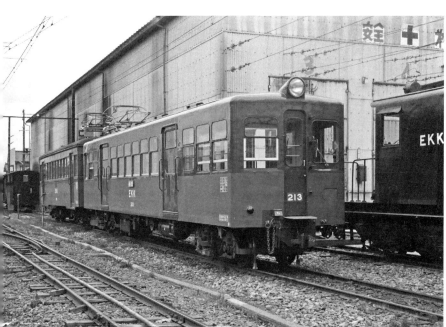

【モハ213（213）】
昭和34年に投入されたモハ213
（213・214）の2両は、定員が5
人増え、台車も転用でなくて新
スタイルも確立した。
◎下長岡
昭和41（1966）年4月
撮影：髙井薫平

【モハ215他】
しんがりはモハ212がつとめ、あいだにサハ300（302・305）を連結している。
◎悠久山
昭和41（1966）年4月
撮影：髙井薫平

【217形（モハ217）】
昭和41（1966）年2月に登場した栃尾線最後の新車である。モハ216とともに吊掛式に戻ったが、栃尾線としては久々の吊掛式の電車になった。モハ212から始まったこの電車のスタイルはなかなかのものだと思う。d2D6D2の窓配置、客用扉の窓は乗客の目の高さに合わせて上半分しか窓ガラスが入っていない。張り上げ屋根、ノーシルノーヘッダー、この時代に作られたベストドレッサーの一つだと僕は思う。
◎悠久山
昭和41（1966）年4月
撮影：髙井薫平

【モハ217（217）】
栃尾線最後の新車、久しぶりに乗務員室に扉が付いた。
◎上見附
昭和47（1972）年3月
撮影：田中義人

【クハ100形（101〜104）】
総括制御の編成が増え、これまでの百鬼夜行的な編成の見直しが行われ、新電動車に合わせた制御車が登場した。主としてMcTTTc編成が多かった。
◎悠久山
昭和41（1966）年4月
撮影：髙井薫平

【サハ300形（301〜304、306）】
サハには草軽電気鉄道から来たモハ101〜105のうち、104を除いた4両が、電装解除してサハ301〜303、306として総括制御列車の中間に組み込まれた。
◎悠久山
昭和41（1966）年4月
撮影：田尻弘行

【サハ300形（302）】
元草軽電気鉄道のモハ101。栃尾入りしてしばらく客車として使用されたのち、引き通し線を設けて本格的に電車の仲間入りをした。
◎下長岡
昭和41（1966）年4月
撮影：髙井薫平

【近代化されたMTTcTc編成が行く】先頭からクハ102、クハ101、サハ302、モハ215だと思われる。
◎撮影：高橋慎一郎

【これぞ軽便鉄道の醍醐味】モハ209＋モハ213＋ホハ24＋ニフ23の編成が行く。
◎浦瀬～宮下　昭和58（1983）年3月　撮影：田中義人

【1形（ホハ2）】
旧塗装時代のホハ2。腰部に
鋼板を張り、窓は2段上昇式に
なっているが、出入り台はオー
プンデッキのままだ。後ろの車
はホハ1で、木造のままのよう
だ。
◎悠久山
昭和31（1956）年1月
撮影：髙井薫平

【1形（ホハ1）】
蒸気時代からの木造ボギー客
車。大正3（1914）年日本車輌
製の1・2等合造車。その後、
簡易鋼体化工事や、外吊り式の
ドアが追加された。
◎悠久山
昭和41（1966）年4月
撮影：髙井薫平

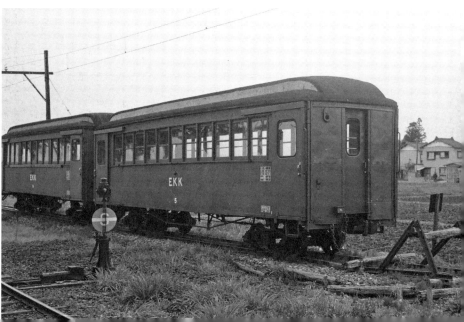

【1形（ホハ5）】
ホハ1、2と同時に生まれた。
こちらは2等車で窓配置が異な
る。昭和39（1964）年頃から保
安対策を主にした改造が行わ
れ、出入り台に外吊り式の扉が
設けられ、貫通路にも扉が新設
された。
◎悠久山
昭和41（1966）年4月
撮影：髙井薫平

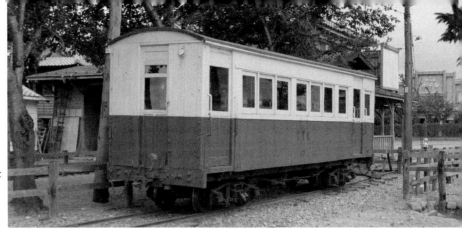

【ホハ17】
旧塗装時代の元草軽から来た
ホハ17。
◎長岡
昭和31（1956）年8月
撮影：園田正雄

【ホハ18】
戦後すぐ草軽電気鉄道からやっ
て来た。引き戸が付いた小型な
がら頑丈そうな客車だった。
◎長岡
昭和41（1966）年4月
撮影：田尻弘行

【10形（ホハ10）】
元青梅鉄道の2軸客車を2台つ
なげて車体の長い1両にした。
この写真ではつなぎ目付近に桜
の木があって、2両の車両に見
えるが実は1両である。
◎悠久山
昭和31（1956）年1月
撮影：高井薫平

【ホハ10（改造後）】
晩年は保安上の問題からオープ
ンデッキを止め、スチール製の
外釣り式扉を設け、貫通扉も設
けた、収容力があったためか明
治27（1895）年生まれのこの車
両は昭和48（1973）年まで第一
線で活躍した。
◎長岡
昭和41（1966）年4月
撮影：田尻弘行

【11形（ホハ11）】
都電の旧杉並線の車両で、265号が出自で、手塚車輌工業で客車に改造した。運転台のあった場所に貫通路を設け電車時代の台車は他に回して、アーチバータイプを付けていた。その後の保安度向上改造の対象から外れ、昭和45（1970）年廃車になった。
◎悠久山　昭和41（1966）年4月　撮影：高井薫平

【ホハ31】
昭和37年改軌された小坂鉄道から購入した木造ボギー客車。一応ホハ30〜35の番号は与えられたが、使用されることはなかった。◎長岡　昭和41（1966）年4月　撮影：田尻弘行

【栃尾駅で出発を待つED51】
栃尾電鉄にはそれなりの貨物輸送に需要があり、昭和42（1967）年まで1往復の貨物列車が設定されていた。
◎栃尾　昭和41（1966）年5月　撮影：荻原二郎

【デキB（ED51）】
電化に際して昭和24（1949）年に日立製作所で生まれた15トン機関車。大きなデッキ付きの堂々たる箱型で自重は15トンだった。貨物列車や除雪作業に活躍したが、本機が不調の時にはモハ209が代役を果たした。
◎長岡　昭和39（1964）年12月　撮影：高井薫平

【長岡駅を出るED51の牽く貨物列車】現在この一帯は越後交通のバスターミナルとなっている。
◎長岡　昭和30（1955）年12月　撮影：高井薫平

【C15】
ぼくが最初に訪問した時、雪に埋もれたコッペルのCタンク機がいた。15号機といい、魚沼軽便線から転属してきたものだった。コッペルにしては屋根のカーブ深く、たれ目スタイルは愛嬌があった。すでに電化とほぼ同時に日立製のBB形電気機関車ED51が入り、また草軽電気鉄道から来たデキ50も一応残っていたので出番は無く、昭和31（1956）年に廃車になった。
◎長岡
昭和30（1955）年12月
撮影：高井薫平

【デキ50】
昭和23（1948）年の電化の時草軽電気鉄道から譲り受けた。草軽電気鉄道といえば狭い乗務員室を持つ独特のL型の電気機関車で有名だったが、乗務員の待遇改善のため1両だけ改造したものである。運転台も居住性の良いものになったが、ぼくは草軽電気鉄道線上を走った写真を見たことがない。そして、栃尾鉄道が電化して、車両提供を求められた時、いの一番に栃尾行が決まったものだ。ただ栃尾電鉄での活躍の記録についてもぼくは接したことがない。
◎長岡　昭和30（1955）年12月
撮影：園田正雄

【17形（ニフ18）】
半鋼製の荷物緩急車で手荷物輸
送に使用された。
◎上見附
昭和37（1962）年3月
撮影：田中義人

【22形（ニフ22）】
がっちりした木造荷物緩急車。
車両の一端は車掌室になってい
る。
◎長岡
昭和39（1964）年11月
撮影：田尻弘行

【19形（ニフ20）】
無蓋貨車を自社で昭和28（1953）
年に改造した木製荷物緩急車。
車体色は栃尾電鉄時代のツート
ンカラー。
◎長岡
昭和32（1957）年1月
撮影：髙井薫平

【B形（ユキ2）】
珍しいジョルダン式の排雪車である。他にユキ1という中型有蓋貨車を自工場でロータリー式除雪車に改造した。また、パンタ付きの電動式ロータリー式除雪車も在籍したが未確認である。
◎長岡　昭和39（1964）年12月　撮影：髙井薫平

【上見附駅に入る栃尾行き列車】
列車は個々で向きを変え左の線路を栃尾に向かう。◎上見附　昭和47（1972）年3月　撮影：田中義人

【越後交通上見附】
上見附はスイッチバック駅。駅舎はホームに並行して建てられていた。
◎昭和45（1970）年6月　撮影：荻原二郎

【越後交通長岡駅】
写真の左上隅に国鉄線乗換えの跨線橋に
屋根が見える。長岡駅東口的存在だがあ
くまでも田舎電車のターミナル然としてい
る。
◎昭和41（1966）年5月
撮影：荻原二郎

【越後交通栃尾駅】
栃尾電車の終着駅、立派な瓦葺きの駅舎で天井も高いようだ。改札口を通して構内の貨車が見える。
◎昭和41（1966）年5月　撮影：荻原二郎

栃尾電鉄で愛用された垂直カルダン駆動と神鋼電機 小山 明

　垂直カルダン駆動（垂直軸カルダン駆動）は、戦後電車用主電動機に参入した神鋼電機（現シンフォニアテクノロジー）が開発した駆動方式である。主電動機をばね上となる台車枠に固定するカルダン駆動の一種であるが、この方式を使用した車両は表1のように昭和30年代に登場した11両（鉱山用電気機関車を除く）に限られ、実際の稼働期間もそれぞれが10年余りであった。

　注目されるのは、11両中8両（新造車5両を含む）が越後交通栃尾線の電車であることで、淡路交通や三重交通が試作的なものに終わり、増備がなかったことと対照的である。

神鋼電機

　神鋼電機は1917年に発足した鳥羽造船所電機部が起源である。造船所はその後神戸製鋼所に譲渡され、さらに播磨造船（現IHI）として分離されたが、電機部は1949年に神鋼電機として別会社化されるまで神戸製鋼所の電機部門として存続した。

　戦前の製品分野は船舶用電機品、産業用電動機、蓄電池機関車、工事用電気機関車などの他、米ウェスティングハウス・エア・ブレーキと神戸製鋼所の提携により1925年に創業した日本エヤーブレーキ（現ナブテスコ）が製造する鉄道車両用コンプレッサーの電動機を一貫して担当していた。戦後は消えた軍需を補うため、電車用主電動機に進出を試みるが国鉄は指定メーカーへの敷居が高く（最終的には吊掛式のMT40からMT54、MT55までの製造に参加）、国鉄指定メーカーの手が回らない路面電車用のSS-50、SN-50形相当の製造を1946年から行うことになった。路面電車用電動機は東京都電のような大口の需要もあり、各地の公営交通を中心に2年間で1000台程度が出荷されたという。

　なお、神鋼電機の主力工場と開発拠点は創業以来三重県鳥羽市にあり、地元の三重交通の電車に垂直カルダン駆動が採用された大きな要因になったと言われている。

カルダン駆動の黎明期

　1951年頃になると海外の技術情報や技術提携関係も復活し、電車ではカルダン駆動の開発が大きなテーマになった。1952年になると、三菱、日立、東芝、東洋電機といった会社がカルダン駆動電車の試作を行い、1953年には営団地下鉄丸ノ内線の300形が初の量産WN駆動電車として登場、翌年には東急5000系（初代）が狭軌の直角カルダン車として量産された。一方、路面電車でも同時期にPCCカーや和製PCCカーとも呼ばれるカルダン駆動の車両が上記のメーカーから登場するようになった。

　垂直カルダン駆動は、このような時代に1953年度の運輸省科学技術応用研究補助金を得て、淡路交通、神鋼電機、帝國車輌工業の3社の共同開発プロジェクトとして発足し、1954年に淡路交通のモハ2008の試作改造が完成した。翌1955年には栃尾鉄道にも導入され、元草軽電鉄のモハ208が垂直カルダン駆動に改造された。

　淡路交通と栃尾鉄道は軌間が異なるものの、戦後の石油不足を背景に電化した鉄道で、気動車のエン

年度	鉄道名	車号	電動機	出力	軌間	記事
1955	淡路交通	モハ2008	TBY-25	56kW×4	1067mm	
1955	栃尾鉄道	モハ208	TBY-25A	56kW×2	762mm	
1957	栃尾電鉄	モハ211	〃	〃	〃	
〃	〃	モハ212	〃	〃	〃	新造車
1958	三重交通志摩線	モ5401	TBY-28	78kW×4	1067mm	新造車、サハ化の上転属
〃	日鉄鉱業釜石		TBY-25	56kW×2	762mm	鉱山用B型EL改造用
1959	栃尾電鉄	モハ200	TBY-25A	56kW×2	〃	
〃	〃	モハ207	〃	〃	〃	
〃	三重交通三重線	モ4401	TBY-23	45kW×4	〃	3車体連接、新造車
1960	日鉄鉱業釜石		TBY-25	56kW×2	〃	鉱山用B型EL改造用
1961	越後交通栃尾線	モハ213	TBY-25A	56kW×2	〃	新造車
〃	〃	モハ214	〃	〃	〃	新造車
〃	〃	モハ215	〃	〃	〃	新造車

表1　垂直カルダン車両一覧　＊鉄道名は導入時点の名称。
栃尾鉄道→栃尾電鉄（改称）→越後交通栃尾線（合併）　三重交通→近畿日本鉄道（合併）

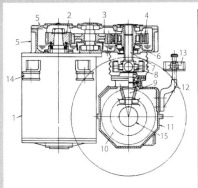

1	電動機
2	ピニオン
3	中間歯車
4	可撓歯車
5	歯車箱
6	スプライン外軸
7	スプライン中軸
8	自在継手
9	小傘歯車
10	大傘歯車
11	歯車箱
12	歯車箱支え腕
13	緩衝ゴム
14	防振ゴム
15	車軸

▲図1　垂直カルダン駆動装置構造図

▲写真1　垂直カルダン駆動装置外観

ジンを電動機に交換して電車化（これも一種のカルダン駆動）した車両があるなどの共通点がある。

　1957年になると、国鉄のモハ90形（後の101系）が中空軸平行カルダン駆動で登場し、以後中空軸平行カルダン駆動、WN平行カルダン駆動が一般化し、国鉄や大手私鉄の高速電車では一気に新性能電車の時代になった。

垂直カルダン駆動の構造

　垂直カルダンの駆動装置は図1のような構造で、垂直に置かれた電動機1からピニオン2・中間歯車3・可撓歯車4を経て車軸15直上に位置する垂直駆動軸に回転が伝えられる。電動機から可撓歯車、それを支持する歯車箱5まではばね上となる台車枠に防振ゴム14を介して固定される。一方、車軸15に固定された大傘歯車10・小傘歯車9とそれらを支持する歯車箱11は台車の軸ばねにより台車枠に対して上下するので、上下変位は垂直駆動軸に仕込まれたスプライン軸(外軸6・

中軸7)により吸収し、前後・左右方向の小変位は特殊な構造の自在継手8とゴム継手を内蔵した可撓歯車4で吸収するようになっていた。歯車箱支え腕12は駆動時に生ずる歯車箱への回転反力を支えるもので、一端は緩衝ゴム13を介して台車枠に取付けられていた。

　なお、電動機から垂直駆動軸に至る歯車はヘリカルギヤ(はすば歯車)、傘歯車にはスパイラルベベルギヤ(曲がり歯傘歯車)が使用されていた。

　垂直カルダン駆動の利点としては、一般的なカルダン駆動と同様主電動機がばね上にあり静粛性にも優れることの他、車軸方向の寸法が小さく762mm軌間にも適用可能、台車枠に大きな変更を加えることなく改造が可能という点が挙げられる。一方、構造上高さ方向は必ずしも小さいとは言えず、三重交通の連接車モ4401では先頭の電動台車直上の床面が他の部分より少し高くなっていた。

　写真2・図2は栃尾鉄道のモハ208を垂直カルダン駆動化したもので、日本鉄道自動車製の板台枠台車

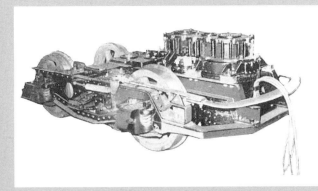

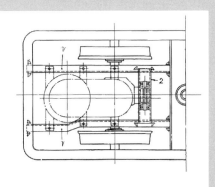

写真1・2、図1・2は栃尾鉄道の「垂直軸カルダン駆動電車」(1955)より

鉄道名	主電動機定格（1時間）						歯車比	定格速度	架線電圧
	形式	出力	個数	電圧	電流	回転数			
淡路交通	TBY-25	56kW	4	300V	210A	2000rpm	1:5.83	55.6km/h	600V
栃尾電鉄	TBY-25A	56kW	2	750V	84A	1800rpm	1:7.77	31.0km/h	750V
三重交通志摩線	TBY-28	78kW	4	375V	231A	1800rpm	1:7.12	40.0km/h	750V
三重交通三重線	TBY-23	45kW	4*	375V	137A	2000rpm	1:6.74	34.1km/h	750V

表2　垂直カルダン車の諸元　＊MTM3連接車

を改造して、車軸の外側に電動機を装荷している様子がわかる。最初に改造された淡路交通のモハ2008もTR10という明治の古い台車を改造したものであった。

　表2は垂直カルダンを採用した電車の諸元である。栃尾線の電車は同一の性能に揃えられていたので4種類しかない。この方式の場合、電動機から垂直駆動軸に至る部分で一段、垂直駆動軸と車軸の間の傘歯車でもう一段の減速となるので、最終的な歯車比としては5.8～7.8程度の高減速比が可能で、高速回転の小型電動機を使用することができる。定格回転数1800～2000rpmは国鉄の電車用標準電動機MT54形の1630rpmに比べても、かなり高速回転型であったことがわかる。

鉱山用電気機関車への応用

　1958年から翌59年に日鉄鉱業釜石鉱業所の既存の15トン坑内用電気機関車（軌間762mm）を垂直カルダン駆動に改造して試験を行っている。改造前は50HP（38kW）×2の吊掛駆動であったが、これを56kW×2のカルダン駆動に改造した。高速回転の電動機を低速の機関車にしたので歯車比は13.35で定格速度18.2km/hになっている。

　釜石鉱山は1993年に閉山するまで数両の戦前の日本輸送機（現三菱ロジスネクスト）製15トン機関車と6トン機関車が稼働していた。もし、改造した機関車がそのまま使用されていれば、最も長寿の垂直カルダン車になるのだが……。

　また、神鋼電機の文献には4トン～15トンまでの「カルダン機関車」を製品化しようとした形跡が残っているが、詳細は不明である。なお、鉱山用機関車では同時代に日立製作所が1電動機直角カルダン2軸駆動の製品を出している。

特許・実用新案から見る垂直カルダン

　垂直カルダン駆動関連と思われる出願は、特許1件、実用新案が9件ある。特許は淡路交通単独、実用

新案は神鋼電機が出願人となっているが、考案者に淡路交通社員が含まれるものが3件ある。

　淡路交通では当初「AT式垂直カルダン駆動」（ATはAwaji Transportationの略か）と称し、鉄道業界雑誌に記事を載せていた。

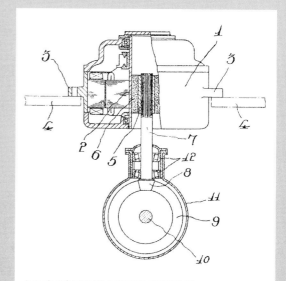

図3 実用新案出願公告1957-06518付図

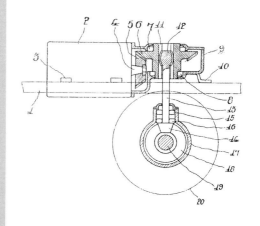

図4 実用新案出願公告1958-205付図

神鋼電機単独の出願では、図3、図4のような垂直カルダン駆動の派生型が4件出願されている。図3は中空軸の電動機を垂直駆動軸の上に置いたもので、中空軸の中にゴムを巻いたスプライン軸を入れ、電動機から垂直駆動軸間の歯車を省いている。図4は電動機を水平に置き、傘歯車で垂直駆動軸に伝達するもので、中空の大傘歯車の内部がスプライン外軸を兼ね、垂直駆動時の一端が球面状のスプライン中軸となっている。

元三重交通モ4401の近鉄北勢線時代。電装解除され運転台も撤去、サ202となっていた。（1974年撮影）

いずれも、実用新案の分類上は鉄道の駆動装置に分類されているが、あまり通常の電車向きとも思えない。鉱山用機関車や電動機駆動の搬送車のようなものを想定したものだったのだろうか。

垂直カルダン駆動の終焉

冒頭にも述べたように、垂直カルダン駆動の電車の稼働期間は短かった。

駆動装置自体の問題としては、一般に言われているように、構造が複雑で保守が大変だったということがある。潤滑の必要な歯車や継手の数が多いだけでなく、軸が垂直になっているため潤滑油漏れを防ぐのが困難だったと言われている。

上記の問題以外でも、道路整備やクルマ社会化の進展で鉄道を取り巻く環境は大きく変わり、1970年代まで地方私鉄や路面電車の廃止が相次いだ。淡路交通も鉄道自体が1966年9月限りで廃止された。

三重交通志摩線や湯の山線は逆に1435mmに改軌・昇圧され、近鉄本線から電車が直通するようになったが、三重交通の垂直カルダン車は本来の職場を失ってしまうことになってしまった。志摩線のモ5401は電装解除・運転台撤去され養老線（現養老鉄道）に転属、三重線の連接車モ4401も湯の山線改軌後は北勢線に転属、1971年に3車体連接車のまま運転台と電装を撤去してトレーラー化されてしまった。北勢線は三岐鉄道北勢線として運行されているが、この車両は現在も健在で、垂直カルダンで登場した車両では唯一の現存車となっている。

栃尾鉄道は越後交通栃尾線となり、最盛期には8両のカルダン車を擁していたが、1964・1965年製のモハ216・217は4個モーターの吊掛駆動に戻り、こちらが主力となった。

1970年代になると、古い改造カルダン車はサハ化され編成の中間車となり、1973年の部分廃止時には大半のカルダン車は廃車となってしまった。この時点で3両のカルダン車が残ったが、1975年4月の全線廃止で、垂直カルダン駆動の電車は完全に消えることになった。

今から70年近く前に登場した「垂直カルダン駆動」は成功したとは言い難い方式ではあったが、廃止間際の栃尾線の車庫で「縦に装荷されている主電動機」を初めて見たときの印象は今も鮮明に記憶している。

北勢線ク202の先頭部。台車は改造により垂直カルダン時代の跡は失われているが、駆動装置を避けるため高くなっている床がカルダン駆動時代の名残りである。

蒲原鉄道

　磐越西線の五泉の駅で待っていると茶色と黄色の、一昔前の西武鉄道の電車によく似た色の電車が単行で到着した。ここから車庫のある村松までは4kmと少しであるが、列車の本数も加茂まで行く本数よりぐっと多い。時刻表上では五泉加茂〜直通の列車も村松で長時間停車し、実質的には五泉〜村松、村松〜五泉と分かれた運行体系であったようだ。沿線のロケーションは村松を出ると俄然素晴らしくなる。しばらく南に向かい、冬はスキー場になる冬鳥越はゲレンデに直結するが、現在ここに3両の保存車両が残っている。さらに進むとやがて交換駅である七谷で西に進路を変え加茂に向かう。左手に県道が通っているが、ほぼ1時間に1本の列車が走っていた。電車は少し小高い杉林の中を加茂に向かい、国鉄信越線を超えて左に折れ乗換駅である加茂についた。昭和60（1985）年3月限りで赤字がかさんで村松から加茂までの区間は廃止されるが、この辺りは平野から山地にかかる際にあった区間で、人口も少なかった。一方、村松から五泉までの区間は真っ直ぐに線路が田んぼの中を通っていて、並行する道路も整備されていた。

　この地域は戦時中に軍の駐屯地が置かれたりしたが、穀倉地帯としても古くから裕福な地域で

あった。村松に車庫があり、開業以来の木造車は足を取られて物置小屋として鎮座していたが、このうちの1両が復元され、台車もつけて曲りなりにも昔の姿に戻り、冬鳥越のスキー場に保存されている。車内もシートなど整備されていたが運転台を覗くと気動車用のマスコンMC19が鎮座していたのはお愛嬌だった。蒲原鉄道の車両保存は、積極的に行われ、廃線直後は、部分廃止後も活躍したほとんどの車両が残ったが、廃線以来20年余年が経ち、その一部は姿を消してしまった。

　村松の車庫には開業当初の車両のほか、戦後出張工事で作り上げた新車に、西武鉄道からの3扉車や、エンジンを降ろしてクハとなった元国鉄キハ41000、それに昭和49（1974）年に廃止された山形交通三山線の車両もいた。確か越後交通長岡線の車両も、同線の昇圧で不要となったため1両来ているはずだが、在来の車両が疲弊してきたためなのかわからなかった。通常の運行は、電車の単行か2両編成が多かったが、村松と五泉の間には混雑時間帯には3両編成も走っていた。なおこの間4km少しの区間には、交換できる駅はなかった。

　残った五泉〜村松も、平成11（1999）年に廃止となった。

【モハ31】冬鳥越から下ってきた電車は七谷を過ぎると西に向きを変え、川の流れに沿って加茂に向かう。
◎七谷〜狭口　昭和40（1965）年5月　撮影：髙井薫平

【雪の中モハ41が行く】
吹雪が途切れて、五泉行きのモハ41が姿をあらわした。◎冬鳥越　昭和42（1967）年12月　撮影：大賀寿郎

【冬鳥越のカーブを行くモハ41】
◎七谷〜冬鳥越　昭和40（1965）年5月　撮影：髙井薫平

【モハ41】2度目の訪問の時、更新車のモハ31、41はこの鉄道の主役だった。
◎冬鳥越　昭和40（1965）年5月　撮影：髙井薫平

【貨車を牽くモハ31】
定期の貨物列車は昭和32（1957）年に廃止され、必要に応じて定期列車の電車が貨車を1～2両牽いていた。
◎冬鳥越　昭和40（1965）年5月　撮影：髙井薫平

【高松駅を発車するモハ71】
モハ71は昭和40（1965）年に西武鉄道からやって来た。
◎高松　昭和40（1965）年5月　撮影：髙井薫平

【モハ71形（71）】
元西武鉄道のクハ1211。武蔵野鉄道の引継ぎ車でどちらかといえば野暮ったいスタイルの車両だが、鉄道廃止の時まで第一
線で活躍した。◎五泉　昭和40（1965）年5月　撮影：髙井薫平

【モハ31形（31）】
この頃の蒲原鉄道の主役はモハ31、41であり、出張工事専門会社による自工場での車体新造車だった。
◎大蒲原　昭和57（1982）年5月　撮影：今井啓輔

【高松駅停車中のモハ41】
すでにワンマン対応工事がなされて、バックミラーが付いている。
◎高松　昭和57（1982）年5月　撮影：今井啓輔

【雪原を行くモハ41】
◎冬鳥越　昭和42（1967）年12月　撮影：大賀寿郎

【創業時の車両】
デハ1、2（モハ1、2）大正12（1923）年10月に五泉～村松（4.2km）が開業し、当時デ1、2の2両の木造電車が投入された。スタイルは目蒲（東横）電鉄のモハ1に似た木造ボギー車で、僕が最初に訪問した昭和34（1959）年にはすでに台車をほかに取られて村松の構内に鎮座していたが、鉄道廃止を機に冬鳥越の駅跡あたりで復元保存された。
◎村松車庫
昭和34（1959）年5月
撮影：高井薫平

【モハ11～13の変身】
戦時中は安泰な3両だったが、戦後モハ13は電機品をモハ41に譲って、モハ1の電機品を使ってモハ51になった。
◎村松車庫
昭和40（1965）年5月
撮影：高井薫平
（中・下）

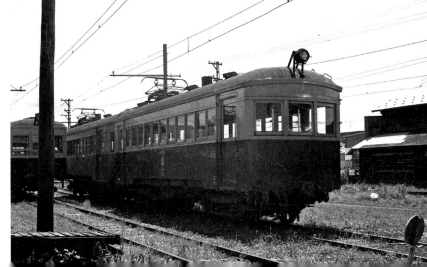

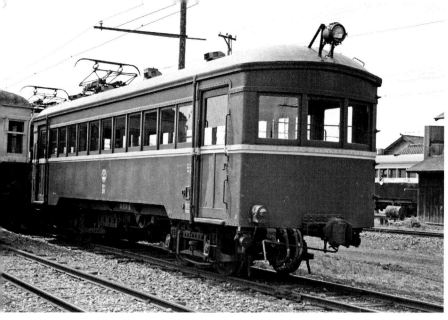

【モハ51形（51）】
モハ51は、直接制御車として残
された。そのため連結運転時は、
基本的にトレーラとして使われ
たが、室内灯などの電源用にパン
タグラフは上げていた。
◎村松
昭和34（1959）年5月
撮影：田尻弘行

【モハ12形（12）】
モハ11〜13は、村松〜加茂17.7
kmの延長に合わせて増備された
車両で、当時の東武鉄道の電車
を押し縮めたようなスタイル
で、兄弟が山形県の湯野浜電車
（庄内交通）にいた。モハ11、12
は後に、警笛のタイフォンを越
後交通栃尾線から譲り受けて交
換したという。
◎村松
昭和34（1959）年5月
撮影：田尻弘行

【モハ11、12によるお別れ列車】
業績が伸びていない村松〜加茂
間は昭和60（1985）年3月いっ
ぱいで廃止された。これにより
路線の短縮が大幅に進み、車両
も大幅に削減された。
◎加茂
昭和60（1985）年3月
撮影：千葉健太

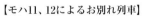

【モハ21形（21）】
名古屋鉄道からやって来た元モ455。久々の木造車だったが、戦後、蒲原鉄道では車両不足の中、色々な改造や、車種変更など行われていたので、その合間に重用された。◎村松車庫　昭和34（1959）年5月　撮影：田尻弘行

【モハ21形（21）】
新塗装になったモハ21、台車はデ1のブリルに変わっている。木造車体のまま昭和54（1979）年に廃車された。
◎村松車庫　昭和40（1965）年5月　撮影：髙井薫平

【モハ31形式 (31)】
木造車デ1の改造名義で昭和27 (1952) 年に村松車庫に業者が出張して完成させた。正面2枚窓、扉が車端によったスタイルが特徴的だ。
◎村松
昭和40 (1965) 年5月
撮影：髙井薫平

【モハ41形式 (41)】
モハ13の改造名義で昭和29 (1954) 年に生まれた。最初モハ31と同じ車体の2扉車だったが、乗客の増加に対処して昭和38 (1963) 年に西武所沢工場で車体を延長して3扉車になった。
◎村松
昭和40 (1965) 年5月
撮影：髙井薫平

【モハ31形式 (31)】
磐越西線からの乗り換え客を待つ、すでにワンマン化が行われ、バックミラーが取り付けられている。ちなみにワンマン化改造は西武所沢工場の出張工事で行われたため、多くの西武の廃車発生品が再流用されたという。
◎五泉
昭和51 (1976) 年8月
撮影：荻原俊夫

【モハ61形（61）】
西武鉄道から昭和33（1958）年にやってきた。元クハ1233を電動車化したもので、昭和52（1978）年にワンマン化されて廃線まで主力だった。◎五泉　昭和40（1965）年5月　撮影：高井薫平

【モハ61形（61）】
3月とはいえまだ雪はあちこちに残る中モハ61が到着、2〜3人が電車を降りた。
◎高松　昭和47（1972）年3月　撮影：田中義人

【村松駅を発車し五泉へ向かうモハ61】
◎村松　昭和40（1965）年5月　撮影：髙井薫平

【モハ61形（61）】
バリバリの新車だったモハ61。当時は車掌さんも乗務していた頃、バックミラーなども付いていない。西武鉄道では武蔵野線で制御車として活躍した車両だが、西武鉄道の国電化？の波にはじき出されて、多くのオリジナルの仲間とともに地方に散った。
◎村松
昭和34（1959）年5月
撮影：田尻弘行

【ED1とモハ61】
◎村松　昭和57（1982）年5月
撮影：今井啓輔

【はざ掛けの横を行く貨車を牽くモハ71】
米産地帯のこの地でもコンバインによる農作業が増え、昔ながら刈り取った稲わらを干す光景が減った。稲刈りが始まった
らもう一度訪問したいと思った。◎五泉　昭和47（1972）年3月　撮影：田中義人

【モハ71形（71）】
モハ71は前後で正面の形状が違った。パンタ側は貫通扉が付き、反対側は貫通扉に幌枠が付く。
◎村松　昭和40（1965）年5月　撮影：田尻弘行

【クハ10形（10）】
元国鉄キハ41120。昭和25（1950）年に譲受した。昭和36（1961）年に前面窓の改造、乗務員扉の新設、片運転台化が行われた。昭和42（1967）年の工事で客用扉がHゴム支持の鋼鉄製に変わっている。
◎村松
昭和48（1973）年8月
撮影：亀井秀夫

【クハ10の連結面】
2軸のクハ1の電気機器を移設して生まれた。こちら側には制御回路用のジャンパ連結器が取り付けられたが、屋根上の前照灯の取り付け座が残るのはご愛敬か。
◎村松
昭和34（1959）年5月
撮影：田尻弘行

【クハ10とモハ71が行く】
◎五泉
昭和47（1972）年3月
撮影：田中義人

【モハ81形 (81)】
昭和47 (1972) 年に、越後交通の
モハ3002を譲り受け、改造の上、
在来の車両に交じって使用され
た。村松～加茂間の廃止に際し
て、残存の対象から外れた。
◎村松
昭和48年3月
撮影：田中義人

【モハ81を先頭にした3両編成】
編成はモハ81＋クハ10＋モハ71
である。五泉～村松間にラッ
シュ輸送には、部分廃止時まで
3両編成が運転された。
◎村松
昭和48 (1973) 年8月
撮影：亀井秀夫

【モハ91形 (91)】
昭和50 (1975) 年に山形交通三
山線のモハ106を譲り受けた。
車体更新で姿は変わっている
が、前身は名鉄モ451で蒲原鉄
道モハ21の兄弟である。ただモ
ハ91が蒲原にきたとき、モハ21
はすでに休車になっている。
◎村松
昭和51 (1976) 年8月
撮影：荻原俊夫

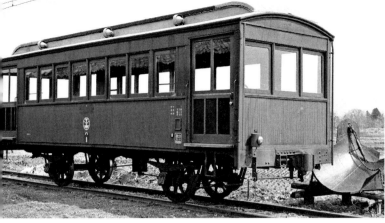

【ハ1形（1）】
昭和2（1927）年に新造した木造の合造2軸客車で、その後、荷物室を撤去し、ハ1を名乗った。
◎村松
昭和34（1959）年5月
撮影：田尻弘行

【新塗装のハ1】
電車に合わせて新しい塗分けになった姿。果たしてどの程度使用されたかはわからない。
◎村松
昭和40（1965）年5月
撮影：髙井薫平

【ハ2形（2）】
元四国の阿南鉄道の2軸ガソリンカーだが、入線当初、電車の制御車としてクハ1を名乗り、制御車として活躍した。クハ10の登場により、昭和32（1957）年に運転台が撤去されてハ2になった。その後もきちんと手入れされており、昭和53（1978）年まで現役であった。
◎村松
昭和40（1965）年5月
撮影：田尻弘行

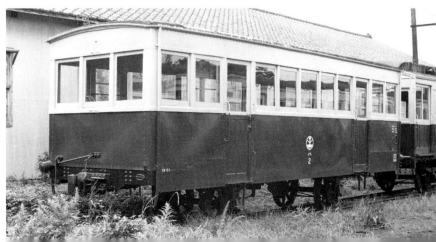

【塗分け時代ハ2】
この時、ハ1と連結して村松にいた。特別な事態の時に出動したものと思われる。
◎村松
昭和48（1973）年8月
撮影：亀井秀夫

【ED 1形（ED 1）】
日本車輌はアメリカのウエスチングハウス製の電気機関車をスケッチした凸型電気機関車を製造して各地の私鉄に売り込んでいたが、この車両もその一つ。◎村松　昭和40（1965）年5月　撮影：田尻弘行

【ED 1形（ED 1）】
正式な貨物列車の運転はなくなったが、きれいに整備され時々出場した。鉄道廃止後も冬鳥越で大事に保存されている。
◎村松　平成11（1999）年9月　撮影：亀井秀夫

【モハ91＋ワム4両＋ED 1】
珍しい列車である。蒲原鉄道では、貨車が1両の際は電車で牽引したが、2両以上の場合は必ずED 1がお供についたという。
分類上は混合列車というべきだろう。モハ91には乗客がたくさん乗っている。ワムの荷物は多分お米だろう。
◎五泉付近　昭和52(1977)年11月　撮影：佐藤嘉春

【モハ31＋ED 1】
これも不思議なシーンだ。ED 1はどこかの駅に留置された貨車を迎えに行くところか。詳細は当時の鉄道の職員を探すの
が手っ取り早いか。◎冬鳥越　昭和42(1967)年12月　撮影：大賀寿郎

【五泉駅】
国鉄駅本屋。電話ボックスの上に「蒲原鉄道五泉駅」の案内看板がかかっている。
◎五泉（国鉄側から）
昭和57（1982）年5月
撮影：今井啓輔

【大蒲原駅】
瓦葺の堂々たる古民家のような佇まいだ。島式ホームで行き違い可能、貨物用の線路も1線あった。
◎大蒲原
昭和57（1982）年5月
撮影：今井啓輔

【大蒲原駅を線路側から見る】
駅舎寄りの1線が貨物用である。ホームは島式で行き違いができたが殆ど列車交換はなかった。
◎大蒲原
昭和57（1982）年5月
撮影：今井啓輔

【村松駅】
加茂延長後少し線路配置が換わって、駅正面裏から写真右手にホームは移っている。
◎昭和38（1968）年10月
撮影：荻原二郎

【加茂駅】
国鉄加茂駅の裏手西側にあった蒲原鉄道の駅舎。なんとなくお蕎麦屋さんの雰囲気である。
◎昭和55（1980）年9月
撮影：荻原二郎

【村松駅の発車掲示器】
列車は五泉〜加茂間直通だったが、乗客の流れは村松ではっきり分かれていて、直通客は少なかったようだ。だから五泉から来た加茂行の電車はかなり長時間、村松で停車した。掲示器の二つの列車は村松で行き違いだが、加茂行は五泉行きが出てから22分後の発車である。
◎村松
昭和57（1982）年5月
撮影：今井啓輔

頸城鉄道自動車

頸城鉄道、それは○の中に英字の「K」を入れたユニークな社標で知られ、地元では「マルケイ」と呼んで親しまれた。ぼくがこの鉄道の存在を知ったのは、確か毎年発行されていた機芸出版社発行「スタイルブック1955年版」にあった頸城鉄道のボギー客車ホトク1の「下駄箱・傘立て・畳敷き」のコピーだった。車内に畳を敷くという発想は昭和40年代から国鉄が採用したお座敷列車の元祖ともいえるが、この車両の存在はこの地方の裕福さの証しであったともいえる。

残念なことにこの元祖お座敷列車の活躍の場は少なく、車庫でくすぶっていた。そこでこれを自社でガソリンカーホジ3として活用することにした。初期の段階では前後のデッキはそのままにして、運転席をこれまでの車内に設けるという構造だったと聞くが、その後大改造されて現在知られる姿になった。その後、もう1両客車からガソリンカーに改造されているが、戦後、元の客車に戻され、外観的には他の客車と区別がつかない。

頸城鉄道は冬季、雪との戦いにくれた鉄道で

あった。その時の様子は梅村さんにコラムをお願いした。また、頸城鉄道は不思議な鉄道だった。昭和43（1968）年10月に、末端の飯室〜浦川原だけでなく、なんと国鉄と連絡していた新黒井〜百間町という全線の両端部を廃止してしまう。そして3年後、残った百間町〜飯室間5.9kmが廃止となり、社名から鉄道の文字は消えた。　また、頸城鉄道はとても幸運に恵まれた鉄道であった。会社の方針で蒸気機関車は残された。また廃止後、多くの車両がひとりの愛好家の手で引き取られ、兵庫県の山中に消えた。それから30年後、兵庫から頸城に里帰りする話がまとまり、地元に有志の団体「くびきのお宝を残す会」により里帰りし、かつての百間町車庫跡を中心に作られた「くびき野レールパーク」に保存されることになった。このように、かつての車庫跡等を利用した車両の保存活動は日本でも随所にみられるようになったが、これほど完璧な保存はない。奇跡のような偶然が重なった結果だが、今後このような形の鉄道車両の保存は二度と実現しないように思われる。

【雪原を行く】
雪がやんで、DB81の牽く混合列車が目の前をゆっくり通過していった。
◎花ケ崎〜大池　昭和42（1967）年2月　撮影：梅村正明

【飯室駅にて】
路線が短縮され、しかも昭和43（1968）年に両端が2駅ずつ無くなるという異常な状態はバス道が整備されるまで2年半続いた。◎飯室　昭和46（1971）年4月　撮影：髙井薫平

【明治村】
短縮区間のほぼ真ん中に位置し、効果設備も有していたが、すでに無人駅。如何にも明治村にふさわしい風情だが、駅名の由来はわからなかった。◎明治村　昭和46（1971）年4月　撮影：髙井薫平

【ホジ3がやって来た】
ここを走るのもあと何日か、路線短縮が行われてからホジ3は単行で走ることが多くなった。
◎百間町　昭和46(1971)年4月　撮影：髙井薫平

【ホジ3＋ホハ5＋ニフ】
ホジ3の活躍は目覚ましかった。気動車の予備車はなく働き続けた。ちなみにホジ3の牽いている次位のホハ5は、昭和11（1936）年にホジ3同様に気動車に改造されたが昭和27（1952）年に客車に戻った。
◎花ケ崎～大池
昭和43（1968）年8月
撮影：髙井薫平

【ホジ3が停車中】提供：頸城自動車株式会社

【小さな転車台】
かつて単端式のガソが載り、前位運転が原則だったDLやコッペルが使った小さな転車台。もちろん人力で向きを変える。
◎百間町　昭和46（1971）年4月　撮影：髙井薫平

最後までホジ3は孤軍奮闘だった。
◎百間町　昭和46（1971）年4月　撮影：髙井薫平

【百間町】
頸城鉄道最後の訪問。直江津から同社のバスが通じており、これ
を使った。切断されたレールの向こうにホジ3が1両で停まって
いた。乗換客はだれもいなかったと記憶している。
◎百間町　昭和46（1971）年4月　撮影：髙井薫平

【コッペルの牽く混合列車】
稲架木（はさぎ）の木が立ち並ぶ田んぼの向こうを軽便列車が行く。機関車はバック運転で、有蓋貨車、無蓋貨車、郵便荷物車、そして2両のボギー客車が続く。◎提供：頸城自動車

【2号機】◎百間町。昭和39（1964）年3月　撮影：園田正雄

【コッペル2号】
◎百間町
昭和41（1966）年5月
撮影：梅村正明

明治村付近を走る2号機の牽く
最後の蒸気機関車列車。
◎明治村
昭和41（1966）年5月
撮影：梅村正明

【頸城鉄道最後のSL列車】
有蓋2軸貨車ばかりの貨物列車、
編成中ごろに要員を輸送するた
めかニフが連結されている。
◎百間町
昭和41（1966）年5月
撮影：梅村正明

一時頸城鉄道自動車本社前に保
存された2号機関車。
◎昭和46（1971）年1月
撮影：梅村正明

【DC92の牽く混合列車】
現場では使いやすい機関車だった
と聞いた。
◎明治村
昭和41（1966）年4月
撮影：大野眞一

【DC92】
昭和29（1954）年にコッペルの
1号機関車を協三工業でディー
ゼル機関車に改造した。改造と
いってもほとんどが新製で再利
用したのは車軸だけだったとい
う。3両の機関車の中で信頼性
が高く、特に冬季に活躍した。
◎百間町
昭和46（1971）年4月
撮影：髙井薫平

【DB81の牽く混合列車】
◎花ケ崎〜大池　昭和43（1968）年8月　撮影：髙井薫平

【DB81】
蒸気機関車の走り装置を使ってディーゼル機関車に改造する先駆者である大阪の森製作所の作品。3号蒸気機関車の改造である。その後協三製作所で再改造を受けた。
◎百間町　昭和46（1971）年4月　撮影：髙井薫平

【DC123】
廃業した十勝鉄道からやって来た。昭和28年、日立製の新造機関車、十勝鉄道のDC 2で昭和35年にはるばるやって来た。自重12トン、出力も抜きん出ていたが、どちらかというと予備的存在であった。
◎百間町
昭和42（1977）1月
撮影：梅村正明

【DC123】
唯一の新製機関車だったが、頸城鉄道にとってはやや大きすぎたのか、冬の降雪期以外はほとんど出番がなかった。
◎提供：頸城自動車

【車庫内で待機中のDC123】
オフシーズンにはめったに出動せず、冬の降雪に備えて車庫内で冬支度のまま待機する。
◎百間町
昭和39（1964）年3月
撮影：園田正雄

【ホジ3】
頸城鉄道で最も有名だった車両だろう。もし日本に気動車コンクールのような企画があれば間違いなく特別賞ものだ。生まれはお座敷客車、これを自社で最低限の改造でガソリンカーにして以来鉄道廃止まで一番活躍した。途中で車体を大改造して幾分気動車らしくなったが最後まで木造車だった。◎百間町　昭和46（1971）年4月　撮影：髙井薫平

【ホジ3の車内】
木造の車内は黒光りしていた。人のいるところが木製の市きりに囲まれた運転台。手前判りにくいが車内の中央にエンジンの木製のカバーがせりあがっている。◎百間町　昭和41（1966）年4月　撮影：髙井薫平

【最後の運転区間】
マルケーマーク、その上のサボは最
後の運転区間「飯室＝百間町」とある。
◎百間町
昭和46（1971）年4月
撮影：髙井薫平

飯室←→百間町

Ⓚ

ホジ3

【動力台車】
客車時代のアーチバー形台車を大改造して生まれた。改造
当時はロッドを用いた2軸駆動だったが、その後ロッドはや
めて1軸駆動に。スリップ防止の砂箱を設けていた。
◎百間町　昭和46（1971）年4月　撮影：髙井薫平

【ホジ3の出入り口】
ホジ3は最初オープンデッキ式で2カ所に出入り口があっ
たが、大改造で中央1か所に改造された。
◎百間町　昭和46（1971）年4月　撮影：髙井薫平

【ジ1】
こちら側は大きな扉が1枚、窓二つ分が戸袋になっている。丸山車両が作った木造の単端式ガソリンカー。定員20人と少なく、
通常客車1両牽引した。◎百間町　昭和36（1961）年4月　撮影：梅村正明

【ジ1】
ボンネットのラジエータグリルはエンジンメーカーのフォードのもの、こちら側は乗務員扉が付き、後部の客用扉の幅も狭
くなっている。一足早く廃車になったジ2はボンネットが短く、一見キャブオーバーのようなスタイルだった。
◎百間町　昭和34（1959）年9月　撮影：湯口　徹

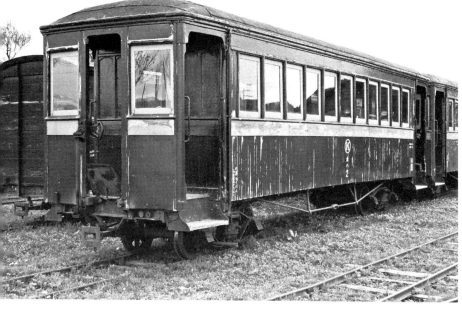

【ホハ1（ホハ2）】
開業に合わせて日本車輌で6両作られた。オープンデッキ式だが妻板にも窓ガラスが入って、ほかの軽便鉄道の客車より立派に見えた。
◎百間町
昭和43（1968）年8月
撮影：髙井薫平

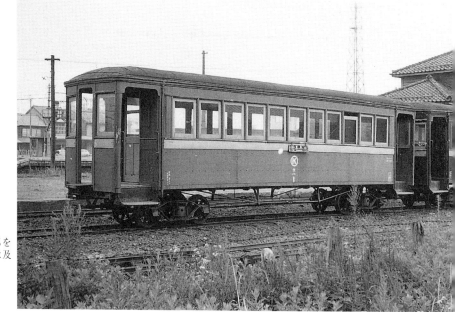

【ホハ1（ホハ1）】
昭和29（1954）年に腰羽目部を鋼板で補強したが、全車には及ばなかった。
◎百間町
昭和43（1968）年8月
撮影：髙井薫平

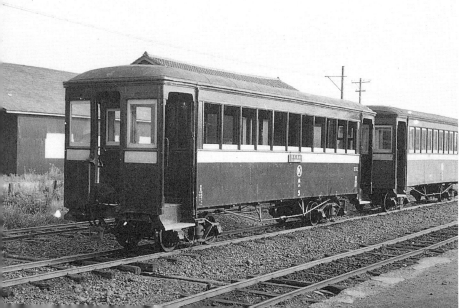

【ホハ1（ホハ5）】
元ホハ3で一時エンジンを付けてホジ4を名乗った時期もあったが、昭和27（1952）年に客車に戻された。写真に見える仕切り板左側に残るガラス窓は車内にあった運転台の名残である。ホハ1（ホハ2）
◎百間町
昭和40（1965）年5月
撮影：髙井薫平

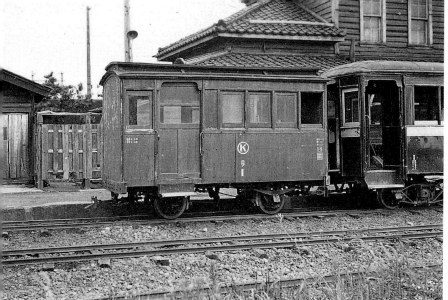

【ニフ1】
かなり原型に手を加えられているらしい。ホジ3に牽かれて走るのが似合いであった。現在、「くびき野レールパーク」に保存されているが、六甲の山からの長旅で大破し、復元工事は難航した。
◎新黒井
昭和43（1968）年8月
撮影：髙井薫平

【終焉近い百間町車庫】
廃業を数日後に控え、もう2度と走らない車両たちも整然と並んでいた。
◎百間町
昭和46（1971）年4月
撮影：髙井薫平
（中・下）

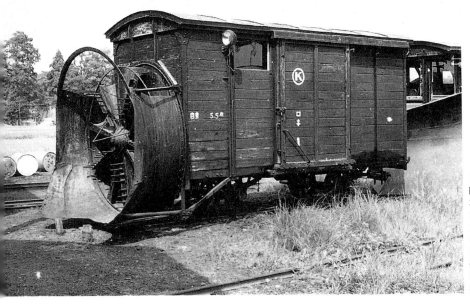

【ロキ1】
昭和12 (1937) 年に自社工場で
有蓋貨車を改造して生まれた。
ロータリーの動力は最初ガソリ
ンエンジンであったが、昭和24
(1949) 年にディーゼルエンジン
に交換した。
◎百間町
昭和43 (1968) 年8月
撮影：髙井薫平

【ラキ1】
これも貨車改造で生まれた除雪
用のラッセル車、種車は元魚沼
軽便の有蓋貨車だが車体は細身
になっており、かなりの大改造
である。隣のDLはDC92。
◎百間町
昭和46 (1971) 年4月
撮影：髙井薫平

【ラキ1を後ろから見る】
車体の幅が極端に狭いのは、推
進する機関車から少しでも前が
見えるようにとの配慮だろう
か。
◎百間町
昭和46 (1971) 年4月
撮影：髙井薫平

魚沼鉄道 佐竹雅之

明治44（1911）年に開通した、信越本線の来迎寺（駅名は新来迎寺）から小千谷まで、信濃川西側の平坦な河岸段丘を走る軌間762mmの軽便鉄道である。前年施行の軽便鉄道法に依る第一号でもあった。小千谷は特産品の小千谷縮が有名な地域で、信濃川の水運を近代的手段に切り替えるのが当鉄道の目的だった。

輸送成績は順調で、大正7（1918）年には来迎寺から西長岡までの敷設権を取得。同時に小千谷〜来迎寺を合わせて1067mmに改軌する計画を立てたが、西長岡までの敷設権は長岡鉄道に譲渡されることとなり、改軌は見送られた。

大正9（1920）年に信濃川の対岸に上越北線が開通し、東小千谷駅（現在の小千谷駅）が設けられると旅客・貨物ともその多くが国鉄線に移った。当初は国から補償金を受けて廃線とする予定だったが、大正11（1922）年に国有化され、鉄道省魚沼軽便線となった。これは推測だが、信濃川を挟み小千谷の東西を結ぶ旭橋が当時はまだ木橋のため度々水害

で流出しており、廃止反対の請願が多くあったのではないだろうか？

鉄道省買収の軽便鉄道は、買収後すぐに1067mmに改軌されるのが常だったが、魚沼線は改軌されずに私鉄時代の車両がそのまま使用された。

昭和19（1944）年、魚沼線は不要不急路線の指定を受け線路は剥がされた。旭橋が堅牢な鉄筋コンクリート橋となり、西側に路線を残す理由が低下したためだろうか。結局この地に再び線路が戻ってくるまでに10年を要した。1067mm軌間の国鉄魚沼線として復活したが、昭和59年に廃止された。

魚沼線に引き継がれた車両は、蒸気機関車の一部が栃尾鉄道に、客車の一部を頸城鉄道が戦後に引き取られ、そのうち客車数両は今でも保存されている。特にハ5とハ6は同型車だが、ハ5は新潟県立自然科学館に魚沼鉄道時代の姿で保存され、ハ6は「くびき野レールパーク」で頸城鉄道の姿のまま保存されている。両車を訪問して、その違いを比べてみてはいかがだろうか？

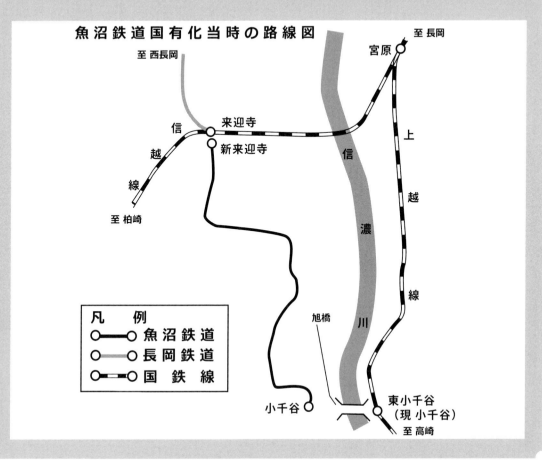

魚沼鉄道国有化当時の路線図

至 西長岡

至 長岡

宮原

来迎寺

信

新来迎寺

越

信

線

濃

至 柏崎

上

越

川

線

凡　例

○━━○　魚沼鉄道
○──○　長岡鉄道
○┅┅○　国　鉄　線

旭橋

小千谷

東小千谷
（現 小千谷）

至 高崎

【新黒井駅】
◎昭和37（1962）年7月
撮影：荻原二郎

【百間町駅】
◎昭和41（1966）年5月
撮影：荻原二郎

【鵜之木駅】
◎昭和41（1966）年5月
撮影：荻原二郎

【明治村駅】
◎昭和41（1966）年5月
撮影：荻原二郎

【飯室駅】
◎昭和41（1966）年5月
撮影：荻原二郎

【浦川原駅】
◎昭和37（1962）年7月
撮影：荻原二郎

「DL3両豪雪と戦う」 梅村正明

【雪の頸城】
夜行列車から乗り継いで着いた新黒井駅

頸城鉄道が輝いて見えたのは何といっても雪の中での活躍だった。普段はのどかな田園地帯をDB81かDC92の牽く列車とホジ3が交互に往復するだけ、特に路線短縮後は貨物も無くなりホジ3が単行で往復するだけの単調な光景しか見られなくなった。

それが雪の季節になるとDC123を加えた3両の機関車がフルに活躍。大雪の日にはラッセル車も出動し、機関車も重連になるなど軽便鉄道と言いながらバラエティ豊かな列車が目の前に現れて大いに楽しませてくれた。

【大雪の日】
発車を待つDC123＋DC92＋DB81＋客車＋貨車
1967（昭和42）年2月のある日、朝の新黒井行き列車が雪の吹溜まりで立往生し救援機関車が向かうなどしたため、新黒井駅に冬場の動力車3両がすべて集結してしまった。その結果次の浦川原行は機関車3重連の後に客車と貨車1両ずつという豪快な編成になった。その日は終日吹雪が収まらず豪雪ダイヤが適用され、1編成が往復するだけになったが大いに乱れ列車ダイヤなど無きに等しかった。

【雪の百間町駅】
除雪列車のすぐ後から定期列車が
追いかけてくる
雪の百間町駅に下り浦川原行きがやって来た。ここで上り新黒井行きと離合のため5分ほど停車する。数人の乗客が乗り込んだ後も、バスの車掌と同じ制服姿の女性駅員は改札鋏を手にしたまま寒さをこらえて列車が発車するまで改札口に立つ。

【ラッセル車の活躍】
サイドウイングを広げたラッセル車の窓に保線係の顔が見える

頸城鉄道には何回も出かけたが雪の季節に行ったのは4回。最後は中間部分だけに短縮された後だったがその時を含めてラッセル車が動いているところを3回見ることができた。ラッセル車の出動に決まったルールは無く定期列車の合間だったり続行運転だったりした。ラッセル車には保線係が乗り込み前方監視をするが、機関車との連絡はブザーの押しボタンがあるだけで、視界が悪い吹雪の中では心細く怖かったに違いない。

雪を勢いよく跳ねるためには通常以上の速度が必要で、軽便鉄道とはいえサイドウイングを広げて除雪するさまはそれなりに豪快だった。ロータリー車もあったがもっぱら構内除雪用で本線に出ることはなく、一度も動くところを見なかった。

ラッセル車を追いかけてくる定期列車
この時はラッセル車を押す機関車DC92
に同乗させてもらっていた。後方をふ
り返ると続行運転の定期列車がちょう
ど北四ッ屋駅を発車するところだっ
た。

接近する列車を待合室の窓から
雪の百間町駅に下り浦川原行が
やって来た。ここで上り新黒井
行きと離合のため5分ほど停車
する。そんなわずかな時間でも
機関士は詰所へやって来てつか
の間の暖を取る。

寒さをこらえて雪の改札口に立つ女性駅員
数人の乗客が乗り込んだ後も、バスの車掌と同じ制服姿の女性駅員は改札鋏を手にしたまま寒さをこらえて列車が発車する
まで改札口に立つ。

【雪の晴れ間】
（上）大雪の降った翌朝、雪に埋もれたままの浦川原駅　（下）雪晴れの午後、明治村駅にポツンと残された貨車
嵐のような猛吹雪も2日以上続くことはなく、翌朝には穏やかな雪国の景色を見せることが多かった。そんな雪晴れの日には朝からあちこちで屋根の雪下ろし作業が始まり、雪に埋もれた浦川原駅でも駅員総出で構内の除雪をする。定期列車の合間に数百メートル離れた小さな川の鉄橋まで雪捨て列車が運転されることもあった。

【本線上のターンテーブル】
（上）百間町駅の本線上に移設された転車台でラッセル車を方向転換する　（下）飯室駅の本線上で方向転換中のDB81
路線短縮後も積雪期はラッセル車を出動させる必要があった。そのため百間町駅と飯室駅にはターンテーブルが設置された
が、資材は新黒井と浦川原のものが移設された。方向転換の際はまず雪に埋もれた転車台の掘り起しから始めねばならない。
この日は雪が深く機関士、保線係のほか駅員も手伝って掘り起こしていた。
ラッセル車だけでなく機関車も前方にスノープロウを装着しているので両端駅では必ず方向転換が必要だった。飯室駅では
機関士と女性車掌それに駅員の3人だけで作業を行っていた。

路線短縮後も冬季はこの編成が標準だった
頸城鉄道は当初1968年9月末をもって全面廃止の予定だったが、百間町と飯室の間の道路改修が済んでおらず代替路線バスが
運行できなかった。そのためこの区間だけ存続させたので、距離わずか5.9キロで両端駅とも他の鉄道に接続しないという珍
しい鉄道が出現した。これはその時の冬の様子である。

雪原の中を去っていく列車、
吹きさらしのデッキに立つ女性車掌
中間部分だけ残った鉄道は貨物輸送もとりや
め、普段は客車改造の気動車ホジ3が単行で往
復するだけの、趣味的にはあまり面白くない軽
便鉄道になってしまった。それでも雪の季節に
なると非力なホジ3に代わって機関車が客車を
牽引して頸城鉄道らしい姿をみせてくれた。D
B81に客車1両というミニ編成の軽便列車が黄
昏の中を雪原の彼方へ去って行くのを見送った
時の光景は今も頭にこびりついている。

鉄道全面廃止後、百間町に集められた廃車体
中間部分の道路改修も終わり頸城鉄道は1971年
5月1日をもって鉄道を全廃した。最後まで活
躍していた車両たちはすべて百間町駅構内に集
められ解体されるのを待つだけになった。それ
らの車両をまとめて引き取るという個人が現
れ、長らく神戸市内の山中で保管されていたが
2004年に返還されることになった。状態が良
かった何両かは復元され、今も百間町駅の跡地
で年に何回か走行する姿を見ることができる。

東洋活性白土専用線

信越本線糸魚川駅西側の大阪方に小さな積み替え設備があり、運が良ければ小さな機関車が製品のセメント袋を満載したトロッコを牽いてくる姿に出会えた。

活性白土というものは糸魚川で初めて聞いた言葉だった。調べてみると石油などの精製に使用する触媒のようなもので、製品はセメント袋に入って流通していた。産地は各地にあったようだが原料である白土が姫川流域に多く産出し、これを原料とするため昭和11（1936）年に工場は操業を始める。最寄りの国鉄糸魚川からの工場引き込み線は1067mm軌間でなく、何故か610mmの軽便鉄道を採用した。製品や燃料の輸送などのため800mほどの専用軌道の上を1日3往復程度の列車が走った。走り始めた時期ははっきりしないが、戦後の昭和25（1950）年あたりだという。工場の奥は国道に突き当たり、そこには踏切があって時には道路の通行を止めてミニ蒸気機関車が道路を隔てた工場から製品を運んでいた。

このミニ蒸気機関車は2号機といい、福島にある協三工業のいわば標準型機関車である。昭和31（1956）年製といわれているが、出生の秘密があるらしい。協三

【2号機】
昭和31（1956）年に糸魚川に来て以来、昭和57（1982）年10月工場が廃業するまで、国鉄糸魚川駅と工場間0.8kmを結ぶ専用線で孤軍奮闘であった。現在は糸魚川市で保存される。
◎工場内　昭和55（1980）年5月　撮影：荻原俊夫

工業はその後もほぼ同じ仕様であちこちの遊園地などに機関車を提供している。なお当機が、わが国の実用（保存等を目的としない）蒸気機関車の最終製品だという。

東洋活性白土にあったもう1両の機関車、一般に1号機と呼ばれる機関車は興味深い代物であった。かつて内務省が各地の河川工事に投入したフランス、ドコービル社製の機関車と関係があるらしい。一般の鉄道や軍関係者がドイツ、イギリス、アメリカから機関車を輸入したのに対し、内務省はフランスにそれを求めた。その後、内務省では自分の工場でこれをスケッチした同型機を生産するが、1号機もそのたぐいのものであったらしい。元は富山県の不二越鋼材の機関車で、この機関車を導入するために軌間を610mmにしたのだという。2号機が入る以前から東洋活性白土の工場は稼働しているから、この1号機の活躍があったはずだが、筆者はまだその雄姿の記録に出会ったことはない。ただ幸いなことに専用鉄道廃止後、羅須地人鉄道協会の手で成田ゆめ牧場・まきば線に保存されたので、いつの日か火が入ることを期待したい。

昭和57（1982）年に工場は閉鎖され、象徴的だった高いポプラ含めて跡地には今は何も残っていない。

【国鉄糸魚川駅の積み替え設備】
国鉄のタキと並ぶと、如何にこの機関車が小さいかわかる気がする。
◎国鉄糸魚川
昭和43（1968）年8月
撮影：髙井薫平

【出荷列車出発】
バック運転推進で糸魚川に向か
う。
◎工場構内
昭和43（1968）年8月
撮影：高井薫平

**【製品を載せたトロを3人がか
りで押していく】**
◎工場構内
昭和43（1968）年8月
撮影：高井薫平

【通称1号機】
昭和25（1950）年、工場が操業を
開始した時富山の不二越工場か
らやって来た楠木製といわれる
この機関車。かつて河川工事で
活躍したフランス・ドコールビ
ル製機関車をスケッチしたもの
で、内務省から払い下げられた
といわれる。現在、成田ゆめ牧
場まきば線でレストア中だ。
◎工場構内
昭和55（1980）年5月
撮影：荻原俊夫

【しばしの休息場所に向かう】
◎工場構内
昭和43（1968）年8月
撮影：高井薫平

【国道横断】
工場の裏手に国道が通り、通行
を止めて小さな機関車が行く。
◎工場構内裏
昭和43（1968）年8月
撮影：高井薫平

【台湾基隆炭礦の機関車】
愛好者の集まりである羅須地人鉄道協会の手で台湾の炭鉱から持ってきた小さな機関車の運転会が数年にわたって行われた。この活動がその後の成田ゆめ牧場まきば線建設につながっていく。
◎工場構内
昭和55（1980）年5月
撮影：荻原俊夫

【イベント列車】
工場から糸魚川駅構内まで800メートルの専用線を「旅客列車」が走った。客車は昭和48（1973）年、金沢で開催された日本海博で使用したオープン客車を台湾から持ち帰った小さな機関車が牽引した。
◎工場構内側線　昭和55（1980）年5月　撮影：荻原俊夫

【プッシュプル列車】
2号機も出動した。2両の幌付きの客車の両端に機関車を付けたプッシュプル運転。先頭は基隆炭礦の機関車、2号機は後部補機のようだ。
◎工場構内側線
昭和55（1980）年5月
撮影：荻原俊夫

羅須地人鉄道協会のこと　杉 行夫

　それは1968（昭和43）年の暮のことだった。北海道からも所謂オールドタイマーの蒸気機関車が専用線から消え去り、急行「まりも」に替わる「ニセコ」のC62の重連を追った時のことだ。キネ旬（キネマ旬報）の「蒸気機関車」'69秋号「大型蒸機の去りゆく日々に」に掲載した文を思い返す。

　長万部で新年を迎えた。元日の空には雲一つなかった。私の乗った下り列車も定時に発車し、穏やかな出だしだったが、熱郛を過ぎ、いよいよ上目名に向う頃から雪が降りはじめた。最初元気だったD51も、次第にあえぎ始め、線路に積もった雪に苦しめられているようであった。上目名に入る1kmばかり手前で最初の空転がおきた。（中略）トンネルの寸前で列車はガクリと止まってしまった。機関士と機関助士は胸まである雪をかきわけて線路の脇に在る電話機へ向った。熱郛駅の着線指定を受けて列車は山間に長い汽笛を残

し、今登って来た線路を後退し始めた。熱郛で上り列車の交換待ちをしたため、結局1時間30分遅れ、上目名での「ニセコ」撮影は断念せざるを得なくなった。

　こんな絶気運転の実際に遭遇したのは始めてのことであった。ことの初めは、熱郛で交換するはずだった上り列車が降雪のため遅れ、交換駅がずれ、本来線路に積もった新雪を掻き分けて降りてくるはずの列車が来なくなってしまったからだ。この列車もトンネルまで辿り着けば、雪の積もっていない線路で息を吹き返したかもしれなかった。この時は気づかなかったこと、考えなかったことを思う。今は失われたかのような、鉄道が強い使命感で運行されていた頃のことだ。

　その使命感の一端を昔日のことを思い出しながら、今、ここ成田ゆめ牧場のまきば線で味わっているの

製品を満載したトロッコ4台を押して駅に向かう。トロッコには作業員兼前方監視員が二人乗っている。

だ。誰のためでもない自己満足の極みに過ぎないのだが…。

　さて、羅須地人鉄道協会のことだ。縛りの緩やかな会である。2023年には結成50年を迎えるという。発端は北海道、三菱鉱業上芦別鉱業所の専用線にそれまでいた、旧国鉄9600型蒸気機関車に替って大夕張の9200　2輌が移ってきたことからだ。1963（昭和38）年3月、9200が居るとは思わず根室本線上芦別駅に降り立ち、滝川方に歩き、機関庫左側の本線を空知川に架かる鉄橋を目指した。すぐにトンネルを抜けて炭山からの列車が現れた。「えっ、9200だ！」この9200と6kmばかりの線路に魅せられた。「けむりプロ」の誕生である。

　1967（昭和42）年、「けむりプロ」はキネマ旬報社発行の「蒸気機関車」誌に記事を連載、1971年に鉄道写真集「鉄道讃歌」を上梓。

　1972年、「鉄道讃歌」に掲載した台湾「基隆炭砿」の3tBタンク蒸気機関車を購入。

　1973年、購入機関車を新潟・糸魚川の東洋活性白土工場専用線に居候として置いて頂く。同時期、都下町田の「種山ヶ原」で鉄道線路敷設活動開始。「羅須地人鉄道協会」創設。そして成田ゆめ牧場に拠点を移す。

　「鉄道讃歌」に掲出した

　（ああいいな　せいせいするな　桜は咲いて日に光り…

　　そのとき突然　腕木信号機がカタリと倒れ

　　われらが親愛なる布佐機関士の

　　昼一番の列車の出発である）

　この「布佐機関士」と「種山ヶ原」は、「銀河鉄道の夜」の作者、宮沢賢治から借用させて頂いたものだ。そして「羅須地人鉄道協会」の「羅須地人」も。

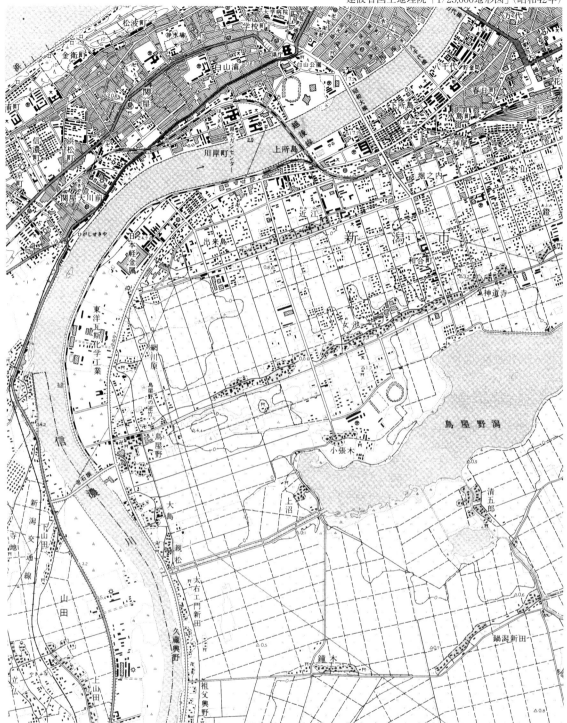

【新潟交通（県庁前〜焼鮒）】昭和42（1967）年

信濃川は北に流れ日本海に注いでおり河口に新潟市がある。新潟駅を背にして北に進み万代橋を渡っていくと古町の繁華街がある。新潟交通の新潟ターミナルはそこまでは達せず、地図上部の中ほどに位置する県庁前だった。この駅は県庁が移転してからは白山前に改称された。県庁前から西に進み東関屋への道路併用区間は少し見にくいが地図に表わされている。新幹線、高速道路、関屋分水はこの時点ではまだできていない。関屋分水は新潟市を水害から守ることと新潟西港の土砂体積を防ぐのが目的で、昭和42（1972）年8月に通水した。分水地点は東関屋の南、この地図は通水前のものである。新潟交通の線路は東関屋から信濃川に沿っているがこの区間は北に線路が付け替えられ、分水路を関屋大橋で越えていた。

栃尾鉄道（のちの越後交通栃尾線　長岡～上見附～明晶）】1931（昭和6）年
地図の左下に長岡の市街地、信越本線長岡駅がある。信越本線はほぼ南北に走り北は見附新潟方面に延びている。長岡駅は信越本線に並んで東側に栃尾鉄道のホームがあった。悠久山は南の方向、起点駅の悠久山から上見附、栃尾へ直通する列車は長岡から信越本線ととしばらく並走した。地図では軽便鉄道の途中駅名はあまり記載されていないが高等女学校の表記の近くの駅が下長岡で、このあたりまでが長岡の市街であった。信越本線と別れ右に曲がると水田が広がり、東へ進み山地に突き当たってからは山裾を北東に、上見附に進んだ。上見附は頭端駅で栃尾へは方向を変え、上杉謙信ゆかりの地である栃尾へ進んだ。

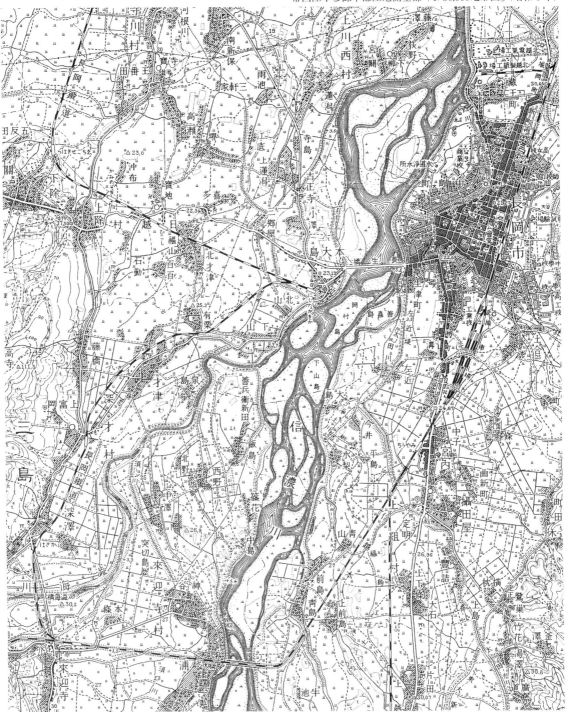

【長岡鉄道（長岡周辺）】昭和6（1931）年
清水トンネルが開通、上越線が全通した年の地図である。国鉄の長岡駅は信濃川の右岸、つまり東側である。駅の東側には栃尾鉄道の線路もある。長岡の南側の隣駅、宮内では西の柏崎方向から来た信越本線と南の方向からの上越線が合流している。長岡鉄道は信濃川を超える橋の建設費がかさむため左岸の西長岡をターミナルとしていた。信濃川の西側は地図で見て分かるが家屋は少なかった。西長岡からは右手方向が寺泊、左手方向が来迎寺方面で行き止まり式の駅ため来迎寺線と寺泊線の直通列車はここで方向を変えていた。来迎寺では信越線と貨物の連絡、貨車の受け渡しをしていた。なお駅名の来迎寺は旧来迎寺村からとられたもので、このあたりには来迎寺という寺は存在しないようだ。

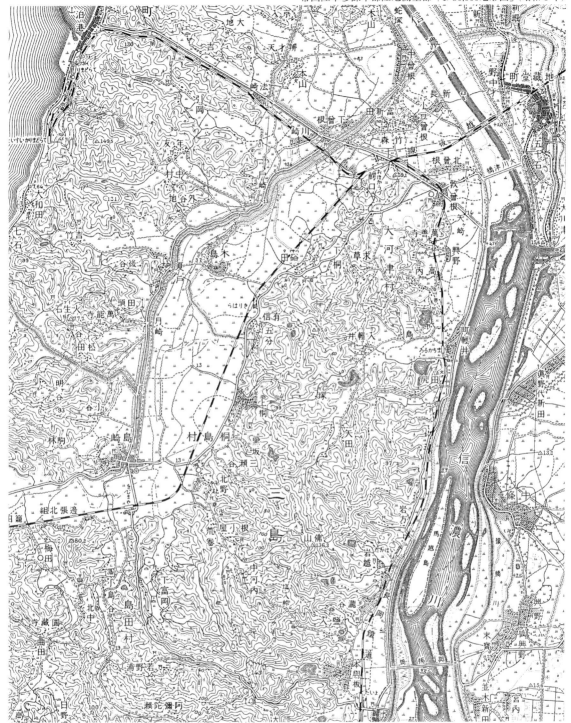

【長岡鉄道（のちの越後交通寺泊線）北部（与板～寺泊）】1931（昭和6）年
地図の右側に大きな川幅で信濃川が流れている。信濃川に沿って走る鉄道に長岡鉄道の文字がある。長岡鉄道の西長岡からの下り列車は地図の下の方、与板付近で信濃川に近づき川に沿って北へ進んだ。 信濃川は地図の中央より北のあたりで右に曲がって新潟で日本海に注ぐが、北の部分は信濃川の分水路で今は大河津分水と名称が変わっている。地図に記載されている通り当時は新信濃川と命名された。信濃川はかつて何度も氾濫し江戸時代からこの掘割が計画されたが通水できたのは大正11（1922）年である。右上から左下への鉄道は越後線で、昭和2（1927）年に越後鉄道が国有化された。長岡鉄道と越後線の接続駅が大河津（おおこうづ、おほかうづ）である。現在ここの駅名は寺泊に変わっている。越後線と長岡鉄道の線路は平面交差しており、国鉄私鉄の平面交差は珍しいという結果になっていた。長岡鉄道は大河津から日本海に向かって走り、海岸へは下り勾配で「寺泊海水浴」という駅に着く。ここで逆方向に走り、地図には駅名の記載がないが途中に寺泊温泉があって、終点の寺泊に着いた。寺泊と称する駅は時代によって変わっている。

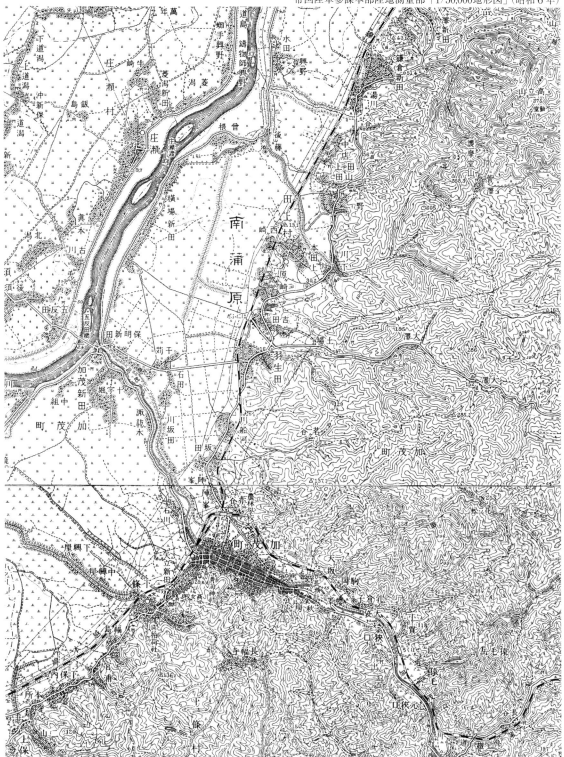

【蒲原鉄道 西部(加茂〜七谷)】昭和6 (1931) 年
蒲原鉄道の村松〜加茂が開通した昭和5(1930)年の翌年の地図である。地図の上から左下に信越本線が通っており、下の方に加茂駅、町は東側にある。加茂では蒲原鉄道は国鉄線の西側にホームがあった。地図ではわかりにくいが、出発した電車はすぐに加茂川を渡る。加茂川は町中を東から西に流れ信濃川に合流する。加茂の地名の由来は京都の上賀茂神社と下賀茂神社の祭神を分霊されたことに由来、橋の多いことや町並みからもこの町は越後の小京都ともいわれている。上越線をオーバークロスすると陣ケ峰の駅があり加茂の町の北側を東に進む。この地図ではその先は七谷までしか見えないが、次の駅は冬鳥越で、昭和7(1932)年からスキー場ができたところである。

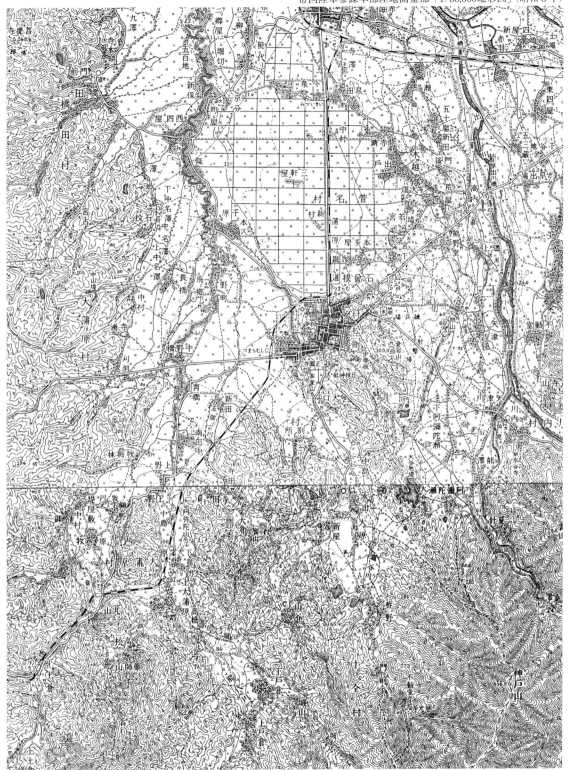

【蒲原鉄道の東部（五泉〜村松〜土倉）】昭和6（1931）年
地図の上部中央に国鉄磐越西線五泉駅がある。蒲原鉄道は五泉駅の南側のホームから東に向かって出発するやいなや右に90度曲がり南へ向かった。道路に沿って一直線で村松に向かう線路が見える。突き当りが村松駅で町の北側に位置している。ここは江戸時代、村松藩の城下町で、戦前は軍都として栄え、この地図にも駅の東方に練兵場の表記がある。村松は戦後、農業、繊維産業で発展し、平成18(2006)年には五泉市に統合された。蒲原鉄道もここが本拠地で車庫、本社があった。村松からは線路は直角に西に曲がり町の西側を半周する、さらに南西に向かい山あいに入っていく。

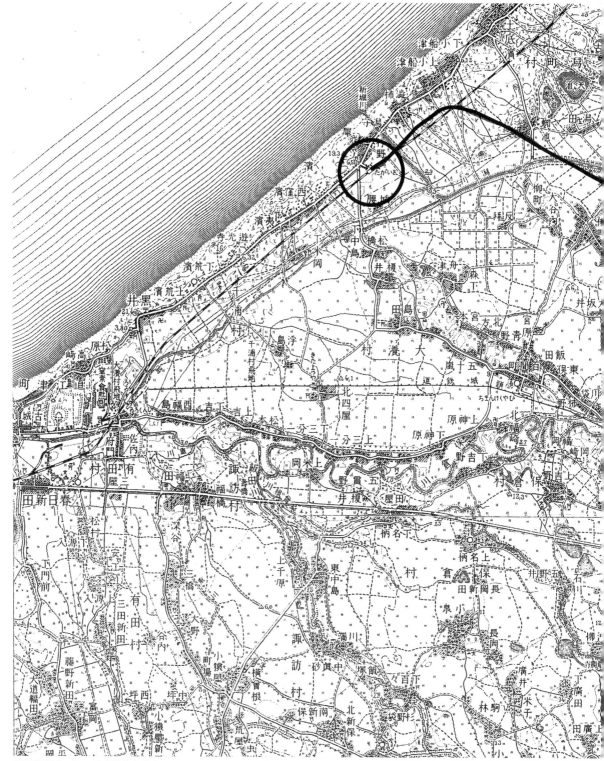

頚城鉄道（のちの頚城鉄道自動車　黒井～浦川原の全線）】1931（昭和6）年
地図の左側、日本海に沿って信越本線が走る。信越本線の下り列車では直江津の次の駅が黒井でここが頚城鉄道への乗換駅
であった。頚城鉄道の起点の駅名は新黒井。頚城鉄道はここから東へ15キロほどの軽便鉄道だった。新黒井からはしばらく
直線、両側が田んぼである。百間町は頚城鉄道の本社、車庫があった。今は、くびきレールパークとしてボランティアにより
により施設や車両の保存がなされ期日を限り一般公開している。明治村を過ぎると平野から丘陵地に近づき保倉川の右岸を
行き終点浦川原に着く。昭和46（1971）年に頚城鉄道が廃止の26年後に開通した北越急行のうらがわら駅はこの駅に接して高
架で設置されている。

現在の北越急行ほくほく線

あとがき

　第7回配本「第14巻・新潟県の私鉄」をお届けいたします。最初にお断りしたいのは本のタイトルが「越後」からわかりやすく「新潟県」に変更したことです。

　まえがきでも触れましたが新潟県は私鉄が一時殆ど無くなった地域です。無くなったのは新潟交通、越後交通など地域の交通を担った地方の中堅ともいえる私鉄でした。新潟交通も越後交通もともに県を代表する都会に乗り入れ、特に通勤客の利用は大きかったのです。新潟県はわが国を代表する豪雪地帯でありますが、道路が整備され、冬場も自動車の通行に支障がなくなっていきました。家から駅まで行きそこで電車に乗り換える、そのための駐車場は整備されつつあったものの少しずつ乗客は離れていきました。またこの地域はわが国有数のコメどころであり、ここに住む人たちにとって自動車は必需品であり、だんだん鉄道は忘れ去られていったのかもしれません。762mm軌間の軽便鉄道だった頸城鉄道の廃止は昭和46（1971）年5月と早かったのですが、それでも残りの3つの電気鉄道は頑張った方でした。そして平成11（1999）年10月まで頑張った蒲原鉄道が新潟の最後の私鉄になりました。ただその2年半前、越後湯沢（実際は六日町）と犀潟を結ぶ北越急行が開業していますから、新潟県の私鉄の歴史は途切れることはありませんでした。

　この本をまとめるにあたり、新潟交通、越後交通、蒲原鉄道の跡を少し探ってみました。大変身を遂げたのは越後交通栃尾線の元長岡駅のあたり、そこには代替バスとなったバスのターミナルと営業所、広い駐車場が広がり、栃尾線の痕跡は何もありません。旧長岡鉄道、栃尾電鉄線とも保存車両はありません。長岡線の寺泊の最初の終点付近、かつての佐渡航路のターミナルは定期航路がなくなり、鉄道の駅のあたりで地元の人に尋ねましたが、鉄道の存在すら忘れられていました。新潟交通もほとんど忘れ去られた存在のようですが、旧月潟駅とそこに残された3両の管理は完璧です。

　上記2社3線に比べ規模が小さく地の利もあまりよくなかった蒲原鉄道は車両保存に積極的でありました。廃止から20余年が経過し、一部保存状態の悪いものはすでに解体されてしまいましたが、冬はスキーで賑わった冬鳥越駅跡には3両の車両がかなり良い状態で保存されています。保存で特筆すべきは頸城鉄道の保存車両群です。「くびき野レールパーク」の名称で奇跡的に里帰りした車両群はきれいに整備され、年数回の公開日には多くの人たちを集めています。

　次回配本は「福井県の私鉄」を予定しております。現在、新しい鉄道システムを展開する注目の地域ですが、50年前の福井県の私鉄2社へご案内します。そのあとの発行予定ですが、少し発行順の入れ替えを行う予定です。

2022年11月20日　髙井薫平

車両諸元表

（作成：亀井秀夫）

諸元表注記

車体寸法：単位mm　小数点以下四捨五入　長さ：連結面寸法・最大幅：入口ステップを含む・最大高さ：集電装置付き車両はその折り畳み高さ

自重：単位　ton　小数点以下は1位に四捨五入・機関車は運転整備重量

定員：80（30）総定員80名内座席定員30名

台車：製造所略称・形式、型式名称のないものは台枠構造など表示または無記入。TR,DTは国鉄制定台車型式を表す

軸距：単位mm　小数点以下四捨五入　フィート・インチ軸距は1フィート=304.8mm、1インチ=25.4mmで換算

制御器：製造所略称・形式名記入のない場合、接触器型式・制御方式を表す

主電動機：製造所略称・出力kW×個数　小数点以下四捨五入以下に2位を追加

内燃機関：製造所略称・連続（定格）出力（PS）＆最高出力　小数点以下2位を四捨五入 端子電圧判明分記載
　　　　kW換算率　1kW=1.3596PS・回転数 rpm

車両履歴：M 明治　T 大正　S 昭和　H 平成　R 令和

製造所略称：(Brill)J.G Brill and Company、(Baldwin)Baldwin Locomotive Works、(Ford)Ford motor company、(Peckham)Peckham Motor Truck and Wheel Company
　　　　(梅鉢鉄工)梅鉢鐵工場・梅鉢鐵工所・梅鉢車輌、(枝光鉄工)枝光鉄工所、(加藤車輌)加藤車輌製作所、(川崎車輌)川崎車輌本社工場、(川崎造船)川崎造船所兵庫工場、(汽車会社)汽車會社製造、(汽車大阪)汽車會社製造大阪、(汽車支店)汽車會社製造東京支店、(芝浦)東京芝浦電気、(住友金属)住友金属工業、(西武所沢)復興社所沢車輌工場・西武建設所沢車輌工場・西武鉄道所沢車輌工場、(大日本軌道)大日本軌道鉄工部→雨宮製作所、(東急車輌)東急車輌製造、東電工業(東京電機工業)、(帝国車輌)帝国車輌工業→東急車輌製造、(東京機械)東京機械製造、(東洋電機)東洋電機製造、(東横車輌)東横車輌工業、(名古屋電車)名古屋電車製作所、(新潟鉄工)新潟鐵工所、(日鉄自工)日本鉄道自動車工業、(日鉄自)日本鉄道自動車、(日車支店)日本車輌製造東京支店、(日車本店)日本車輌製造名古屋、(東日本重工)・(三菱日本重工)東日本重工業・三菱日本重工業→三菱重工業、(日立)日立製作所、(日立笠戸)日立製作所笠戸工場、(日野)日野ディーゼル・日野自動車工業、(富士宇都宮・宇都宮車輌)富士産業宇都宮→宇都宮車輌宇都宮工場→富士重工、(藤永田)藤永田造船所、(扶桑金属)扶桑金属工業→住友金属工業、(松井車輌)松井車輌製作所、(三菱重工)三菱重工業

鉄道会社名略称：
　　　　(伊那電鉄)伊那電気鉄道、(小田原急行)小田原急行鉄道、(草軽電鉄)草軽電気鉄道、(京王帝都)京王帝都電鐵、(京王電軌)京王電気軌道、(京浜急行)京浜急行電鉄、(東京都)東京都交通局、(宮城電鉄)宮城電気鉄道、(武蔵中央電鉄)武蔵中央電気鉄道

諸元表各項は極力廃車時のデータの採用に努めたが、不明な場合は新製時のデータ等を記載するか空白とする。

新潟交通（元新潟電鉄）車両諸元表（電車）

本諸元表は昭和30（1955）年以降昭和50（1975）年の旅客営業廃止まで在籍した車両を対象とする。

項目	形式	番号	最大長 mm	最大幅 mm	最大高 mm	自重(荷重) ton	軸配置 定員 (座席)	台車 製造所	台車 形式	軸距 mm	制御器 製造所	制御器 形式 制御方式	主電動機 製造所	主電動機 形式	出力kw × 台数
1	モハ11	11①	12,850	2,430	4,025	27.1	80 (40)	日車支店	D14	2,000	芝浦	RMK-103 間接非自動制御	芝浦	SE-119-H	56.0×4
2	モハ10	11②	17,030	2,734	4,110	31.7	114 (38)	日車支店	D14	2,000	芝浦	RMK-103 間接非自動制御	WH	556-J6	74.6×4
3	モハ11	11③	17,030	2,734	4,110	31.7	114 (38)	日車支店	D14	2,000	芝浦	RMK-103 間接非自動制御	WH	556-JR-6	74.6×4
4		12①	12,850	2,430	4,025	27.1	80 (40)	日車支店	D14	2,000	芝浦	RMK-103 間接非自動制御	芝浦	SE-119-H	56.0×4
5	モハ10	12②	17,030	2,734	4,110	31.7	114 (38)	日車支店	D14	2,000	芝浦	RMK-103 間接非自動制御	芝浦	SE-119-H	56.0×4
6	モハ11	13	12,850	2,430	4,025	27.1	80 (40)	日車支店	D14	2,000	芝浦	RMK-103 間接非自動制御	芝浦	SE-119-H	56.0×4
7		14①	12,850	2,430	4,025	27.1	80 (40)	日車支店	D14	2,000	芝浦	RMK-103 間接非自動制御	芝浦	SE-119-H	56.0×4
8	モハ10	14②	17,030	2,734	4,110	31.7	114 (38)	日車支店	D14	2,000		間接非自動制御 電磁空気単位SW	WH	556-JR-6	74.6×4
9	モハ11	15	12,850	2,430	4,025	27.1	80 (40)	日車支店	D14	2,000	芝浦	RMK-103 間接非自動制御	芝浦	SE-119-H	56.0×4
10	モハ16	16②	15,964	2,642	4,115	34.6	100 (52)	住友製鋼所	KS30L	2,134		間接非自動制御 電磁空気単位SW			99.2×4
11	モハ10	16③	16,760	2,728	4,114	34.2	118 (52)	日車支店	27MCB2系	2,134		間接非自動制御 電磁空気単位SW	WH	556-J-6	74.6×4
12	モハ17	17	15,980	2,734	4,044	33.1	92 (40)	Brill	27MCB2	2,134		間接非自動制御 電磁空気単位SW		556-J-6	74.6×4
13		18①	15,980	2,734	4,044	33.1	92 (40)	Brill	27MCB2	2,134		間接非自動制御 電磁空気単位SW		556-J-6	74.6×4
14	モハ18	18②	17,030	2,734	4,110	31.7	114 (38)	日車支店	D14	2,000		間接非自動制御 電磁空気単位SW	WH	556-JR-6	74.6×4
15	モハ19	19①	15,980	2,734	4,044	33.1	92 (40)	Brill	27MCB2	2,134		間接非自動制御 電磁空気単位SW		556-J-6	74.6×4
16	モハ19	19②	17,030	2,734	4,110	31.7	114 (38)	Brill	27MCB2	2,134		間接非自動制御 電磁空気単位SW	WH	556-JR-6	74.6×4
17	モハ20	21	17,030	2,734	4,110	31.7	114 (38)	日車支店	D14	2,000		間接非自動制御 電磁空気単位SW	WH	556-JR-6	74.6×4
18	モハ24	24	17,030	2,734	4,110	31.7	114 (38)	日車支店	D14	2,000		間接非自動制御 電磁空気単位SW	芝浦	SE-119-H	56.0×4
19		25	17,030	2,734	4,110	31.7	114 (38)	日車支店	D14	2,000		間接非自動制御 電磁空気単位SW	芝浦	SE-119-H	56.0×4
20	モワ51	51	11,150	2,430	4,025	25.6 10.0		日車本店	D14	2,000	芝浦	RMK-103 間接非自動制御		556-J-6	74.6×4
21	モハ2220	2229	17,570	2,736	4,130	33.7	130 (48)	住友金属	FS316	2,000	三菱電機	ABFM-108 -15MDHB 間接自動制御	三菱電機	MB-3032-A	74.6×4 340V
22		2230	17,570	2,736	3,875	32.1	130 (48)	住友金属	FS316	2,000	三菱電機	ABFM-108 -15MDHB 間接自動制御	三菱電機	MB-3032-A	74.6×4 340V
23	クハ31	31	12,850	2,430	3,585	21.5	80 (40)	日車支店	D14	2,000					
24		32	12,850	2,430	3,585	21.5	80 (40)	日車支店	D14	2,000					
25	クハ33	33	12,180	2,720	3,575	19.4 19.6	66 (38)	日鉄自	NSC31	2,150					
26	クハ34	34	13,250	2,430	3,535	21.0	96 (28)	日鉄自	NSC31	2,150					
27		35	13,250	2,430	3,535	21.0	96 (28)	日鉄自	NSC31	2,150					
28	クハ36	36①	12,820	2,700	3,650	20.0	100 (34)	日鉄自	NT28	1,900					
29		36②	16,054	2,720	3,876	25.0	114 (50)	住友製鋼所	KS30La	2,134					
30	クハ37	37	16,340	2,734	3,760	23.0	116 (48)	住友製鋼所	KS30L	2,134					
31	クハ38	38	13,945	2,673	3,696	20.5	90 (34)	住友製鋼所	KS30La	2,134					
32		39	16,390	2,715	3,880	24.8	118 (44)	住友製鋼所	KS30L	2,134					
33	クハ40	40	15,980	2,734	3,650	24.0	92 (40)	Brill	27MCB2	2,134					

中ノ口電気鉄道(1929.06.30設立)新潟電鉄(1932.07.07商号変更)(1933.04.01開業)新潟交通(1944.01.01合併改称)(1969.09.01昇圧)

製造所 製番	製造年月 #認可 *竣功届	改造所	改造年月 *認可 #竣功届	改造内容	前所有	旧番号	廃車年月(用途廃止)	備考
日車支店	S07.12 *S08.03							新潟電鉄 モハ11①→ 項目2参照
日車支店	S07.12 *S08.03	日車支店	S38.12	車体更新				新潟電鉄 モハ11①→モハ11②(S38.12)→ 項目8参照
日車支店	S07.12 *S08.03	日車支店 自社工場	#S41.07 S46.08 H09.01	車体更新 主電動機交換 SE-119→556-J6 主電動機交換 556-J6→			H11.04	新潟電鉄 モハ14①→モハ11②(#S41.07)→廃車
日車支店	S07.12 *S08.03							新潟電鉄 モハ12①→ 項目5参照
日車支店	S07.12 *S08.03	日車支店 自社工場	S43.12 #S56.08	車体更新 ワンマン化改造			H11.04	新潟電鉄 モハ12①→モハ12②(#S43.12)→廃車
日車支店	S07.12 *S08.03							新潟電鉄 モハ13→ 項目17参照
日車支店	S07.12 *S08.03							新潟電鉄 モハ14①→ 項目3参照
日車支店	S07.12 *S08.03	日車支店 自社工場 自社工場 自社工場	S38.12 S46.08 #S56.08 H07.09	車体更新 主電動機交換 SE-119→556-J6 ワンマン化改造 主電動機交換 556-J6→			H11.04	新潟電鉄 モハ11①→モハ11②(S38.12)→モハ14②(S41.06)→廃車
日車支店	S10.06						S44.12	新潟電鉄 モハ15→廃車 台車モハ25へ転用
汽車支店	#S02.07 S02.08	自社工場	#S31.01	モニター部改修 通風器移設 主電動機交換 78.3KW→	国鉄	モハ1924		伊那電鉄 デハ124→鉄道省 買収 デハ124(S18.07)→モハ1924(S28.06) ⇒新潟交通 モハ16②入線(S30.08)(#S31.01)→ 項目11参照
汽車支店	S02.08	自社工場 自社工場 自社工場	#S44.03 #S45.07 #S56.08	*¹車体取替大型化・台車変更 主電動機交換 ワンマン化改造		モハ16②	H05.08	伊那電鉄 デハ124→鉄道省 買収 デハ124(S18.07)→モハ1924(S28.06) ⇒新潟交通 モハ16②入線(S30.08)(#S31.01)→モハ16③(#S44.06)→廃車 *¹[川崎車輌 モハ209→小田原急行 209→モハ209(S08.05) →東京急行電鉄 デハ1359(S17.05)→小田急電鉄 デハ1409(S25.12) →廃車(S43.09)]
日車支店	T14.11	日車支店	#S22.10		東武鉄道	デハ7		東武鉄道 クハ1→デハ7(S06.--)→新潟交通 モハ17(#S22.10)→ 項目18参照
日車支店	T14.12	日車支店	#S23.05 #S23.10		東武鉄道	デハ9		東武鉄道 デハ9→新潟交通 モハ18(#S23.05)→ 項目33参照
蒲田車輌	T14.03	日車支店 自社工場 自社工場 自社工場	*S37.12 *S54.04 #S56.08 H08.09	車体更新 台車交換 27MCB2→ ワンマン化改造 主電動機交換 556-J6→		クハ38	H11.04	宮城電鉄 デホロハニ202→デホハニ202(S05.06)→モテハ220(S08.12) →デ220(S13.07)→モハ220(S16.--) →運輸通信省 買収 モハ220(S19.05)→クハ220(S24.11) →クハ6300(S28.06)→廃車(S30.02) →新潟交通 クハ38①(S30.08)(#S31.04) →モハ18②(*S37.12)→廃車
日車支店	T13.07	日車支店	S32.08	外板鋼板化・通風器屋根 上移設	東武鉄道	デハ6		東武鉄道 デハ6→新潟交通 モハ19①(#S23.07)→ 項目16参照
日車支店	T13.07	日車支店 自社工場 自社工場	*S35.11 #S56.08 H09.12	車体更新 ワンマン化改造 主電動機交換 556-J6→	東武鉄道	デハ6	H11.04	東武鉄道 デハ6→新潟交通 モハ19①(#S23.07)→モハ19②(*S35.10)→廃車
日車支店	S08.03	日車支店 自社工場 自社工場	#S42.12 #S56.08 H08.06	車体更新 ワンマン化改造 主電動機交換 556-J6→ 名鉄 556-JR6		モハ13	H11.04	新潟電鉄 モハ13→モハ21(#S42.12)→廃車
日車支店	T14.11	自社工場 日車支店 自社工場	S43.01 #S44.10 #S56.08	台車交換 27MCB2→ ワンマン化改造		モハ17	H11.04	東武鉄道 クハ1→デハ7②(S06.--)⇒新潟交通 モハ17(#S22.10) →モハ24(*S44.12)→廃車
日車支店	S44.12	自社工場	#S46.08 #S56.08	主電動機交換 556-J6→ ワンマン化改造			H11.04	車両増加届(S44.11)・台車モハ15ヨリ転用
日車支店	S08.08	自社工場	S41.09	主電動機交換			H11.04	新潟電鉄 モワ51→廃車
川崎車輌	S33.03	大野工場 自社工場	#S59.12 H06.08	ワンマン改造・排障器設置 貫通扉・方向幕埋込み改造	小田急電鉄	デハ2229	H11.04	小田急電鉄 デハ2229→廃車(S59.06)→新潟交通 モハ2229(*S60.01)→廃車
川崎車輌	S33.03	東急車輌 大野工場	S37.-- #S59.12	中間電動車先頭車改造 ワンマン改造・排障器設置	小田急電鉄	デハ2230	H11.04	小田急電鉄 デハ2230→廃車(S59.06)→新潟交通 モハ2230(*S60.01)→廃車
日車支店	S08.11	自社工場	#S38.03	片運転台撤去				新潟電鉄 クハ31→ 項目36参照
日車支店	S08.11	自社工場	#S38.05	片運転台撤去				新潟電鉄 クハ32→ 項目32参照
日車支店	S11.06	自社工場	#S37.04	台車変更	神中鉄道	キハ31		神中鉄道 キハ31→新潟交通 クハ33(#S18.03)→ 項目38参照
日鉄自	#S17.08 S19.09	自社工場	#S39.08	片運転台撤去				新潟交通 クハ34→ 項目36参照
日鉄自	#S17.08 S19.09	自社工場	#S39.04	片運転台撤去				新潟交通 クハ35→ 項目35参照
日鉄自	S22.06							蒲原鉄道 未入箱(#S24.05)⇒新潟電鉄 モハ16①(*S25.07) →クハ36①(#S25.08)→ 項目29参照
日鉄自	S22.06	東急車輌 自社工場	S34.-- #S44.05	車体更新 *²車体取替大型化		クハ36	H02.05	新潟電鉄 モハ16①(*S25.07)→クハ36①(#S25.08)→クハ36②(*S44.05)→廃車 *²[小田急行 155→モハニ155(S08.05)→東京急行電鉄 デハニ1255(S17.05) →小田急電鉄 デハ1305(S25.12)→クハ1352(*S31.10)→廃車(S43.09)]
新潟鉄工	S09.03	自社工場 自社工場 自社工場	#S27.01 *S47.04 *S53.09	制御車化改造(車両譲受使用認可) 車体・車室改造・片運転台化 台車交換 TR11→	国鉄	キハ41080	H02.05	キハ41080→廃車(S19.07)→新潟交通 クハ37(#S27.03)→廃車
蒲田車輌	T14.03		#S31.04	車両設計変更	国鉄	クハ6300		宮城電鉄 デホロハニ202→デホハニ202(S05.06)→モテハ220(S08.12) →デ220(S13.07)→モハ220(S16.--)→クハ220(S24.11) →運輸通信省 買収 クハ6300(S28.06)→廃車(S30.02) ⇒新潟交通 クハ38(S30.08)(#S31.04)→ 項目14参照
日車支店	S02.01	西武所沢	#S38.04 *S52.09	車両譲受使用認可 台車交換 TR11→	西武鉄道	クハ1214	S60.09	武蔵野鉄道 サハ2322→デハ2322(S04.03)→西武鉄道 モハ224(S23.06) →モハ218(S29.08)→クハ1214(S33.07)→廃車 ⇒新潟交通 クハ39(*S37.10)→廃車
蒲田車輌	T14.03	自社工場	S37.10	電装解除		モハ18		東武鉄道 デハ9→新潟交通 モハ18(#S23.05)→クハ40(*S37.10)→ 項目39参照

項目	形式	番号	車体寸法 最大長 mm	最大幅 mm	最大高 mm	自重(荷重) ton	軸配置定員(座席)	台車 製造所	形式	軸距 mm	制御器 製造所	形式 制御方式	主電動機 製造所	形式	出力kw × 台数
34	クハ45	45	16,760	2,728	3,880	24.5	126 (52)	住友製鋼所	KS30L	2,134					
35		46	16,760	2,728	3,880	24.7	126 (52)	住友製鋼所	KS30La	2,134					
36		47	16,760	2,728	3,880	24.7	126 (52)	住友製鋼所	KS30La	2,134					
37		48	16,760	2,728	3,880	24.7	126 (52)	住友製鋼所	KS30L	2,134					
38		49	16,760	2,728	3,880	24.7	126 (52)	住友製鋼所	KS30La	2,134					
39		50	16,760	2,728	3,880	24.7	126 (52)	住友製鋼所	KS30La	2,134					

越後交通長岡線・来迎寺線（元長岡鉄道）車両諸元表（電気機関車・電車・客車）

本諸元表は昭和30(1955)年以降から昭和50(1975)年の旅客営業廃止まで在籍した車両を対象とする。

項目	形式	番号	車体寸法 最大長 mm	最大幅 mm	最大高 mm	自重(荷重) ton	軸配置定員(座席)	台車 製造所	形式	軸距 mm	制御器 製造所	形式 制御方式	主電動機 製造所	形式	出力kw × 台数
1	EB110	EB-111	7,220	2,100	4,015	18.0	BB		板台枠	1,400		K-14 直接制御	東洋電機	TDK31-SM	56.0×2 750V
2	ED210	ED211	9,100	2,300	4,256	21.0	BB		TR10系	2,175		間接制御 電磁空気単位SW	WH	558-J6	57.7×4 750V
3	ED260	ED261	9,320	2,680	4,330	30.0	BB		板台枠	2,000	WH	間接制御 電磁空気単位SW			93.3×4 750V
4		ED262	8,795	2,743	4,013	33.0	BB			2,134	WH	間接制御 電磁空気単位SW			75.0×4 750V
5	ED31	ED311	11,050	2,740	4,185	40.0	BB		TR14	2,450		間接制御 電磁空気単位SW	芝浦	SE-114 (MT9)	115.0×4 750V
6	ED40	ED401	13,000	2,704	4,200	40.0	BB		TR25 (DT12)	2,500		間接制御 電磁空気単位SW	東洋電機	TDK502-SA (MT10)	115.0×4 750V
7	ED510	ED511	11,500	2,743	4,115	36.3	BB	日立笠戸	板台枠	2,500	日立製作所	間接非自動制御 電磁空気単位SW	日立	HS-261-A	150.0×4 750V
8		ED512	11,500	2,743	4,115	36.3	BB	日立笠戸	板台枠	2,500	日立製作所	間接非自動制御 電磁空気単位SW	日立	HS-261-A	150.0×4 750V
9	ED5100	ED5101	13,800	2,830	4,100	50.0	BB	三菱重工	1B149	2,400	三菱電機	間接非自動制御 電磁空気単位SW	三菱電機	MB-266-BFVR	200.0×4 750V
10		ED5102	13,800	2,830	4,100	50.0	BB	三菱重工	1B149	2,400	三菱電機	間接非自動制御 電磁空気単位SW	三菱電機	MB-266-BFVR	200.0×4 750V
11	モハ1400	1401	16,760	2,728	4,223	36.4	118 (46)	住友製鋼所	KS31L	2,134	三菱電機	間接非自動制御 電磁空気単位SW	芝浦	SE-102 (MT4)	85.0×4 675V
12		1402	16,760	2,728	4,223	36.4	118 (46)	住友製鋼所	KS31L	2,134	三菱電機	間接非自動制御 電磁空気単位SW	芝浦	SE-102 (MT4)	85.0×4 675V
13		1403	16,054	2,720	4,129	36.4	118 (46)	住友製鋼所	KS30La	2,134	三菱電機	間接非自動制御 電磁空気単位SW	芝浦	SE-102 (MT4)	85.0×4 675V
14		1404	16,054	2,720	4,129	36.4	118 (46)	住友製鋼所	KS30La	2,134	三菱電機	間接非自動制御 電磁空気単位SW	芝浦	SE-102 (MT4)	85.0×4 675V
15	モハ2000	2001	11,919	2,565	4,296	19.5	70 (24)			1,575	東洋電機	DB1 直接制御			40.5×2
16		2002	11,919	2,565	4,296	19.5	70 (24)			1,575	東洋電機	DB1 直接制御			40.5×2
17		2003	14,250	2,740	4,200	18.5	100 (40)			1,828	東洋電機	DB1 直接制御			41.0×2
18	モハ3000	3001	15,850	2,740	4,200	25.0	100 (48)		TR14系	2,450		間接非自動制御 電磁空気単位SW			40.5×2
19		3002	15,850	2,740	4,200	25.0	100 (48)		TR14系	2,450		間接非自動制御 電磁空気単位SW			40.5×2
20		3005	14,080	2,640	4,106	27.2	100 (42)	日車支店	D14	2,000		間接非自動制御 電磁空気単位SW			63.4×2
21	モハ5000	5001	17,002	2,720	4,039	38.5	102 (64)		TR14	2,450	三菱電機	間接非自動制御 電磁空気単位SW			100.0×4 675V

製造所 製番	製造年月 #認可 *竣功届	改造所	改造年月 #認可 *竣功届	改造内容	前所有	旧番号	廃車年月 (用途廃止)	備考
日鉄自	#S17.08 S19.09	自社工場 自社工場	#S42.05 *S56.08	#[3]車体取替大型化 ワンマン化改造		クハ35	H05.12	新潟交通 クハ35→クハ45(S42.05)→廃車 #[3][川崎車輛 #S04.03 S05.03 小田原急行 562→クハ562(S08.05)→東京急行電鉄 クハ1317(S17.05)→小田急電鉄 クハ1467(S25.12)→デハ1416(*S31.07)→廃車(S42.04)]
日鉄自	#S17.08 S19.09	自社工場 自社工場	#S42.11 *S56.08	#[4]車体取替大型化 ワンマン化改造		クハ34	H11.04	新潟交通 クハ34→クハ46(S42.11)→廃車 #[4][川崎車輛 #S04.03 S04.10 小田原急行 208→モハ208(S08.05)→東京急行電鉄 デハ1358(S17.05)→小田急電鉄 デハ1408(S25.12)→廃車(S42.11)]
日車支店	S08.11	自社工場 自社工場	#S43.05 *S56.08	#[5]車体取替大型化 ワンマン化改造		クハ31	H05.08	新潟電鉄 クハ31→クハ47(*S43.10)→廃車 #[5][川崎車輛 #S04.03 S05.03 小田原急行 214→モハ214(S08.05)→東京急行電鉄 デハ1364(S17.05)→小田急電鉄 デハ1414(S25.12)→廃車(S43.05)]
日車支店	S08.11	自社工場 自社工場	#S43.10 *S56.08	#[6]車体取替大型化 ワンマン化改造		クハ32	H05.08	新潟電鉄 クハ32→クハ48(S43.10)→廃車 #[6][川崎車輛 #S04.03 S04.10 小田原急行 212→モハ212(S08.05)→東京急行電鉄 デハ1362(S17.05)→小田急電鉄 デハ1412(S25.12)→廃車(S43.09)]
日車支店	#S11.01 S11.06	自社工場	#S44.12	#[7]車体取替大型化		クハ33	H05.08	神中鉄道 キハ31→新潟交通 クハ33(S18.03)→クハ49(*S45.01) #[7][川崎車輛 S04.03 小田原急行 560→クハ560(S08.05)→東京急行電鉄 クハ1315(S17.05)→小田急電鉄 クハ1465(S25.12)→廃車(S44.05)]
日車支店	T14.11	自社工場	S45.07	#[8]車体取替大型化		クハ40	H05.08	東武鉄道 デハ9→新潟交通 モハ18(#S23.05)→クハ40(*S37.10)→クハ50(*S45.08)→廃車 #[8][川崎車輛 #S04.03 S05.03 小田原急行 211→モハ211(S08.05)⇒東京急行電鉄 デハ1361(S17.05)→小田急電鉄 デハ1411(S25.12)→廃車(S44.05)]

長岡鉄道(1914.03.03設立)(1915.10.07開業)越後交通(1960.10.01改組)(1969.09.01昇圧)(1975.03.31旅客営業廃止)(1995.07.01貨物営業廃止)

製造所 製番	製造年月 #認可 *竣功届	改造所	改造年月 #認可 *竣功届	改造内容	前所有	旧番号	廃車年月 (用途廃止)	備考
日鉄自	S27.03						S42.--	長岡鉄道 EB111(S27.03)→廃車→秋田中央交通 EB111(S42.07)→廃車(S44.07)
枝光鉄工	T08.--	汽車支店 東洋工機	S08.05 S16.12	無蓋電動車化 有蓋電動車化	京王帝都	デワ2915	S44.08	京王電軌 20→15 無蓋電動車化(S08.05)→15 有蓋電動車化(S16.12)⇒東京急行電鉄 デワ2915(S19.05)⇒京王帝都電鉄 デワ2915(S23.06)(S28.03)⇒長岡鉄道 デワ102(S28.03)→ED211(S29.11)→廃車
Baldwin・WH 40729	T13.07	日鉄自 西武所沢	*S15.07 S44.08	車体新製 1500V昇圧改造・主電動機変更	国鉄	ED261	S55.01	富岩鉄道 ロコ2(*S15.11)→富山地方鉄道 ロコ2(S16.12)→鉄道省買収 ロコ2(S18.06)→ED261(S27.04)→廃車(S35.05)⇒越後交通 ED261(S36.07)→廃車
Baldwin・WH	T12.10				西武鉄道	E11	*[1]S46.07	武蔵野鉄道 デキカ11→旧西武鉄道 11(S20.09)→西武鉄道 E11(S36.12)⇒越後交通 借入→休車 *[1]借入→休車
#[2]西武所沢	S31.02	西武所沢	#S38.12 S44.10	750V降圧対応工事 1500V昇圧対応工事	西武鉄道	E31	H07.04	西武鉄道 32②(S31.02)→31②(S31.12)→E31(S36.12)⇒越後交通 ED311(S38.07) →廃車 #[2]竣功図 東芝車両
東洋工機	#S42.09 S42.10	西武所沢	S44.10	1500V昇圧対応工事			H07.04	越後交通 ED401→廃車
日立笠戸 211	S02.10		S32.03		長野電鉄	ED5002	S55.01	長野電鉄 502→ED5002(S28.06)→廃車(S45.04)⇒越後交通 ED511(S45.04)→長野電鉄へ返還(S55.10)
日立笠戸 212	S03.08				長野電鉄	ED5003	S55.01	長野電鉄 503→ED5003(S28.06)→廃車(S45.04)⇒越後交通 ED512(S45.04)→廃車
三菱重工 941	S32.03 *S32.04				長野電鉄	ED5101	H07.04	定山渓鉄道 ED5001(S32.03)→廃車(S44.11)⇒長野電鉄 ED5101(S45.03)→廃車(S54.09)⇒越後交通 ED5101(S54.06)→廃車
三菱重工 942	S32.03 *S32.04				長野電鉄	ED5102	H07.04	定山渓鉄道 ED5002(S32.03)→廃車(S44.11)⇒長野電鉄 ED5102(S45.03)→廃車(S54.09)⇒越後交通 ED5102(S54.06)→廃車
西武所沢	S44.07						S50.04	⇒越後交通 モハ1401(S44.12)#[3]車体流用新造名義→廃車 #[3][川崎車輛 S05.10 小田原急行 215→モハ215(S08.05)⇒東京急行電鉄 デハ1365(S17.05)→小田急電鉄 デハ1415(S25.12)→廃車(S44.05)]
東洋工機	S42.12	西武所沢	S44.12	1500V昇圧対応工事			S50.04	⇒越後交通 モハ1402(S42.12)#[4]車体流用新造名義→廃車 #[4][川崎車輛 S04.03 小田原急行 202→モハ202(08.05)⇒東京急行電鉄 デハ1352(S17.05)→小田急電鉄 デハ1402(S25.12)→廃車(S41.12)]
西武所沢	S44.08						S50.04	⇒越後交通 モハ1403(S44.08)#[5]車体流用新造名義→廃車 #[5][日車支店 S02.03 小田原急行 109→モハ109(S08.05)→モハ109(S17.--)⇒東京急行電鉄 デハ1209(S17.05)→小田急電鉄 デハ1209(S23.06)→廃車(S43.11)]
西武所沢	S44.08						S50.04	⇒越後交通 モハ1404(S44.08)#[6]車体流用新造名義→廃車 #[6][日車支店 S02.03 小田原急行 110→モハ110(S08.05)→モハ110(S17.--)⇒東京急行電鉄 デハ1210(S17.05)→小田急電鉄 デハ1210(S23.06)→廃車]
雨宮製作所	#S03.10 S03.12	日鉄自	S26.11			キハ203		長岡鉄道 キロ1(S03.12)→キロ201(S05.07)→キハ201→キハ203(S13.03)→モハ2002→項目38参照
雨宮製作所	S03.12	日鉄自	S27.03			キハ202		長岡鉄道 キロ2(S05.12)→キロ202(S05.07)→キハ202(S10.03)→モハ2001(S27.03)→ 項目39参照
日鉄自	S29.01							長岡鉄道 モハ2003(S29.11)→ 項目40参照
日鉄自#[7]	S26.11	自社工場	#S38.05	台車交換			S44.09	長岡鉄道 モハ3001(S26.11)→廃車 #[7][京浜急行 デハ111 台枠・電機品流用]
日鉄自#[8]	S26.11	自社工場 西武所沢	#S38.05 S44.09	台車交換 1500V昇圧対応工事			S47.--	長岡鉄道 モハ3002(S26.11)→廃車⇒蒲原鉄道 モハ81(S47.12)→廃車(S60.06) #[8][京浜急行 デハ112 台枠・電機品流用]
日車支店	S08.03	東横車輛	S39.08	二扉化・ステップ設置・運転台中央移設	京王帝都	デハ2125	S45.12	京王電軌 125→東京急行電鉄 デハ2125(S19.05)→越後交通 デハ3005(S39.08)→廃車
新潟鉄工	S03.02	東横車輛 西武所沢	S35.07 S44.11	750V降圧対応工事・両運転台化工事 1500V昇圧対応工事	国鉄	モハ1206	S50.04	富士身延鉄道 モハ111→鉄道省買収 モハ93007(S16.05)→モハ1206(S28.06)→廃車(S33.11)⇒越後交通 モハ5001(#S35.08)→廃車

項目	形式	番号	車体寸法 最大長 mm	最大幅 mm	最大高 mm	自重(荷重) ton	軸配置 定員(座席)	台車 製造所	形式	軸距 mm	制御器 製造所	形式 制御方式	主電動機 製造所	形式	出力kw × 台数
22	デハ	101	7,400	2,390	4,240	10.0	0.3	住友製鋼所	KS10L	2,290		直接制御			48.0×2
23	クハ1450	1451	16,760	2,728	3,800	26.0	126 (52)	住友製鋼所	KS30L	2,134	三菱電機	間接非自動制御 電磁空気単位SW			
24		1452	16,760	2,728	3,710	26.0	126 (52)	住友製鋼所	KS30La	2,134	三菱電機	間接非自動制御 電磁空気単位SW			
25		1453	16,760	2,728	3,800	26.0	126 (52)	住友製鋼所	KS30L	2,134	三菱電機	間接非自動制御 電磁空気単位SW			
26		1454	16,760	2,728	3,800	26.0	126 (52)	住友製鋼所	KS30L	2,134	三菱電機	間接非自動制御 電磁空気単位SW			
27		1455	16,760	2,728	3,710	26.0	126 (52)	住友製鋼所	KS30La	2,134	三菱電機	間接非自動制御 電磁空気単位SW			
28		1456	16,760	2,728	3,710	26.0	126 (52)	住友製鋼所	KS30La	2,134	三菱電機	間接非自動制御 電磁空気単位SW			
29	ハ3	6,7	8,255	2,552	3,581	7.7	40 (40)								
30	ハ9	9～11	8,305	2,682	3,584	7.4	40 (40)			3,810					
31	ハ15	15	9,232	2,521	3,603	8.5	70 (32)			3,658					
32		16	9,488	2,540	3,520	8.5	66 (32)			3,658					
33	ハニフ21	21,22	8,305	2,682	3,584	7.6 5.0	16 (16)								
34	ホハ31	31	15,111	2,546	3,597	19.7	100 (44)		TR10系	1,981					
35		32	15,111	2,546	3,597	19.7	98 (42)		TR10系	1,981					
36	ホハ33	33	11,370	2,707	3,580	14.8	75 (20)	Brill	76E-1	1,470					
37		34	11,370	2,707	3,580	14.8	75 (20)	Brill	76E-1	1,470					
38	ホハ2000	2001	11,919	2,565	4,296					1,575					
39		2002	11,919	2,565	4,296					1,575					
40		2003	14,250	2,740	4,200		106 (40)	Peckham		1,828					

越後交通栃尾線(元栃尾電鉄)車両諸元表(電気機関車・電車・客車)

本諸元表は昭和30(1955)年以降から昭和50(1975)年の旅客営業廃止まで在籍した車両(蒸気機関車・荷物緩急車を除く)対象とする。

項目	形式	記号 番号	車体寸法 最大長 mm	最大幅 mm	最大高 mm	自重(荷重) ton	軸配置 定員(座席)	台車 製造所	形式	軸距 mm	制御器 製造所	形式 制御方式	主電動機 製造所	形式	出力kw × 台数
1	デキA1	50	4,729	1,600	4,572	11.5	1B1			1,473		直接制御			37.0×2 500V
2	デキB	ED51	9,580	1,800	3,810	15.0	BB			1,400		直接制御	日立	HS-102-FR	42.0×4 600V
3	200	モハ 200	10,420	2,134	3,810	11.3	54 (32)	日鉄自		1,500		直接制御	神鋼電機	TBY-25A	56.0×2 750V
4	201	モハ 201	9,754	2,134	3,737	9.0	56 (20)	Brill 松井車輌		1,067 #2 540+930		直接制御	東洋電機	TDK516	56.0×1 600V
5		モハ 202	9,754	2,134	3,737	9.0	56 (20)			1,067 #3 540+930		直接制御	東洋電機	TDK516	56.0×1 600V
6	203	モハ 203	9,754	2,134	3,737	9.0	56 (20)			1,067 ?		直接制御	東洋電機	TDK516	56.0×1 600V
7	204	モハ 204	10,360	2,132		9.0	56 (20)			1,370		直接制御	東洋電機	TDK516	56.0×1 600V
8	205	モハ 205	13,600	2,126	3,810	19.0	72 (37)	東洋工機	TK500	1,500		間接非自動制御 電磁空気単位SW	日立	HS-102	42.0×4 600V

製造所 製番	製造年月 #認可 *竣功届	改造所	改造年月 #認可 *竣功届	改造内容	前所有	旧番号	廃車年月 (用途廃止)	備考
藤永田	T15.01				東京急行	デワ3003	S35.08 休車	目黒蒲田電鉄 デト4(T15.11)→モト4→モワ3(S06.05)→東京急行 デワ3003(S17.05)→廃車(S27.10)→長岡鉄道 デハ101(S27.10)→廃車=秋田中央交通 デワ3003(*S39.01)→廃車(S44.07)
自社工場	S43.02						S49.03	⇒越後交通 クハ1451(S43.02)#9車体流用新造名義→廃車 #9[川崎車輌 S04.03 小田原急行 501→クハ501(S08.05)⇒東京急行 クハ1301(S17.05)⇒小田急電鉄 クハ1451(S25.12)→廃車(S41.12)]
自社工場	S43.02	西武所沢					S48.09	⇒越後交通 クハ1452(S43.02)#10車体流用新造名義→廃車⇒新潟交通 無車籍(レール塗油車)→解体(S58.10) #10[川崎車輌 S04.10 小田原急行 207→モハ207(S08.05)⇒東京急行電鉄 デハ1357(S17.05)⇒小田急電鉄 デハ1407(S25.12)→廃車(S42.04)]
自社工場	S43.02						S50.04	⇒越後交通 クハ1453(S43.02)#11車体流用新造名義→廃車 #11[川崎車輌 S04.03 小田原急行 503→クハ503(S08.05)⇒東京急行 クハ1303(S17.05)⇒小田急電鉄 クハ1453(S25.12)→廃車(S42.03)]
自社工場	S43.02	西武所沢					S50.04	⇒越後交通 クハ1454(S43.02)#12車体流用新造名義→廃車 #12[川崎車輌 S05.03 小田原急行 563→クハ563(S08.05)⇒東京急行 クハ1318(S17.05)⇒小田急電鉄 クハ1468(S25.12)→クハ1466②(S31.07)→廃車(S42.11)]
自社工場	S43.02	西武所沢					S48.09	⇒越後交通 クハ1455(S43.02)#13車体流用新造名義→廃車⇒新潟交通 無車籍→解体(S62.11) #13[川崎車輌 S04.03 小田原急行 552→クハ552(S08.05)⇒東京急行 クハ1307(S17.05)⇒小田急電鉄 クハ1457(S25.12)→廃車(S42.04)]
西武所沢	S44.07						S50.04	⇒越後交通 クハ1456(S44.11)#14車体流用新造名義→廃車 #14[川崎車輌 S04.10 小田原急行 556→クハ556(S08.05)⇒東京急行 クハ1311(S17.05)⇒小田急電鉄 クハ1461(S25.12)→廃車(S44.05)]
天野工場	T05.06							長岡鉄道 ハ6,ハ7→廃車
日本車輌支店	T11.06							長岡鉄道 ハ9～ハ11→廃車
雨宮製作所	S05.04							長岡鉄道 キハ101→ハ15→廃車
雨宮製作所	S06.03							長岡鉄道 キハ102→ハ16→廃車
日車支店	T11.07							長岡鉄道 ロテフ1,2→ハニフ21,ハニフ22(*S05.07)→廃車
天野工場	T04.10						S44.12	長岡鉄道 ロ1(*S04.09)→ホイロ1→ホハ31(*S05.07)→廃車
天野工場	T04.10						S44.12	長岡鉄道 ロ2(*S04.09)→ホイロ2→ホハ32(*S05.07)→廃車
汽車支店	T11.12						S42.--	目黒蒲田電鉄 デハ4→モハ4(S04.--)→神中鉄道 モハ4(S17.05)→相模鉄道 モハ4(S18.04)→上田丸子電鉄 モハ11(S22.12)→モハ3211(S25.07)→廃車(S38.04)⇒越後交通 ホハ33(S39.--)→廃車
汽車支店	T11.12						S42.--	目黒蒲田電鉄 デハ5→モハ5(S04.--)→神中鉄道 モハ5(S17.05)→相模鉄道 モハ5(S18.04)→上田丸子電鉄 モハ12(S22.12)→モハ3212(S25.07)→廃車(S38.04)⇒越後交通 ホハ34(S39.--)→廃車
雨宮製作所	#S03.10 S03.12					モハ2001	S44.12	長岡鉄道 キロ1(S03.12)→キロ201(S05.07)→キハ201(S13.03)→キハ203(S13.03)→モハ2001(S26.11)→ホハ2001(S44.09)→廃車
雨宮製作所	#S03.10 S03.12					モハ2002	S44.12	長岡鉄道 キロ2(S03.12)→キロ202(S05.07)→キハ202(S10.03)→モハ2002(S27.03)→ホハ2002(S44.09)→廃車
日鉄自	S29.01					モハ2003	S47.04	長岡鉄道 モハ2003(S29.11)→ホハ2003(S44.09)→廃車

長尾鉄道(1923.12.26設立)栃尾鉄道(1924.05.01改称)(1925.02.14開業)(1925.11.16 ガソリン動力併用認可)(1948.04.26電化600Ｖ)(1956.09.25昇圧750V)栃尾電鉄(1956.11.20改称)越後交通栃尾線(1960.10.01)(1975.04.01旅客営業廃止)

製造所 製番	製造年月 #認可 *竣功届	改造所	改造年月 #認可 *竣功届	改造内容	前所有	旧番号	廃車年月 (用途廃止)	備考
Jeffrey	T09.03				草軽電鉄	デキ50	S36.04	信越電力(S10.02)⇒草軽鉄道 デキ21(S14.02)→デキ50(S12.06)→廃車(S22.10)⇒栃尾鉄道 50(S23.06)→廃車
日立水戸 4904(696)	#1S24.07 S26.03						S50.04	#1日立製作所 製番台帳
日鉄自工	S19.05	自社工場 自社工場	S25.08 S34.09	主電動機交換 26.0kW→42.0kW 垂直カルダン駆動化改造・主電動機交換	草軽電鉄	モハ105		草軽電鉄 モハ105→栃尾鉄道 モハ200(S22.12)→ 項目32参照
松井車輌	S05.04	自社工場 自社工場	S23.06 S30.03	内燃動車 電動車化改造 片ボギー両ボギー化改造		キハ106		栃尾鉄道 キ4→キハ106(*S18.07)→モハ201(S23.04)→ 項目46参照 #2偏心台車
松井車輌	S05.04	自社工場 自社工場 自社工場	S23.06 S28.01 S29.02	内燃動車 電動車化改造 荷台撤去車体延長 片ボギー両ボギー化改造		キハ107		栃尾鉄道 キ5→キハ107(*S18.07)→モハ202(S23.04)→ 項目50参照 #3偏心台車
松井車輌	#S04.09	自社工場 自社工場 自社工場	S23.06 S28.01 S29.02	電動車化改造 荷台撤去車体延長 車体延長・片ボギー両ボギー化改造		キハ105		栃尾鉄道 キ3→キハ105(*S18.07)→モハ203(#S24.03)→ 項目41参照
小島栄次郎	S06.08	自社工場	S28.03	車体延長		キハ110		栃尾鉄道 キ6→キハ110(*S18.07)→モハ204(#S24.03)→ 項目49参照
日車支店	S07.09	自社工場 東横車輌 東洋工機	S31.03 S33.12 S38.04	電動車化改造 車体延長・主電動機交換 56.0kw→ 台車取替		キハ111	S50.04	栃尾鉄道 キ7→キハ111(*S18.07)→モハ205(#S24.03)→廃車

項目	形式	記号番号	車体寸法 最大長mm	最大幅mm	最大高mm	自重(荷重)ton	軸配置定員(座席)	台車 製造所	形式	軸距mm	制御器 製造所	形式制御方式	主電動機 製造所	形式	出力kw×台数
9	206	モハ206	11,450	2,120	3,810	9.8	68(24)			1,520		間接非自動制御電磁空気単位SW	東洋電機	TDK516	56.0×1 600V
10	207	モハ207	13,600	2,134	3,810	17.5	73(34)	日鉄自		1,500		間接非自動制御電磁空気単位SW	神鋼電機	TBY-25A	56.0×2 750V
11	200	モハ208	10,420	2,134	3,810	11.3	54(32)			1,500		間接非自動制御電磁空気単位SW	神鋼電機	TBY-25A	56.0×2 750V
12	209	モハ209	12,600	2,100	3,810	16.0	60(26)	Brill	27GE系	1,470		直接制御	日立 東洋電機	HS-102 TDK31-S	42.0×2 56.0×2
13	210	モハ210	13,600	2,130	3,920	13.8	80(36)			1,500		直接制御	神鋼電機	TBY-25A	56.0×2 600V
14	211	モハ211	13,600	2,130	3,800	17.4	80(42)			1,470		間接非自動制御電磁空気単位SW	神鋼電機	TBY-25A	56.0×2 750V
15	212	モハ212	13,600	2,236	3,800	17.5	75(36)	日車	D4	1,371		間接非自動制御電磁空気単位SW	神鋼電機	TBY-25A	56.0×2 750V
16	213	モハ213	13,600	2,134	3,800	17.0	80(40)	東洋工機	TK400	1,500		間接非自動制御電磁空気単位SW	神鋼電機	TBY-25A	56.0×2 750V
17	213	モハ214	13,600	2,134	3,800	17.0	80(40)	東急車輌	TS314	1,500		間接非自動制御電磁空気単位SW	神鋼電機	TBY-25A	56.0×2 750V
18	215	モハ215	13,600	2,236	3,685	17.5	75(36)	東洋工機	TK400	1,500		間接非自動制御電磁空気単位SW	神鋼電機	TBY-25A	56.0×2 750V
19	216	モハ216	13,600	2,236	3,685	19.0	75(34)	東洋工機	TK500	1,500		間接非自動制御電磁空気単位SW	日立	HS-102	42.0×4 600V
20	217	モハ217	13,600	2,236	3,685	19.0	75(34)	東洋工機	TK500	1,500		間接非自動制御電磁空気単位SW	日立	HS-102	42.0×4 600V
21	30	クハ30	10,600	2,130	3,110					1,470					
22	クハ100	クハ101	13,600	2,236	3,167	13.0	82(40)	汽車会社		1,219					
23	クハ100	クハ102	13,600	2,236	3,167	13.0	82(40)	汽車会社		1,219					
24	クハ100	クハ103	13,600	2,236	3,167	13.0	82(40)	汽車会社		1,219					
25	クハ100	クハ104	13,600	2,236	3,167	13.0	82(40)	汽車会社		1,219					
26	111	クハ111	13,600	2,118	3,200	13.0	80(34)	東洋工機		1,500					
27	112	クハ112	13,600	2,130	3,200	10.8	76(46)			1,500					
28	300	サハ301	10,420	2,134	3,328	9.0	70(32)	日鉄自		1,500					
29	300	サハ302	10,420	2,134	3,088	9.0	70(32)	日鉄自		1,500					
30	300	サハ303	10,420	2,134	3,088	9.0	70(32)	日鉄自		1,500					
31	305	サハ305	10,300	2,134	2,856	7.8	66(36)			1,219					
32	300	サハ306	10,420	2,134	3,328	9.0	70(32)	日鉄自		1,500					
33	1	ホハ1	9,601	2,134	3,372	6.5	56(34)			1,219					
34		ホハ2	9,601	2,134	3,372	6.5	56(34)			1,219					
35		ホハ5	9,449	2,134	3,372	6.1	56(34)			1,219					
36		ホハ6	9,449	2,134	3,372	6.1	56(34)			1,219					
37		ホハ7	9,449	2,134	3,372	6.1	56(34)			1,219					
38		ホハ8	9,449	2,134	3,372	6.1	56 60(34)			1,219					
39	10	ホハ10	11,150	2,221	2,990	7.5	70(44)			1,219					
40	11	ホハ11	12,030	1,981	3,162	8.0	60(26)			1,219					
41	12	ホハ13②	9,754	2,134	3,112	7.5	60(26)								
42	17	ホハ17	8,516	2,128	2,780	5.2	42(20)			1,219					
43		ホハ18	8,516	2,128	2,780	5.2	42(20)			1,219					
44	20	ホハ20	10,600	2,130	3,110	7.2	76(38)			1,219					
45	20	ホハ21	10,600	2,130	3,110	7.2	76(38)			1,219					
46	22	ホハ22	9,754	2,134	3,112	7.0	66(28)	Brill 松井車輌		1,067 540+930					

車両履歴								備考
製造所 製番	製造年月 #認可 *竣功届	改造所	改造年月 #認可 *竣功届	改造内容	前所有	旧番号	廃車年月 (用途廃止)	
日車本店	T04.05	自社工場	S29.08	車体改造 (妻面平妻化・乗降扉増設)	石川鉄道	ナ3		石川鉄道 ナ3⇒栃尾鉄道 ロ13(T14.09)→ホハ13①(S18.07)→キハ112(S19.--)→モハ206(S26.08) 項目52参照
日鉄自工 自社工場	S19.05 S25.08	自社工場 東洋機器	S26.05 S34.06	電装工事・車体延長・垂直カルダン駆動化改造	草軽電鉄	モハ104	S50.04	草軽電鉄 モハ104→栃尾鉄道 モハ207 客車代用(S25.04)→モハ207(S34.06)→廃車
日鉄自工 自社工場	S16.05 S25.08	自社工場 自社工場	S31.06 S38.08	垂直カルダン駆動化改造 動軸変更	草軽電鉄	モハ103		草軽電鉄 モハ103→栃尾鉄道 モハ208 客車代用(S25.04)→モハ208(S31.06)→ 項目28参照
自社工場	S27.10						S48.04	栃尾鉄道 モハ209→廃車
自社工場	S29.03							栃尾電鉄 モハ210→ 項目27参照
自社工場	S25.07		S32.04	車体延長・電動車化改造		クハ30	S48.04	栃尾電鉄 ホハ21→クハ30(S30.10)→モハ211(S32.04)→廃車
東洋機器	S33.12	自社工場	S43.05	AMM型ブレーキ装置改造			S50.04	栃尾鉄道 モハ212→廃車
東洋機器	S36.04						S48.04	越後交通 モハ213→廃車
東洋機器	S36.04						S48.04	越後交通 モハ214→廃車
東洋機器	S39.02	自社工場	S44.05	AMM型ブレーキ装置改造			S50.04	越後交通 モハ215→制御車化(S47.--)→廃車
東洋機器	S39.12						S50.04	越後交通 モハ216→廃車
東洋機器	S41.02						S50.04	越後交通 モハ217→廃車
自社工場	S25.07		S30.10	制御車化改造		ホハ21		栃尾電鉄 ホハ21→クハ30(S30.10)→ 項目14参照
東洋機器	S41.05							越後交通 クハ101→ 項目25参照
東洋機器	S42.06						S50.04	越後交通 クハ102→廃車
東洋機器	S42.10						S50.04	越後交通 クハ103→廃車
東洋機器	S41.05					クハ101	S50.04	越後交通 クハ101→クハ104(S42.12)→廃車
日車支店	S04.11	東横車輌 自社工場	S36.06 S41.07	車体延長・制御車化改造 電動車 制御車化改造・制御装置変更		ホハ23	S50.04	武蔵中央電鉄 6→京王電鉄 6(S13.03)→江ノ島電鉄 115(S13.08)→江ノ島鎌倉観光 115(S24.08)⇒栃尾鉄道 ホハ23(S32.07)→制御車化(S36.06)→クハ111(S41.07)→廃車
自社工場	S29.03					モハ210	S48.04	栃尾電鉄 モハ210(S29.03)→クハ112(S45.03)→廃車
日鉄自工	S16.05					モハ208	S50.04	草軽電鉄 モハ103→栃尾鉄道 モハ208 客車代用(S25.04)→モハ208(S31.06)→サハ301(S41.08)→廃車
日鉄自工	S16.05	自社工場	S41.08			ホハ28	S50.04	草軽電鉄 モハ101⇒越後交通 101(S36.11)→ホハ28(S39.04)→サハ302(S41.12)→廃車
日鉄自工	S16.05	自社工場	S41.08			ホハ29	S50.04	草軽電鉄 モハ102⇒越後交通 102(S36.11)→ホハ29(S39.04)→サハ303(S41.12)→廃車
日車支店	S07.04					ホハ26		草軽電鉄 ホハ23⇒栃尾電鉄 ホハ23→ホハ26(S35.07)→サハ305→ 項目61参照
日鉄自	S29.03	自社工場	S47.06	電動車付随客車化		モハ200	S50.04	草軽電鉄 モハ105⇒栃尾鉄道 モハ200(S22.12)→サハ306(S47.06)→廃車
日車	T03.--	自社工場	S39.09	車体更新工事 外吊りドアー・貫通ドアー設置		ハ1	S47.01	栃尾鉄道 イロ3→イロ1(T04.09)→ロハ1→ハ1(S07.--)→ホハ1(S27.--)→廃車
日車	T03.--	自社工場	S39.09	車体更新工事 外吊りドアー・貫通ドアー設置		ハ2	S45.09	栃尾鉄道 イロ4→イロ2(T04.09)→ロハ2→ハ2(S07.--)→ホハ2(S27.--)→廃車
日車	T03.--	自社工場	S39.09	車体更新工事 外吊りドアー・貫通ドアー設置		ハ3	S45.09	栃尾鉄道 ロ1→ロ3(T04.09)→ハ3→ホハ5(S18.07)→廃車
日車	T03.--	自社工場	S39.09	車体更新工事 外吊りドアー・貫通ドアー設置		ハ4	S45.09	栃尾鉄道 ロ2→ロ4(T04.09)→ハ4→ホハ6(S18.07)→廃車
大日本軌道	T05.12	自社工場	S39.09	車体更新工事 外吊りドアー・貫通ドアー設置		ハ5	S42.12	栃尾鉄道 ロ5②→ハ5→ホハ7(S18.07)→廃車
大日本軌道	T05.12	自社工場	S39.09	車体更新工事 外吊りドアー・貫通ドアー設置		ハ6	S45.09	栃尾鉄道 ロ6②→ハ6→ホハ8(S18.07)→廃車
平岡工場	M27.--	自社工場	S29.04 S41.07	合造ボギー車化 単車2両ヲボギー車化 外吊りドアー設置	青梅鉄道	ハ10,ハ11	S48.04	青梅鉄道 ロ5、ロ6⇒栃尾鉄道 ロ5①,ロ6①(T04.02)→ロ7,ロ8(T05.12)→ハ10,ハ11(S18.07)→ホハ10(S29.04)→廃車
汽車支店	S03.--	手塚車輌	S29.--	貫通路設置・台車改軌工事	東京都	265	S45.02	西武鉄道 45→東京都 265(S26.04)→休車(S27.11)⇒栃尾鉄道 ホハ11(S29.--)→廃車
松井車輌	S04.09					モハ203	S47.01	栃尾鉄道 キ3→キハ105(S18.03)→モハ203(S23.03)→ホハ13②(S41.10)→廃車
汽車支店	T12.05				草軽電鉄	ホハ17	S44.11	草軽電鉄 ホハ17⇒栃尾鉄道 ホハ17(S24.09)→廃車
汽車支店	T12.05				草軽電鉄	ホハ18	S44.11	草軽電鉄 ホハ18⇒栃尾鉄道 ホハ18(S24.09)→廃車
自社工場	S25.07						S47.01	栃尾鉄道 ホハ20→廃車
自社工場	S25.07							栃尾鉄道 ホハ21→ 項目21参照
松井車輌	S05.04	自社工場	S32.03	電動車ヲ客車化改造		モハ201	S48.04	栃尾鉄道 キ4→キハ106(*S18.07)→モハ201(S23.04)→ホハ22(S32.03)→廃車

項目	形式	記号番号	車体寸法			自重(荷重)ton	軸配置定員(座席)	台車			制御器		主電動機		
			最大長mm	最大幅mm	最大高mm			製造所	形式	軸距mm	製造所	形式制御方式	製造所	形式	出力kw×台数
47	23	ホハ23	13,600	2,118	3,200	12.5	90 (47)			1,370					
48	23	ホハ23	11,725	2,118	3,190	9.0	80 (37)			1,219					
49	24	ホハ24	10,360	2,132	3150	8.0	70 (34)			1,370					
50	25	ホハ25	9,754	2,134	3,112	8.0	66 (28)			1,067 540+930					
51	26	ホハ26	10,300	2,134	2,856	7.6	42 (42)			1,219					
52	27	ホハ27	11,450	2,120	3,122	7.5	80 (24)			1,520					
53	28	ホハ28	10,420	2,134	3,080	9.8	70 (32)			1,500					
54	28	ホハ29	10,420	2,134	3,080	9.8	70 (32)			1,500					
55	30	ホハ30	12,954	2,096	3,087	9.8	78 (30)			1,219					
56	31	ホハ31	8,916	2,235	3,353	8.1	40 (40)			1,219					
57		ホハ32	8,916	2,235	3,353	8.1	44 (44)			1,219					
58		ホハ33	8,916	2,235	3,353	8.1	44 (44)			1,219					
59		ホハ34	8,916	2,235	3,353	8.1	44 (44)			1,219					
60		ホハ35	8,916	2,235	3,353	8.1	44 (44)			1,219					
61	50	ホハ50	10,300	2,134	2,856	7.7	66 (36)			1,219					

蒲原鉄道車両諸元表（電気機関車・電車・客車） 本諸元表は昭和30(1955)年以降から平成11(1999)年の営業廃止まで在籍した車両を対象とする。

項目	形式	番号	車体寸法			自重(荷重)ton	軸配置定員(座席)	台車			制御器		主電動機		
			最大長mm	最大幅mm	最大高mm			製造所	形式	軸距mm	製造所	形式制御方式	製造所	形式	出力kw×台数
1	ED1	ED1	9,180	2,445	3,904	25.0	BB	日車本店		1,905	東洋電機	Q2-LT 直接制御	東洋電機	TDK31-SC	55.96×4 600V
2	モハ11	11	12,432	2,646	4,100	19.2	82 (34)	東洋車輌		1,680	東洋電機	DB3-BS 直接制御	東洋電機	TDK31-SC	55.96×2 600V
3		12	12,432	2,646	4,100	19.2	82 (34)	東洋車輌		1,680	東洋電機	DB3-BS 直接制御	東洋電機	TDK31-SC	55.96×2 600V
4	モハ21	21	12,106	2,642	4,115	17.5	80 (34)	Brill	76E-1	1,473	東洋電機	DB3-BS 直接制御	東洋電機	TDK31-SC	55.96×2 600V
5	モハ31	31	15,150	2,720	4,115	26.5	104 (44)	日本車輌	D14	1,981	三菱電機	間接非自動制御 電磁空気単位SW	東洋電機	TDK31-SC	55.96×2 600V
6	モハ41	41	15,150	2,720	4,105	22.0	100 (48)	東洋車輌		1,680	三菱電機	間接非自動制御 電磁空気単位SW	東洋電機	TDK31-SC	55.96×2 600V
7	モハ51	51	12,432	2,646	4,100	18.4	82 (34)	Brill	76E-1	1,473	東洋電機	DB3-BS 直接制御	東洋電機	TDK31-SC	55.96×2 600V
8	モハ61	61	17,000	2,725	4,100	27.4	110 (48)		TR10系	2,180	東洋電機	間接非自動制御 電磁空気単位SW	東洋電機	TDK31-SP	55.96×2 600V
9	モハ71	71	16,930	2,705	4,114	31.5	112 (44)	住友製鋼所	KS33L	2,135	東洋電機	間接非自動制御 電磁空気単位SW			63.4×2 600V
10	モハ81	81	15,850	2,740	4,200	30.5	100 (48)		TR14系	2,450	東洋電機	間接非自動制御 電磁空気単位SW	東洋電機	TDK31-E	41.0×4 750V
11	モハ91	91	12,944	2,744	4,206	21.5	80 (34)	Baldwin	78-25-A	1,981		間接非自動制御 電磁空気単位SW			44.8×4 600V
12	クハ10	10	16,350	2,650	3,655	21.9	109 (62)	川崎車輌	TR26	1,800					
13	ハ1	1	9,440	2,680	3,570	8.3	67 (29)			4,260					
14	ハ2	2	9,246	2,622	3,525	7.3	65 (24)			3,650					

製造所 製番	製造年月 #認可 *竣功届	改造所	改造年月 #認可 *竣功届	改造内容	前所有	旧番号	廃車年月 (用途廃止)	備考
日車支店	S04.11	自社工場 東横車輌	S33.03 S37.08	車体改造 台車取替	江ノ島 鎌倉観光	115		武蔵中央電鉄 6→京王電鉄 6(S13.03)⇒江ノ島電鉄 115(S13.08)→江ノ島鎌倉観光 115(S24.08)⇒栃尾電鉄 ホハ23①(S32.03)→項目26参照
日車支店	S07.04							草軽電鉄 ホハ23⇒栃尾鉄道 ホハ23②(S35.07)⇒ 項目61参照
小島工業所	S06.08	自社工場	S35.01	電動車客車化改造		モハ204	S48.04	栃尾鉄道 キ6→キハ110(*S18.07)→モハ204(#S24.03)→ホハ24(S35.01)→廃車
松井車輌	S05.04					モハ202	S48.04	栃尾鉄道 キ5→キハ107(*S18.07)→モハ202(S23.04)→ホハ25(S35.09)→廃車
日車支店	S07.04	自社工場	S39.02	クロスシート ロングシート化改造	草軽電鉄	ホハ23	S50.04	草軽電鉄 ホハ23⇒栃尾鉄道 ホハ23(S35.07)→ホハ26 項目31参照
日車本店	#T04.06					モハ206	S47.05	石川鉄道 ナ3⇒栃尾鉄道 ロ13(T14.09)→ハ13→ホハ13①(S18.07)→キハ112(S19.--)→モハ206(S26.08)→ホハ27(S36.04)→廃車
日鉄自工	S16.05				草軽電鉄	モハ101		草軽電鉄 モハ101⇒栃尾電鉄 101(S36.11)→ホハ28(#S39.04)→項目29参照
日鉄自工	S16.05				草軽電鉄	モハ102		草軽電鉄 モハ102⇒栃尾電鉄 102(S36.11)→ホハ29(#S39.04)→項目30参照
加藤車輌	T10.08				小坂鉄道	ハ10	S44.11	丸岡鉄道 1？⇒小坂鉄道 ハ13(T09.03)→ハ10(S37.01)→越後交通 ホハ30(S37.09)→廃車
汽車支店	M40.06				小坂鉄道	ハ2	S40.10	小坂鉄道 ロハ2→ハ2→越後交通 ホハ31(S37.09)→廃車
汽車支店	M40.06				小坂鉄道	ハ5	S40.10	小坂鉄道 ハ5⇒越後交通 ホハ32(S37.09)→廃車
汽車支店	M42.12				小坂鉄道	ハ6	S40.10	小坂鉄道 ハ8→ハ6⇒越後交通 ホハ33(S37.09)→廃車
汽車支店	M42.12				小坂鉄道	ハ7	S42.01	小坂鉄道 ハ7⇒越後交通 ホハ34(S37.09)→廃車
汽車支店	M40.06				小坂鉄道	ハ8	S42.01	小坂鉄道 ロハ1→ハ8⇒越後交通 ホハ35(S37.09)→廃車
日車支店	S07.04				草軽電鉄	サハ305	S50.04	草軽電鉄 ホハ23⇒栃尾鉄道 ホハ23(S35.07)→ホハ26→サハ305(S45.10)→ホハ50(S47.04)→廃車

蒲原鉄道(1922.09.22設立)(1937.10.20開業)(1978.10.01ワンマン運転開始)(1985.04.01加茂～村松廃止)(1999.10.04村松～五泉廃止)

製造所 製番	製造年月 #認可 *竣功届	改造所	改造年月 #認可 *竣功届	改造内容	前所有	旧番号	廃車年月 (用途廃止)	備考
日車本店 56	#S05.04 S05.05	自社工場	#S37.08	ブレーキ動作弁変更A弁化		EL1	H11.10	蒲原鉄道 EL1→ED1(S27.10)→廃車
日車支店	S05.03					デ11	S60.06	蒲原鉄道 デ11→モハ11(S27.10)→廃車
日車支店	S05.03	西武所沢	S52.12	ワンマン化改造		デ12	S60.06	蒲原鉄道 デ12→モハ12(S27.10)→廃車
日車支店	T14.11	自社工場	#S27.12 S28.03	台車変更(デ1カラ流用)	名古屋鉄道	モ455	S54.01	各務原鉄道 K1-BE 5(T15.05)→名古屋鉄道 モ455(S16.--)⇒蒲原鉄道 デ101→モハ21(S27.10)→廃車
蒲田車輌	T12.07 #T12.10	東電工業 西武所沢 西武所沢 西武所沢	S27.10 S37.06 S52.10	車体新製 台車変更(デ101カラ流用) 車体不燃化工事・ 制御装置取替 ワンマン化改造		デ1	H11.10	蒲原鉄道 デ1→モハ31(S27.10)→廃車
日車支店	S05.03	東電工業 西武所沢 西武所沢	*S29.04 S38.06 S52.09	車体新製・ 台車変更(デ2カラ流用) 車体延長不燃化工事・ 制御装置取替 ワンマン化改造		デ13	H11.10	蒲原鉄道 デ13→モハ13(S27.10)→モハ41(*S29.04)→廃車
蒲田車輌	T12.07 #T12.10	自社工場	S29.04	モハ13車体流用		デ2	S60.06	蒲原鉄道 デ2→モハ1(S27.10)→モハ 51(S29.04)→廃車
日鉄自	#S15.03 S15.04	西武所沢 阪野工業 西武所沢	#S33.01 S46.04 S52.12	制御電動車化改造 制御装置取替 直接制御→ ワンマン化改造	西武鉄道	クハ1233	H11.10	武蔵野鉄道 クハ5856→西武鉄道 クハ1232(S23.06)→クハ1233(S29.07)⇒蒲原鉄道 モハ61(#S33.01)→廃車
日車支店	S02.01	西武所沢	#S33.07 S40.04 S52.10	制御電動車化改造 制御電動車化改造 ワンマン化改造	西武鉄道	クハ1211	H11.10	武蔵野鉄道 デハ1322→西武鉄道 モハ221(S23.06)→モハ215(S29.08)→クハ1211(S33.07)⇒蒲原鉄道 モハ71(S40.02)→廃車
日鉄自	S26.11	自社工場	S48.01	600V降圧工事 制動方式変更 AMM→SME	越後交通	モハ3002	S60.06	長岡鉄道 モハ3002(S26.11)→廃車(S44.09)⇒蒲原鉄道 モハ81(S47.12)→廃車
日車本店	T14.03	日車支店 西武所沢	S31.12 S40.02	木造車鋼体化改造 車体更新	山形交通	モハ106	S60.06	各務原鉄道 K1-BE 1(T15.05)→名古屋鉄道 モ451(S16.--)⇒山形交通 モハ106(#S22.10)→鋼体化(#S31.12)→廃車(S49.11)⇒蒲原鉄道 モハ91(S50.11)→廃車
川崎車輌	S10.09	西武所沢 西武所沢 自社工場	S25.07 S36.01 S53.05	制御車化改造 車体更新(不燃化工事)・ 乗務員扉設置 ワンマン化改造	国鉄	キハ41120	H11.10	鉄道省 キハ41120→廃車(S24.09)⇒蒲原鉄道 クハ10(#S25.05)→廃車
京浜車輌	S02.09 #S02.10	東電工業	S23.06	車体更新・荷物室撤去 (定員54人→)		サハ1	S53.09	蒲原鉄道 ハニ3→ハフ1(S23.11)→サハ1(S27.10)→ハ1(S32.09)→廃車
雨宮製作所	#S05.04 S05.05	自社工場	#S32.09	運転室撤去付随車化 (定員60人→)	国鉄	キハ4530	S53.09	阿南鉄道 キハ101→鉄道省買収 キハ4530(S17.03)⇒蒲原鉄道 クハ1(S17.12)→ハ2(S32.09)→廃車

頸城鉄道自動車車両諸元表（内燃機関車・気動車・客車）

本諸元表は昭和30（1955）年以降から昭和46（1971）年の旅客営業廃止まで在籍した車両を対象とする。

項目	形式	番号	車体寸法 最大長 mm	最大幅 mm	最大高 mm	自重（荷重）ton	軸配置定員（座席）	台車 製造所	形式	軸距 mm	主電動機 製造所	形式	連続出力（馬力）/回転数	変速機
1	DB8	DB81	5,185	2,100	2,826	8.0	B			1,565	東日本重工	DB5L	85/1,200	機械式
2	DC9	DC92	5,690	2,134	2,656	9.0	C			900 900	三菱日本重工	DB5L	85/1,200	機械式
3	DC12	DC123	5,500	2,125	2,700	12.0	C			900 900	振興造機	DMF13	120/1,500	機械式
4	ジ1	ジ1	5,099	2,032	2,927	2.1	20 (14)			1,829	いすゞ自動車	DG32	*90/2,800	機械式
5		ジ2	5,099	2,032	2,927	2.1	20 (14)			1,829	Ford	A	18/1,200	機械式
6	ホジ1	ホジ3	9,652	2,134	2,959	9.0	42 (24)	日車本店	野上式	1,270	いすゞ自動車	DA45	90/2,600	機械式
7	ホハ1	ホハ1	9,652	2,134	2,959	5.97	56 (36)	日車本店	野上式	1,270				
8		ホハ2	9,652	2,134	2,959	5.97	56 (36)	日車本店	野上式	1,270				
9		ホハ3	9,652	2,134	2,959	5.99	42 (32)	日車本店	野上式	1,270				
10		ホハ4	9,652	2,134	2,959	5.99	42 (32)	日車本店	野上式	1,270				
11		ホハ5	9,652	2,134	2,959	5.97	56 (36)	日車本店	野上式	1,270				
12	ハ1	ハ4	4,547	2,083	2,705	3.20	20 (20)			2,540				
13		ハ5①	4,547	2,083	2,705	3.20	20 (20)			2,540				
14	ハ2	ハ5②	5,770	2,080	2,960	3.20	20 (20)			2,540				
15		ハ6	5,770	2,080	2,960	3.20	20 (20)			2,540				
16	ニフ1	ニフ1	4,547	2,083	2,705	2.15 4.0				1,981				
17	ロキ1	ロキ1	5,782	2,134	2,737	5.5				2,134				
18	ラキ1	ラキ1	5,470	2,080	2,650	4.5				2,010				

参考文献

著者・監修　書名・記事名　雑誌名　巻数　発行所　発行年月
瀬古竜雄　栃尾鉄道 略記　もはゆに　13　東京鉄道同好会　1949/08
吉川文夫　新潟交通　急電　60 VOL.5　京都鉄道趣味同好会　1957/06
久保敏　国鉄気動車台帳車輌台帳 買収気動車　　JRC客車気動車部会　1957/10
沖中忠順　蒲原鉄道　急電　101 VOL.8　京都鉄道趣味同好会　1960/07
沖中忠順　長岡鉄道　急電　101 VOL.8　京都鉄道趣味同好会　1960/07
瀬古竜雄　新潟交通 私鉄車両めぐり　鉄道ピクトリアル　臨時増刊　電気車研究会　1960/12
高橋藤義　新潟交通だより　鉄道ファン　18　交友社　1962/02
小林宇一郎　頸城鉄道　私鉄車両めぐり　第5分冊　鉄道ピクトリアル　160　電気車研究会　1964/07
　　　　世界の鉄道 1966年版 日本の私鉄電車　　朝日新聞社　1965/09
　　　　世界の鉄道 1969年版 電気機関車　　朝日新聞社　1968/10
　　　　世界の鉄道 1971年版 各国の客車　　朝日新聞社　1970/10
　　　　世界の鉄道 1974年版 日本のローカル私鉄　　朝日新聞社　1973/10
　　　　日本の軽便鉄道　　立風書房　1974/07
　　　　日本民営鉄道車両形式図集 上編　　電気車研究会　1976/01
　　　　日本民営鉄道車両形式図集 下編　　電気車研究会　1976/05
阿部堅司・瀬古竜雄　新潟交通　鉄道ピクトリアル　431　電気車研究会　1984/
西武鉄道所沢車両工場　売却車両・修繕車一覧表　　1992/04
和久田康雄　私鉄史ハンドブック　　電気車研究会　1993/12
日本車両鉄道同好部　日車の車両史 図面集－戦前私鉄編 下　　鉄道資料保存会　1996/06
髙井薫平　軽便追想　　ネコ・パブリッシング　1997/04
岸由一郎　秋田中央交通沿革史　鉄道ピクトリアル　636　電気車研究会　1997/04
鈴木大地　新潟交通　鉄道ピクトリアル　652　電気車研究会　1998/04
斉藤幹雄　蒲原鉄道　鉄道ピクトリアル　652　電気車研究会　1998/04
諸川久・吉川文夫　総天然色のタイムマシーン　　ネコ・パブリッシング　1998/07

頸城鉄道(1913.04.06設立)(1914.10.01開業)(1926.08.07内燃動力併用認可)頸城鉄道自動車(1944.04.30改称)(1971.05.02廃止)

車両履歴									備考
製造所 製番	製造年月	#設計認可 *竣功届	改造所	改造年月 #認可年月 *竣功届	改造内容	前所有	旧番号	廃車年月 (用途廃止)	
協三工業 8002	S20.12	#S21.08	森製作所 協三工業	S27.06 S30.08	蒸気機関車ディゼル機関車化改造 台枠中央・逆転機取付位置変更		第3号③	S46.05	仙台鉄道 B82(#S21.08)→譲渡(S23.07)⇒頸城鉄道自動車 3③(S24.03)→DB81(S27.06)→廃車 #動輪間距離変更 1,220mm→
Koppel 7127	T03.04		協三工業	S29.12	蒸気機関車ディゼル機関車化改造		第1号	S46.05	頸城鉄道 1→DC92(S29.12)→廃車
日立笠戸 12135	S28.09		自社工場	S36.05	連結器位置変更	十勝鉄道	DC2	S46.05	十勝鉄道 DC2(#S29.01)→廃車(S34.11) ⇒頸城鉄道自動車 DC123(#S35.12)→廃車
丸山車輌	T15.09	#S01.08 *S01.09	自社工場	S29.06	ガソリン動車→ディゼル動車化改造 車体更新			S36.--	頸城鉄道 ジ1→廃車 #最大出力
丸山車輌	S02.07	*S02.07						S31.--	頸城鉄道 ジ2→廃車
日車本店	T03.07		自社工場	#S07.03 S26.10 S32.04	客車→ガソリン動車化改造 ガソリン動車→#ディゼル動車化改造 空気制動装置取付		ホトク1	S46.05	頸城鉄道 ホトク1(T03.7)→ホジ3(#S07.03)→廃車 #車体両端デッキ廃止・客室延長、運転台旧デッキ部移設
日車本店	T03.07		自社工場	S29.03	外羽目板鋼板張改造			S43.10	頸城鉄道 ホハ1→廃車
日車本店	T03.07								頸城鉄道 ホハ2→廃車
日車本店	T03.07								頸城鉄道 ホロハ2→ホハ5(S06.--)→ホハ3(S13.12)→廃車
日車本店	T03.07		自社工場	S29.02	外羽目板鋼板張改造			S43.10	頸城鉄道 ホロハ1→ホハ4(S06.--)→廃車
日車本店	T03.07		自社工場	S29.12	外羽目板鋼板張改造				頸城鉄道 ホハ3→ホジ4(S13.12)→ホハ5(S27.05)→廃車
平岡工場	M27.--		自社工場	S27.01 S29.04	輪軸距変更 外羽目板鋼板張改造	魚沼鉄道			青梅鉄道⇒魚沼鉄道⇒頸城鉄道 ハ4(T08.03)→　項目15参照
平岡工場	M27.--		自社工場	S27.01	デッキ取付・固定輪軸距変更	魚沼鉄道			青梅鉄道⇒魚沼鉄道⇒頸城鉄道 ハ5(T08.03)→　項目14参照
平岡工場	M27.--					魚沼鉄道			青梅鉄道⇒魚沼鉄道⇒頸城鉄道 ハ5①(T08.03)→#3ハ5②(S27.01) →廃車 #3[M44.-- 新潟鉄工 魚沼鉄道 ハ2⇒鉄道省買収 ケハ370(T11.06)
#4自社工場	S28.05								#4[M44.-- 新潟鉄工 魚沼鉄道 ロハ1→ハ5⇒鉄道省買収 (T11.06) →廃車]
平岡工場	M27.--		自社工場	S33.11	車種変更(客車→荷物車)	魚沼鉄道		S43.10	青梅鉄道⇒魚沼鉄道⇒頸城鉄道 ハ4(T08.03)→ニフ1(S33.11)→廃車
#5自社工場	S27.05								頸城鉄道 ロキ1 #5[T02.08 日車本店 頸城鉄道 ワ12→]
#6自社工場	S26.10								頸城鉄道 ラキ1(#S26.08) #6[青梅鉄道⇒魚沼鉄道 ウ4(M44.03) ⇒鉄道省買収 ケワ1523(T11.06)→ケワ153 ⇒頸城鉄道 ケワ153(#S24.09)]

岡田誠一　キハ41001とその一族 下　RM LIBRARY　2　ネコ・パブリッシング　1999/09
関田克孝・宮田道一　東急碑文谷工場物語　RM LIBRARY　6　ネコ・パブリッシング　2000/01
日本車輌鉄道同好部　日車の車両史 写真・図面集－台車編　鉄道資料保存会　2000/02
田尻弘行・阿部一紀・亀井秀夫　買収国電(社形の電車たち)　鉄道ピクトリアル　臨時増刊　電気車研究会　2000/04
吉川文夫　電車に化けた気動車のはなし　鉄道ファン　468　交友社　2000/04
寺田裕一　ローカル私鉄車輌20年　東日本編　キャンブックス　JTB出版事業局　2001/10
西尾恵介　所沢車輌工場ものがたり　RM LIBRARY　30　ネコ・パブリッシング　2002/01
湯口徹　私鉄紀行 北陸道点と線 上　レイル　45　エリエイ　2003/07
寺田裕一　私鉄廃線25年　JTB出版事業局　2003/11
西尾恵介　所沢車輌工場ものがたり　RM LIBRARY　31　ネコ・パブリッシング　2002/02
湯口徹　内燃動車発達史 上　ネコ・パブリッシング　2005/01
湯口徹　内燃動車発達史 下　ネコ・パブリッシング　2005/08
寺田裕一　ローカル私鉄廃線跡探訪3 甲信越・東海・北陸 消えた轍　3　ネコ・パブリッシング　2006/08
湯口徹　戦後生まれの私鉄機械式気動車 上　RM LIBRARY　87　ネコ・パブリッシング　2006/11
湯口徹　戦後生まれの私鉄機械式気動車 下　RM LIBRARY　88　ネコ・パブリッシング　2006/12
寺田裕一　ローカル私鉄廃線跡探訪4 近畿・中国・四国・九州 消えた轍　ネコ・パブリッシング　2007/04
澤内一晃　凸型電気機関車の系譜　鉄道ピクトリアル　859　電気車研究会　2012/02
梅村正明　頸城鉄道　RM LIBRARY　77　ネコ・パブリッシング　2013/10
沖田祐作　機関車表 フル・コンプリート版　ネコ・パブリッシング　2014/02
和久田康雄　私鉄史研究資料　電気車研究会　2014/04
澤内一晃　東洋型箱型電機の研究　鉄道ピクトリアル　899　電気車研究会　2015/01
寺田裕一　新潟交通電車線(上)　RM LIBRARY　203　ネコ・パブリッシング　2016/07
寺田裕一　新潟交通電車線(下)　RM LIBRARY　204　ネコ・パブリッシング　2016/78
いのうえこーいち　草軽電鉄＋栃尾電鉄　こー企画　2021/10
新井清彦　軽便探訪　機芸出版社　2022/05
今尾恵介　日本鉄道旅行地図帳6号北信越　新潮社　2008/10
頸城自動車発行　「頸城自動車80年史」　平成5年発行

【著者プロフィール】
髙井薫平（たかいくんぺい）
1937年生まれ、1960年慶応義塾大学卒。地方私鉄巡りは1953年の静岡鉄道駿遠線が最初だった。鉄研活動は中学からだが当時は模型専門。
高校に進学以来、鉄道研究会に属して今日に至る。1961年刊行の朝日新聞社刊「世界の鉄道」創刊号以来の編集メンバー。1960年から鉄道車
両部品メーカーに勤務、日本鉄道工業会理事、車輛輸出組合（現ＪＯＲＳＡ）監事、会社退任後は鉄道趣味に本格復帰し現在は鉄道友の会参与、
著書に「軽便追想（ネコ・パブリッシング）」、RMライブラリーで『東野鉄道』『上武鉄道』『福島交通軌道線』『弘南鉄道』（ネコ・パブリッシング）、
『小型蒸気機関車全記録』（講談社）など。

【執筆・編集協力者の紹介】
矢崎康雄（やざきやすお）
1971年卒、学生時代から聞けば何でも知っている重宝な人。都電とともに幼少期を過ごし、どちらかといえば、市電ファンで、ヨーロッパのほ
とんどの都市にトラムを見に行った。かつて鉄研三田会が編集した「世界の鉄道」（朝日新聞社）では、外国の部分の解説をほとんど１人で担
当した。本書では「カラーページ」「ことば解説」「時刻表」「地図」などを担当してもらった。

亀井秀夫（かめいひでお）
1973年卒、学生時代から私鉄ファンで、とくに車両データや車両史に詳しい。鉄道車両部品メーカーに勤務し、営業・企画を長く担当した。今
回は最終校閲、時代考証、車両来歴確認などをお願いしたほか、この本の巻末の諸元表作成に相当の知力を発揮している。朝日新聞の「世界
の鉄道」でも諸元表まとめの主要メンバーであった。現在、鉄道友の会理事（業務担当）、（一社）鉄道車両工業会参与を務める。

佐竹雅之（さたけまさゆき）
2007年卒、Nゲージで主に地方鉄道の鉄道模型製作を嗜んでいる。最近では３Ｄプリントを駆使して、市販されていない車両の作成にも取り
組んでいる。主に鉄道車両史に詳しく、原稿の第一校閲者のほか、保存車両のページの作成や一部のキャプション作成を担当。

【写真をご提供いただいた方々（50音順）】
Ｊ.Wally Higgins（名古屋レール・アーカイブス所蔵）、荒井 稔、今井啓輔、梅村正明、大賀寿郎、大野眞一、荻原二郎、荻原俊夫、亀井秀夫、
小池陽一、佐竹雅之、佐藤嘉春、隅田 衷、園田正雄、高橋慎一郎、田尻弘行、田中信吾、田中義人、千葉健太、西川和夫、矢崎康雄、安田就視、
湯口 徹、頸城自動車株式会社

【絵葉書提供】
白土貞夫

【乗車券などの提供と解説】
堀川正弘

【資料協力】
内田隆夫、大幡哲海、木村和男、小山明、澤内一晃、杉行夫、登山昭彦、服部朗宏

昭和30年代〜50年代の地方私鉄を歩く 第14巻
甲信越の私鉄(3)
新潟県の私鉄

2022年 12月 10日　第1刷発行

著　者……………………髙井薫平
発行人……………………高山和彦
発行所……………………株式会社フォト・パブリッシング
　　　　　　　　　　　　〒161-0032　東京都新宿区中落合 2-12-26
　　　　　　　　　　　　TEL.03-6914-0121 FAX.03-5955-8101
発売元……………………株式会社メディアパル（共同出版者・流通責任者）
　　　　　　　　　　　　〒162-8710　東京都新宿区東五軒町 6-24
　　　　　　　　　　　　TEL.03-5261-1171 FAX.03-3235-4645
デザイン・DTP ………柏倉栄治（装丁・本文とも）
印刷所……………………株式会社シナノパブリッシングプレス

ISBN978-4-8021-3367-8 C0026

ピンとくる仕事や先輩を見つけたら、巻末のワークシートを記入用に何枚かコピーして、
手もとに置きながら読み進めてみましょう。

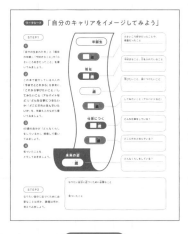

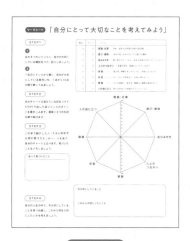

ワークシート　「自分のキャリアをイメージしてみよう」　「自分にとって大切なことを考えてみよう」　**ワークシート**

このワークシートは、自分の未来を想像しながら、
自分が今いる場所を確認するための、強力なツールです。

STEP1から順にこのワークに取り組むと、
「自分の得意なこと」や「大切にしていること」が明確になり、
思わぬ気づきがあるでしょう。

そして、気づいたことや思いついたことは、
何でもメモする習慣をつけるようにしてみてください。

迷ったとき、くじけそうなとき、記入したワークシートやメモをふりかえれば、
きっと、本来の自分を取り戻し、新たな気持ちで前へと進んでいけるでしょう。

さあ、わくわくしながら、自分の未来を想像する旅に出かけましょう。

ボンボヤージュ、よい旅を！

ジブン未来図鑑編集部

ジブン未来図鑑

キャラクター紹介

「自然が好き！」
「子どもが好き！」「動物が好き！」

メインキャラクター

アンナ
ANNA

ムードメーカー。友達が多い。
楽観的だけど心配性。

「助けるのが好き！」
「スポーツが好き！」「食べるのが好き！」

メインキャラクター

ケンタ
KENTA

「ホラーが好き！」
「医療が好き！」「おしゃれが好き！」

メインキャラクター

ユウ
YŪ

人見知り。ミステリアス。
独特のセンスを持っている。

「アートが好き！」
「アニメが好き！」「演じるのが好き！」

メインキャラクター

カレン
KAREN

リーダー気質。競争心が強い。
身体を動かすのが好き。

参謀タイプ。世話好き。
怒るとこわい。食べるのが好き。

「旅が好き！」
「宇宙が好き！」「デジタルが好き！」

メインキャラクター

ダイキ
DAIKI

ゲームが得意。アイドルが好き。
集中力がある。

職場体験完全ガイド＋

ジブン未来図鑑

JIBUN MIRAI ZUKAN

11

助けるのが好き!

警察官　　消防官　　臨床心理士　　介護福祉士

CONTENTS
ジブン未来図鑑 職場体験完全ガイド＋

MIRAI ZUKAN 03

MIRAI ZUKAN 04

ジブン未来図鑑 番外編

POLICE OFFICER

警察官

なるためには
資格が
必要なの？

専門の学校に
通う必要が
あるの？

体が
丈夫じゃないと
なれない？

警察官はみんな
白バイに
乗れるの？

警察官ってどんなお仕事？

警察官は、人々の安全や治安を守るのが仕事です。警察には、国の警察機関である警察庁と、都道府県単位の警察があります。警察庁が各地の警察を指導する国の行政機関であるのに対し、現場で仕事にあたるのが各都道府県に置かれている警察本部です。警察本部の組織は自治体によって少しずつ異なりますが、主な部門には、交番業務や地域のパトロールを行う「地域部」、交通違反の取り締まりや交通安全指導を行う「交通部」、犯罪の捜査・取り調べを行う「刑事部」、防犯活動や少年犯罪を担当する「生活安全部」、災害救助活動を行う「警備部」、組織全体の事務を担当する「総務部」などがあります。多様化する犯罪に対応するため、知識やスキルの向上がもとめられます。

給与
（※目安）

25万円
くらい〜

警視庁Ⅰ類採用者の初任給で、一般の公務員より高めです。勤務成績や年数、昇任により昇給し、地域手当のほか、期末・勤勉などの手当も充実しています。

※既刊シリーズの取材・調査に基づく

警察官に なるために

ステップ 1

各都道府県の警察官 採用試験に合格

試験は、警視庁（東京都の警察）ではⅠ類（大卒程度）、Ⅲ類（高卒程度）に分けて行われる。

ステップ 2

全寮制の警察学校に 入校し研修を受ける

Ⅰ類は6か月、Ⅲ類は10か月学び、必要な知識と技能、体力、正義感などを身につける。

ステップ 3

各都道府県の 警察署に配属

警察官となり、大多数は、各警察署の地域部に配属され、交番勤務からはじまる。

こんな人が向いている！

正義感がある。

責任感が強い。

体力がある。

人助けが好き。

チームワークを大切にする。

もっと知りたい

警察官になるために必須の資格はありませんが、採用試験を受ける際に申請すると、有利になる資格や経歴があります。英語検定やTOEIC、TOEFL、ITパスポート、スポーツの段位などの資格は、積極的に取得しておくとよいでしょう。

警察官
大竹麻未さんの仕事

自分自身の安全にも気を配りながら、交通違反をした人に対して冷静に対応します。

交通違反の車両を追い
違反者に冷静に対応する

　大竹麻未さんは、警視庁第八方面交通機動隊の第一中隊に所属する白バイ隊員です。第八方面交通機動隊は、東京23区以外の多摩地区東部を管轄し、交通事故を未然にふせぐための交通違反の取り締まりや安全指導、交通事故の取りあつかいなどを行っています。大竹さんは、20人ほどが在籍する第一中隊のなかの第二小隊で班長をまかされています。

　勤務は交代制で、日勤の場合、大竹さんは午前と午後の2回、警ら（交通違反を取り締まるための見回り）に出ます。中隊長から、事故が多い地点や事故が起こった場所など、その日はどこに重点を置いて取り締まりを行うか指示があるので、大竹さんたちは、指示にしたがって警らにあたる地区を分担して回ります。

　大竹さんは、警らに行く第二小隊のメンバーと、白バイで隊庭とよばれる訓練場に出ると、まず準備体操を行って体調をチェックし、白バイの点検を行います。点検では、赤色灯やブレーキランプが点灯するか、サイレンやマイクが正確に作動するかなどをチェックします。体調の確認や車両の点検は、隊員自らの事故を

ふせぐためにも欠かせない作業です。

　車両点検が終わると、慣らし運転といって、ウォーミングアップのためにバイクを走らせ、体を慣らしながら車両の状態を確認します。大竹さんは班長として、先頭でまっすぐ走る、曲がる、急停止、コーンの間を走るなど、確認する走行を頭の中で組み立てながら走り、ほかの隊員は後ろについて同じ走りをします。

　準備が整ったら、大竹さんたちはそれぞれの担当地区に向けて警ら（けいら）に出動します。前後左右の安全を確認して公道に出ると、周囲に目を配りながら走行します。スピード違反など、違反対象の車両を発見したら、ひと呼吸おいて赤色灯を回し、サイレンを鳴らして周囲に白バイの走行を知らせながら追いかけます。車両の後ろにつくと、安全に止まるよう誘導して車両を停止させます。大竹さんも白バイを止めると、周囲の交通状況などに気を配りながら運転手に声をかけます。

　違反車両を追跡するときは、赤信号を緊急走行で通過する場合もあります。大竹さんは周囲の状況に合わせて、事故防止を第一に考えて追跡します。また、運転手に話しかけるときも、相手が動揺していたり、おこっていたりすることがあるので、相手の気持ちに寄りそい、わかりやすくていねいに説明することを心がけています。

　警らを終えてもどると、交通切符の処理や活動記録

警らに出動する前に白バイの搭載機器の点検を行い、警らからもどると、よごれをふいて次の警らにそなえます。

等間隔に置かれたコーンの間をぬうように走る訓練です。自らの事故防止のためにも訓練が欠かせません。

をつける事務作業もします。また、夜間や雨天時にはパトカーによる警ら活動も行っています。

危険ととなり合わせだからこそ安全に運転する技術を身につける

　白バイ隊員の仕事はつねに危険ととなり合わせです。一瞬の判断のあやまりや、車両の操作ミスが自らの事故にもつながってしまいます。そのため、大竹さんたち白バイ隊員は、通常の勤務とは別にさまざまな運転技術を上げる訓練を行っています。

　訓練の日は防具をつけて訓練専用の白バイに乗り、専門の係の指導を受けます。主な訓練として、コーンの間をぬうように走行する訓練や、幅が30センチメートルほどの一本橋を低速で走行してバランス感覚を養う訓練、8の字に走行しながら、走る、曲がる、止まるの操作をスムーズに正確に行う訓練などがあります。こうした訓練では、精神力もきたえられます。

　このように、人々の安全を守るとともに自分自身の身も守るため、日々訓練を重ね、運転技術と精神力を向上させています。また、大竹さんは、運転技術を競う警視庁白バイ安全運転競技大会に選ばれて出場したこともあります。大会への出場はきびしい訓練を乗り越えるはげみになっています。

大竹麻未さんの1日

日勤の日に、交通事故を防止するため警らに出たり、車両整備をしたりする1日を見てみましょう。

8:30

＊4班に分かれ、「日勤、夜勤、非番（夜勤明け）、休み」をローテーションする4交替制で、24時間地域の安全を守っています。

中隊長から取り締まりの重点地区などの指示を受け、拳銃や無線機などの装備品を身につけます。

6:00
起床・朝食

8:30
出勤・準備

23:00
就寝

18:30
帰宅・夕食

帰宅後、筋トレをしてから入浴し、夕食をつくります。食事は野菜を中心にバランスよくとります。

17:15

9:00

白バイで隊庭に出ると、準備体操や車両点検をしてから、慣らし運転で体と車両を慣らします。

9:00
準備体操・慣らし運転

交通事故を防止するため交通違反の取り締まりに出ます。違反車両を発見したら迅速に対応します。

9:30
警らに出る

昼食時間は隊員ごとにバラバラになりがちですが、集まったときは、談笑しながらくつろぎます。

12:00
昼食

17:15
中隊長の指示を聞く

15:30
車両整備

13:00
警らに出る

その日の警ら活動への評価など、中隊長からの指示を聞いたあと、着替えをして帰宅します。

白バイのよごれをふき、損傷や機器の異状をチェックして、取り締まりの報告書を作成します。

再度、準備体操、車両点検を行ったあと、午後の警ら活動に出動します。

15:30　13:00　12:00

INTERVIEW インタビュー

大竹麻未さんをもっと

白バイ隊員になろうと思ったきっかけを教えてください

小学1年生のころ、テレビの刑事ドラマを見て、交番で人助けのためにはたらく「おまわりさん」にあこがれをもちました。子どものころは警察官という職業名ではなく、やはりおまわりさんというよび方のほうが身近でした。中学から高校、大学とソフトボール一筋にすごしましたが、学生時代を通じて警察官になりたいという夢はずっとわたしのなかにあって、大学4年のときに警察官採用試験を受け、合格しました。そして、警察学校で研修を受けたあとに配置された警察署で白バイ隊員を間近に見て、そのかっこよさにひきつけられたのです。それまでも、箱根駅伝の交通対策に従事する白バイ隊員の姿にあこがれていましたが、実際に警察署で勤務をするなかで、わたしも白バイ隊員になりたいと強く思うようになりました。

白バイ隊員になるために努力したことはありますか?

志願すればだれでも白バイ隊員になれるというわけではありません。警察官になり、交通機動隊の白バイ隊員として仕事をするまでには、さまざまな努力が必要です。まず、白バイに乗る資格を得るために講習(訓練)を受けるのですが、その講習を受けるための試験があり、その試験を受けるには配属された部署の上司

の推薦が必要です。そのため、日々の仕事を1つ1つしっかり行い、評価を得られるようがんばりました。

受験資格を得て、たおれた白バイを起こすなどの試験に合格すると、2か月間の講習を受け、さらに修了試験に合格してようやく白バイに乗る資格が得られます。不合格だった場合、白バイ隊員には適さないということで、もとの部署にもどされてしまうのです。講習での訓練は、体力トレーニングをはじめ、白バイの乗車訓練、運転訓練など、かなりきびしい内容でしたが、必死についていって、合格することができました。

ただし合格してもすぐに白バイ隊員になれるわけではありません。しばらく交通課で勤務し、そこでさまざまな経験を積みます。交通課員としての勤務を評価され、希望する交通機動隊に推薦されて、ようやく晴れて白バイ隊員として活動できるようになりました。

この仕事でやりがいを感じるのはどんなときですか?

交通違反の取り締まりや、街頭での仕事のなかで、地域住民の方から「がんばって」「いつもありがとう」というようなはげましや感謝の言葉をかけていただいたときはうれしいですし、やりがいを感じます。また、要請を受けて安全キャンペーンなどに参加したときに、子どもたちが交通ルールをきちんと守っている様子を見ると、安全な社会の実現に貢献する仕事にたずさわっていることをあらためて誇りに思います。

知りたい

仕事をするうえで、どんなことを心がけていますか？

緊急要請で、悲惨な交通事故現場に行くことがあります。そこではとても胸が痛むと同時に、こうした事故を未然にふせぐために、危険な運転を絶対に見のがしてはいけないという思いを新たにします。そのために、日ごろから体調をしっかり管理することはもちろん、車両の点検・整備をきちんと行い、準備を万全にして出動できるように心がけています。

交通違反をした運転手には、事故防止のために運転のどこが危険だったかを理解してもらわないといけません。どんな場面でも冷静に相手の理解を得られる説明をすることを第一に考えています。

ケンタからの質問

運動が苦手なんですが白バイ隊員になれますか？

たしかに、白バイ隊員の仕事はハードで、体力がなくてはつとまりません。しかし、運動が苦手でも、自分でトレーニングをすれば、必要な体力や筋力をつけることができます。大切なのは、交通事故を減らし、安全な交通社会をつくろうという高い志をもち続けることです。そうすれば、きびしい訓練も乗り越えられ、白バイ隊員への道が開けると思います。

わたしの仕事道具

白バイ

白バイ隊員には、1台ずつ専用の車両が貸与されます。赤色灯やサイレン、無線通話装置などが搭載された1300ccの大型バイクです。重さは300キログラムあり、車両がたおれても起こす腕力、筋力が必要です。

教えてください！

警察官の未来はどうなっていますか？

AIが発達し、警察官の仕事内容によっては機械が人間に代わってはたらくようになっているでしょう。でも、交通違反の取り締まりなど、人とかかわることで成り立つ仕事は変わらず残っていくと思います。

みなさんへのメッセージ

いろいろなことに興味をもち、多くの経験を積んで、一日一日を大切に充実した日々を送ってもらいたいです。夢をもち、目標に向かってくじけずに努力を続けていれば、その夢は必ずかなうと思います。

大竹麻未さんの今までとこれから

プロフィール

1991年、福島県生まれ。2014年3月国士舘大学体育学部体育学科を卒業し、同年4月警察学校に入校。卒業後は東京都の葛西警察署に配属され、白バイ隊員をめざして養成講習を受けます。2017年に警察署の白バイ乗務員となり、2019年から第八方面交通機動隊に勤務しています。

1991年誕生

テレビドラマを見て、人助けをする交番のおまわりさんにあこがれ、将来は警察官になりたいと思う。

6歳

小学3年生のときに兄の影響でソフトボールをはじめる。中学、高校時代はソフトボール部に入部し、日々練習にはげむ。

9歳

大学でもソフトボールを続ける。3年生のときに警察官になるための勉強をはじめる。

18歳

22歳

今につながる転機

警察学校卒業後、葛西警察署に配置され、交番勤務。白バイ隊員と一緒に仕事をするうち、あこがれをもち、白バイ隊員になろうと決意。

警視庁 警察官採用試験を受験し、合格。警察学校に入校して法律などの知識や拳銃のあつかいなどの技能の勉強のほか、職場実習も体験する。

23歳

葛西警察署交通課での勤務実績が認められ、上司の推薦を受けて、第八方面交通機動隊に配置がえとなる。

葛西警察署交通課の幹部の推薦があり、白バイ乗務員養成講習を受ける。修了試験に合格し、葛西警察署交通課で白バイ乗務員として勤務。

26歳

28歳

現在

第八方面交通機動隊の白バイ隊員として活躍。前年に巡査部長の昇任試験を受けて合格し、班長としてチームのメンバーから信頼されている。

32歳

未来

75歳

白バイ隊員として安全な交通社会の維持のためにできるだけ長くはたらきたい。退職後は都会をはなれ、田舎でのんびりくらしたい。

大竹麻未さんがくらしのなかで大切に思うこと

中学1年のころ **▬▬**
現在 **▬**

勉強・仕事

遊び・趣味

プライベートでも運転が好きで、最近念願のマイカーを購入し、行動範囲が広がりました。

人の役に立つ

大竹さんは、友人や同僚とドライブに出かけ、気持ちをリフレッシュさせているそうです。

健康

自分みがき

お金

人とのつながり

家族

福島に帰省したときには、仲よしの母と温泉旅行に出かけるのが楽しみです。

警察学校で習得した合気道では腕前を上げ、警視庁内の大会で優勝した経験もあります。

大竹麻未さんが考えていること

地域の人たちを危険から守るため
日々、自分をみがいていきたい

　わたしは警視庁警察官の白バイ隊員として、誇りと使命感をもって仕事に取り組んでいます。そして地域の人たちを危険から守り、安心して生活してもらえるよう、どのような状況でも住民を助ける警察官でありたいと思っています。そのためには警察官としての自覚が必要です。睡眠、休養、栄養をしっかりとって心身ともに健康であるように心がける、事件や事故の捜査に必要な法令の知識を学ぶ、自分自身のけがをふせぐために体力、筋力をきたえるなど、日々の「自分みがき」を大事にしています。

　また、仕事で力を発揮するためにはプライベートを充実させることも大切です。家族や友人、上司、同僚など、公私ともに支えてくれる人たちに感謝を忘れず、よりよい人間関係を築きながら、目標に向かって支え合って生きていきたいと思っています。

FIREFIGHTER

消防官
しょうぼうかん

炎の近くに
行っても
熱くないの？
ほのお

？

どんな訓練を
しているの？

？

乗るのは
消防車だけ？
しょうぼうしゃ

？

消防署で
ずっと待機
しているの？
しょうぼうしょ

？

消防官ってどんなお仕事？

消防官は、各地域の消防署に勤務している地方公務員です。その仕事は大きく4つに分けられます。まず、火事が起きたときに火を消す「消火」。急病人やけが人の応急処置を行い、病院へと運ぶ「救急」。災害や事故現場で、逃げおくれた人や、閉じ込められた人を助ける「救助」。そして、火災を発生させない、火災の損害を最小限にする「予防」です。消防官は人の命にかかわる機会が多い仕事です。火災現場や災害現場など、時には自ら危険な現場に入っていかなくてはいけないときもあります。体力はもちろん、現場で正確な判断をくだすことができる冷静さや臨機応変さ、そして、どんな状況でもあきらめない強い責任感がもとめられます。

給与
（※目安）

21万円
くらい〜

採用試験には種類があり、合格した試験の内容や、勤務先の自治体によって金額に差があります。また、勤務年数が増えると、給与が上がっていきます。

※既刊シリーズの取材・調査に基づく

（ 消防官に なるために ）

 ステップ 1
各自治体の 採用試験に合格する
各自治体の採用試験に合格すると採用されます。学歴に応じて試験の区分が分かれています。

 ステップ 2
消防学校で消防の 知識や技術を学ぶ
消防学校に入校し、約半年間、消防官になるために必要な知識や技術を学びます。

 ステップ 3
消防署に配属されて 消防官に
各自治体の消防署に配属され、業務にあたります。

こんな人が向いている！

人の役に立つのが好き。

体を動かすのが好き。

責任感がある。

臨機応変さがある。

どんなときもあきらめない。

もっと知りたい

消防官の採用試験はそれぞれの自治体によって異なります。試験には、基礎的な学力を問われる筆記試験や身体検査、体力検査があります。年齢や最終学歴によって試験の種類がちがい、法律や土木などの専門知識をもった人向けの試験もあります。

消防官
川添七海さんの仕事

消防車を使った放水訓練で、署内に建つマンションに見立てた建物を使い、想定された出火元にホースの水を当てる訓練です。

人の命を救うために
準備と訓練を日々積み重ねる

　川添七海さんは、岐阜県大垣市の大垣消防組合・中消防署に勤務している消防官です。火事や救急など、さまざまな緊急事態にそなえられるよう、勤務の日は消防署で24時間待機しています。119番通報が入り、署に出動指令が来ると、どこでどんなことが起こっているのかを確認し、消防車や救急車に乗り込んで、火事や事故、災害の現場へとかけつけるのです。

　中消防署の場合は、年度ごとに、消防係、予防係、救急係など、担当する業務が割り当てられます。そして、だれがどの車両に乗っていくかなど、現場での役割や任務は、日によって決められているのです。川添さんも、担当業務や、日ごとに決められた任務に合わせて仕事をしています。

　川添さんが朝一番に行う仕事は、消防車や救急車などの緊急車両の点検です。エンジンやブレーキ、ランプなどが正常に動くか、車両にのせている資機材が正しい位置にあるかなど、同じ車両に乗るメンバーと一緒に確認していきます。これを一次点検とよびます。また、朝礼後には、はしご車のはしごをのばしたり、

救助工作車のクレーンなどの動作をたしかめたり、より大がかりな車両点検を行っています。これを二次点検といいます。

　川添さんの仕事は、人の命にかかわる仕事です。出動指令が出たら、1分でも早く現場に向かわなくてはなりません。場合にもよりますが、指令から出動までにかかる時間は平均1分〜1分半です。短い時間で出動するためには、日ごろからすぐに出発できるような訓練や工夫、車両や道具の点検や準備が欠かせません。たとえば、火災のときに消防官の身を守ってくれる防火衣は、日々すばやく着る訓練をしています。防火衣の重さは約10キログラムもあり、空気ボンベやヘルメットなども身につける必要があります。川添さんは、全体で25〜30キログラムにもなる装備をすばやく身につけ、出動できるように日々きたえているのです。

　また、川添さんは事故や火災、災害などさまざまな場面を想定した訓練を毎日行っています。たとえば、事故で車の中に閉じ込められた人を専用の救助器具を使って助け出す、心肺停止状態の人を救急車に乗せて心臓マッサージや蘇生のための器具を使うなど、訓練にはたくさんの種類があります。こうした日々の訓練で正しい知識を学び、体で動きを覚えることで、川添さんは実際の現場でも臨機応変に判断して対応することができるのです。

消防車の車両点検は毎日行います。こうした細かな点検を日々行っておくことで、スムーズに出動することができます。

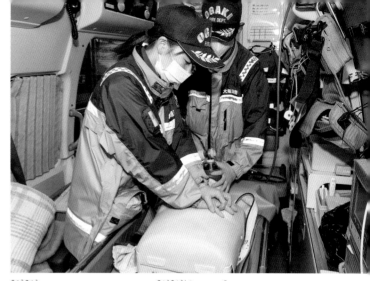

救急の訓練で、同じ隊のメンバーと救急車に乗り込み、訓練用人形に心臓マッサージを実施する訓練をしています。

隊で協力して消火にあたり火事をふせぐために全力を注ぐ

　火災現場では、消火活動の指揮をとる隊長の指示にしたがって活動します。川添さんは、隊の仲間と協力して、逃げおくれた人がいないか、まわりに火が移らないようにどうやって火を消していけばいいのかなどを見きわめ、臨機応変に消火にあたります。

　火は消えたように見えてもまた燃え上がることがあるため、完全に火が消えたことを確認するまでは現場をはなれません。鎮火後は、出火の原因を調べることも大事な仕事です。調査が終わると、火事の状況を書類にまとめて報告します。

　また、川添さんは火災をあらかじめふせぐための予防業務にもたずさわっています。住宅やビルなどの建物を建てるときには、火災を起こさないために守らなくてはならない、法律（消防法）で決められたルールがあります。消防署では、ルールにもとづき、建築予定の建物に消防設備がきちんと設置されているかの審査や、設備点検をした書類の確認などをしています。定期的な立ち入り検査なども行っており、毎日たくさんの書類が消防署にとどきます。こうした書類の確認や審査なども、川添さんの大切な仕事の1つです。

8:40

NANAMI'S 1DAY

川添七海
さんの
1日

川添さんは、3日に1回24時間続けて消防署で勤務しています。勤務日の1日を見てみましょう。

＊交替勤務者の1回の勤務時間は24時間です。勤務の翌日は非番（よび出しがあれば対応）、次の日は休みになります。

出勤して前日から勤務している隊員と交替し、前日の業務内容を聞いて引き継ぎをします。勤務を交替したらすぐ、緊急車両の点検を行います。

6:30 起床・朝食　**8:30** 勤務開始　**8:40** 車両点検（一次）

9:30 帰宅　**8:30** 勤務終了　**8:00** 引き継ぎ

8時半に勤務を終えて帰宅。生活時間が不規則にならないよう、夜まで寝ないようにしています。

9:00 　 9:30 　 13:00

前日までにあった仕事の引き継ぎを聞いて、その日のスケジュールなどを確認します。

はしご車や救助工作車のクレーンなどが正しく動くか、それぞれ動かしながら点検を行います。

消防車や救急車にのせている資機材が、正しい場所に必要な数で用意されているか確認します。

消防署のなかに食堂があります。隊員の全員が食堂を利用して昼食をとり、休憩をします。

9:00
朝礼

9:30
車両点検（二次）

10:00
資機材点検

12:15
昼食

20:30
夜休憩

19:30
事務処理

18:30
夕礼

17:15
夕食・休憩

13:00
訓練

トレーニングや入浴、仮眠室で休憩をとるための時間です。緊急の出動にもそなえています。

予防業務に関係する事務処理をします。出動があった場合は出動内容の報告書をつくります。

その日のなかで、消防係、救急係、予防係のそれぞれが行った業務の内容を報告します。

この日は、自動車事故で車内に閉じ込められた人の救助を想定したレスキュー訓練を行いました。

8:00 　 20:30 　 19:30

INTERVIEW インタビュー

川添七海さんをもっと

消防官をめざしたきっかけは何ですか?

中高生になると、自分の進路を意識する機会が増えると思います。わたしもそのころに、自分の将来を考えるようになり、最初に意識したのが消防官という仕事でした。火災や救急などで、人を助ける消防官の仕事にかっこよさを感じたのです。もともと、小学生のときから、海上保安官をえがいたドラマ『海猿』や、仮面ライダーが好きだったので、困っている人を助けるヒーローの姿にあこがれていたのだと思います。

消防官になるためにはどんなことが必要ですか?

勉強と体力づくりが大切だと思います。消防官と聞くと、体力が重要だと思う人が多いかもしれませんが、消防官の試験は体力だけでなく、国語、数学、理科、英語、社会といった一般教養の科目もあるんです。また、出動時の報告書や予防業務の書類確認など、意外と事務処理が多い仕事でもあるので、子どものころからきちんと勉強をしておくことは大切だと思います。

それと、体や健康に気を使うことも大事です。じつは、わたしは消防官の試験に1度落ちています。高校3年生のときにけがをしてしまい、試験に合格しても、そのあとに通う消防学校を卒業できない可能性があったので、その年は不合格になってしまいました。

体力づくりでがんばったことや苦労したことなどはありますか?

わたしは小学校・中学校・高校とサッカーをやっていました。特に高校は、スポーツで有名な学校で、部活動の内容もとてもきびしいものでした。走り込みが本当にきつかったです。でも、両親に無理をいって通わせてもらっていましたし、辞めるわけにはいかないと思って続けていました。

あまりに部活がきびしかったので、消防官の体力試験や訓練で苦労は感じませんでしたね。

これまでの出動経験で印象に残っていることはありますか?

消防官1年目のときに、工場火災が起こりました。消火しにくい素材に火がついてしまったため、12時間以上続く大火災になってしまったんです。夜の11時に最初の通報の電話があり、次の日の昼の12時にようやく鎮火しました。でも、すぐに帰れるわけではなく、そこから出火原因の調査をしなくてはいけないので、結局消防署に帰ることができたのは夕方の5時くらい。まる1日以上活動していたのですごく眠かったのですが、わたしが一番年下でしたし、先輩たちがみんながんばっているなかで弱音ははけませんでした。

早く終わらせたいと思っていましたが、原因調査は大事ですし、自分たちがやらなくてはいけないので、

知りたい

「やるしかない」と自分をふるい立たせていました。今でもあの火事を超える規模の現場には行ったことがないので、とても印象に残っています。

仕事をしていてやりがいを感じることは?

病気で苦しんでいる人を救急車に乗せて病院へ運んだり、火事から人を救い出したり、困っている人の役に立てることがやりがいです。保育園や小学生の消防署見学や、消防に関するイベントに参加するときもやりがいを感じますね。小さな子どもたちが、消防車やはしご車に乗って喜んでいるのを見ると楽しくなりますし、素直な反応を見ているとうれしくなります。

ケンタからの質問

火事で炎に近づいても熱く感じたりはしないの?

火災の規模にもよりますが、大きな火災だと消防車がとけるほど高熱になります。やはり、熱いものは熱いですね。でも今の防火衣は性能が向上していて、すべて装備している状態だと、それほど熱いとは感じません。防火衣自体は、一瞬であればかなりの高温までたえられるように設計されています。だからこそ、防火衣を着ていても熱いと感じるときは、非常に危険なときなので、すぐに撤退しないといけません。

わたしの仕事道具
ボールペン

日常業務の引き継ぎで確認したことや、災害現場で見たり調べたりした多くの情報をすぐに書き込めるように、ボールペンは欠かせません。もちろん事務処理をするときにも使います。

教えてください!
消防官の未来はどうなっていますか?

火災の件数は減っても0件にすることはむずかしいので消防官は未来でも必要だと思います。ロボットの導入やパワードスーツのような身体を補助する装置の開発などで、活動の幅が広がっているかもしれません。

みなさんへのメッセージ

勉強と体力づくりも大切ですが、遊びにも全力で取り組んでください。社会人になると遊ぶ時間は減ってしまいます。体を使って遊ぶことで元気になるし、体力もつくと思います。

川添七海さんの今までとこれから

プロフィール

1999年、岐阜県生まれ。小学校からサッカーに打ち込み、スポーツで有名な三重高等学校に進学。あこがれていた消防官の試験を受けるもけがのため不合格に。夢をあきらめず専門学校に入学し、卒業前に消防官の試験に合格。大垣消防組合に就職し、消防官として日々人々の安全を守るため活動しています。

三重高等学校に進学。実家をはなれ、3年の間、学校で寮生活を送りながらサッカーに打ち込む。

ほかの消防本部の採用試験を受けるが、けがが理由で不合格に。あきらめず、救急救命士の資格を取るため専門学校に入学。学校に通うかたわら、大垣消防組合のインターンシップに参加。消防官になる決意を新たにする。

消防官として、日々訓練を重ね、火災や救急、救助などさまざまな現場に対応している。

1999年誕生

5歳

ドラマ『海猿』を見て、海上保安官にあこがれる。当時の将来の夢は、海上保安官だった。

6歳

小学校に入学後、父の影響でサッカーのクラブチームに入る。その後、サッカーに打ち込み、中学でもサッカーづけの日々を送る。

15歳

今につながる転機

高校生活を送りながら、進路を意識しはじめるようになる。このとき、消防官という職業が頭にうかび、消防官になることが夢になる。

17歳

18歳

大垣消防組合の採用試験を受け、無事に合格。専門学校を中退して大垣消防組合に就職。消防学校で学んだのち、中消防署に配属され、消防官として現場に出るようになる。

19歳

現在

24歳

未来

45歳

後輩や、住民のみなさんから尊敬される消防官となって、活動し続けていたい。

川添七海さんがくらしのなかで大切に思うこと

かわぞえななみ

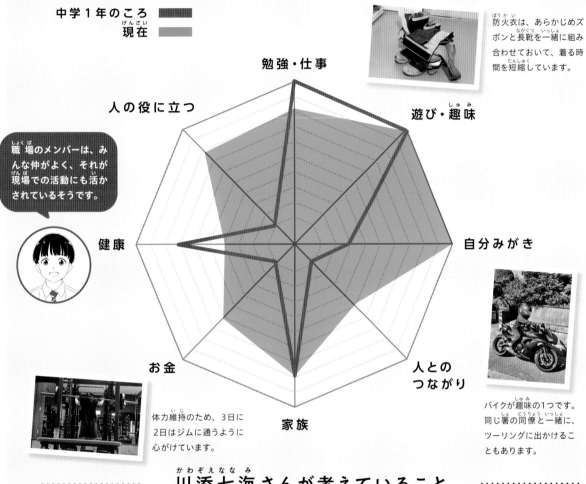

中学1年のころ
現在

防火衣は、あらかじめズボンと長靴を一緒に組み合わせておいて、着る時間を短縮しています。

職場のメンバーは、みんな仲がよく、それが現場での活動にも活かされているそうです。

勉強・仕事
遊び・趣味
人の役に立つ
自分みがき
健康
人との
つながり
お金
家族

体力維持のため、3日に2日はジムに通うように心がけています。

バイクが趣味の1つです。同じ署の同僚と一緒に、ツーリングに出かけることもあります。

川添七海さんが考えていること

かわぞえななみ

プライベートな時間の充実が仕事のモチベーションを上げる

　プライベートの時間は、基本的に気持ちをリフレッシュさせることに専念しています。特に、バイクに乗ったり、スノーボードをしたりするのが好きです。バイクで何時間もかけて海まで行くこともあります。冬は雪質のいい地域まで遠出して、スノーボードを楽しみます。消防官は、1日勤務すると次の勤務まで2日あるので、仕事が終わった同僚と一緒にツーリングに出かけることもあります。1つのチームなので、みんな仲がいいですね。

　また、自分にお金を使うことも大事だと思っています。たとえば、高価な化粧水を使ったり、いいシャンプーを買ってみたり、エステに行ったり、いろいろな方法で自分の気分を盛り上げるように心がけています。そうすると、自分に自信がついて、健康管理もできるので、仕事にもいい影響があります。

CLINICAL PHYCHOLOGIST

臨床心理士
りんしょうしんりし

どうやって
心を治すの？

？

自分自身が
なやんだときは
どうするの？

？

相談者は
どんななやみを
もっているの？

？

就職先には
どんなところが
あるの？
しゅうしょくさき

？

臨床心理士ってどんなお仕事？

臨床心理士は、臨床心理学にもとづいた知識や技術で、相談者（クライアント）がかかえている心の問題を解決するためのサポートをする専門家です。クライアントのさまざまな事情や背景、考え方などを尊重しながら、信頼関係を結んでいくコミュニケーション能力がもとめられる一方で、相手に感情移入をしすぎず、冷静に判断する精神力や観察力、分析力などももとめられます。臨床心理士のはたらく場所は、病院や診療所などの医療機関のほか、学校や自治体の教育センターなどの教育機関、企業内の健康管理室などさまざまです。1対1のカウンセリングだけでなく、会社や団体など多くの人に向けて講演やセミナーを行う仕事もあります。

給与
（※目安）

22万円
くらい〜

経験年数やはたらく組織の規模などによって給与は異なり、非常勤の場合は時給制や日給制となります。経験や実績を積むことで、高い収入が望めます。

※既刊シリーズの取材・調査に基づく

臨床心理士に　なるために

ステップ 1
大学院で臨床心理学を学ぶ
臨床心理士の資格を取得するため、指定された大学院を修了し、臨床心理学を身につける。

ステップ 2
臨床心理士の資格を取得する
公益財団法人日本臨床心理士資格認定協会が実施する試験に合格し、認定を受ける。

ステップ 3
臨床心理士としてはたらく
病院や保健施設、学校、企業などに臨床心理士として就職。現場で経験を積む。

こんな人が向いている！

人の心に興味がある。

本を読むことが好き。

相手に寄りそうのが得意。

人の話を聞くのが好き。

つねに冷静でいられる。

もっと知りたい

臨床心理士は国家資格ではありませんが、公的に認められている民間資格です。ほかに2017年から心理学系の分野ではじめて国家資格となった公認心理師があります。臨床心理士としてはたらく人のなかには、両方の資格をもつ人も多くいます。

25

臨床心理士
東畑開人さんの仕事

クライアントのななめ前にすわり、会話をします。部屋の明るさや家具の配置など、リラックスできる空間づくりを心がけています。

じっくり話を聞いて
心のなやみや問題に対処する

東畑開人さんは、心になやみや問題をかかえている人にカウンセリングを行う臨床心理士です。自らが運営する東京の白金高輪にあるカウンセリングルームで、年齢や性別もさまざまな相談者（クライアント）と話し合い、心の回復を手伝うのが主な仕事です。

東畑さんのもとには、学校や会社に行けなくなってしまった人、体や行動に問題があらわれてしまう人、ふつうに生活はできるけれど心に長年なやみをかかえ

ている人など、さまざまな人がやってきます。東畑さんはクライアントの話をじっくり聞き、臨床心理学にもとづいて心理学的な理解をします。心理学的な理解とは、心がどのようにきずついて、どんな問題をかかえているのか、何が変わればそれが変化するかを分析して、判断することです。これを「アセスメント」といいます。アセスメントは医師でいう診断にあたるもので、臨床心理士の仕事の中心となる部分です。

アセスメントをしたら、適切な対処を行っていきます。対処法は大きく分けて2つあります。1つはその人の「環境」を変える手伝いをすることです。たとえ

26

ば不登校の子どもの場合、その両親や先生に話して家庭や学校での対応方法を教えるなど、「外側」を変化させる方法です。もう1つは、本人のなかで心の整理ができない、モヤモヤしている部分に対してはたらきかけ、「内側」を変化させる方法です。外側と内側の両方にはたらきかける場合もあれば、どちらか一方ということもあります。決まったやり方はなく、すべてがケースバイケースです。毎回の話し合いを通じて段階をふみ、状況に応じて対処の方法も変えていきます。

　どのような状態になったら心が回復したといえるかはむずかしいところです。学校や会社に行けるようになったなど、目に見える変化が表れる場合はわかりやすいのですが、変化が見えにくかったり、話し合うこと自体が治療になったりする場合は、長期間にわたってカウンセリングを行うこともあります。

　東畑さんは、多いときで1日に7〜8人のクライアントと会います。直接目が合わないように、ななめ前にすわったり、横になってもらったりするなど、相手が話しやすい雰囲気をつくります。東畑さんはクライアントの話を聞くだけでなく、それに対して自分の考えを率直に伝え、解決方法を話し合っていきます。時にはクライアントにとってきびしいこと、つらいことを伝える必要もありますが、それが信頼関係を築くことや、問題の解決につながっていきます。

子どもの居場所を支援するNPOの人々に「居場所づくり」について講演しています。カウンセリング以外の仕事も積極的に行っています。

講演や執筆を通して 心のケアについて伝える

　東畑さんは、講演や執筆などによって、一般の人に心のケアを知ってもらう活動もしています。カウンセリングルームが1対1の面談なのに対し、多くの人や集団の心にはたらきかけることを心理教育といいます。

　企業のコンサルティングや、団体・グループに向けて講演などを行う場合、主にそこに所属する人たちがコミュニティのなかで居場所づくりができるよう支援しています。たとえば、企業では「部下のケアをするために何をしたらよいか」について、上司の人たちにアドバイスしたり、話し合ったりしています。また児童相談所や子どもを支援する団体ではたらく支援者に向けて、研修を行うこともあります。

　また、東畑さんが執筆・出版している多くの本には、臨床心理士としてはたらくなかで起きたことや、日々考えていることなどがつづられています。東畑さんは、書きたいテーマで自由に執筆し、出版社に企画をもち込んでいます。これらの本は心理の分野にたずさわる人に限らず、一般の人に向けても書かれています。読者が心に関する知識をもち、自分で自分の心のケアができるように応援する意味も込められているのです。

本を読むこと、書くことは東畑さんのライフワーク。読者の心に寄りそうように書かれた著書は、多くの人に支持されています。

KAITO'S 1DAY

東畑開人
さんの
1日

カウンセリングルームでクライアントと面談を行う東畑さんの1日を見てみましょう。

5:00

朝は早く起きて、すぐに本の原稿執筆にとりかかります。朝の静かな時間帯が一番集中できます。

頭の切りかえと健康のために1時間ほどランニング。走りながら今後の仕事についても考えます。

5:00
起床・原稿執筆

7:30
ランニング

22:00
就寝

21:00
読書

読書は一番の趣味。読んだ本の感想をSNSにアップします。

28

10:00　　10:30

| 8:45 朝食 | 10:00 出社・掃除 | 10:30 面談開始 | 11:20 休憩 |

仕事用の服に着替えて、掃除をします。その日に会うクライアントの前回の面談記録も見返します。

クライアントと話をして、相手の心のなかを整理したり、気づきをうながしたりします。

面談が終わると10分間の休憩。チョコを食べたり、本を読んだりして頭の中をリフレッシュ。

| 19:00 夕食・入浴 | 18:00 仕事終了 | 13:00 面談再開 | 12:30 昼食・準備 |

仕事が終われば、リラックスすることを心がけています。

カウンセリングが終わると、その日の会話や治療の内容、東畑さんが感じたことを記録に残します。

横になって東畑さんが目に入らない状態になると、クライアントが話しやすくなる効果があります。

オフィスで弁当を食べます。午後のクライアントはベッドで横になって話すのでその準備もします。

18:00　　13:00

11:20

東畑開人さんをもっと

臨床心理士をめざしたきっかけは何ですか？

高校の倫理の授業で、精神科医のフロイトや心理学者のユングなどについて学ぶ機会がありました。「心の世界には、自分でも知らない自分がいる」という先生の言葉にひかれて、深層心理というものに興味をもちました。自分の心のなかに自分でも気づいていない物語があるなんて、何だかおもしろいと思ったのです。わたしは子どものころから文学、物語が好きだったこともあり、その話にすっかり胸をうちぬかれました。

まわりの友だちは法学や経済学など「外の世界」にかかわる分野に進む人が多かったのですが、わたしは外ではなく「内の世界」のほうに関心が向かいました。

この仕事でやりがいやおもしろさを感じるのはどんなときですか？

カウンセリングを通じて人が変わり、思いがけないことが起こるときです。たとえば、だれも信じなかった青年が恋をして彼女ができる。自分のことをダメだと思っていた人が、じつはまわりからすごく評価されていることに気づき、新しいことをはじめる。ご本人もわたしも想像していなかったことが起こる。これは感動しますね。話をしているときは気づかなかったけど、「じつは心は動いていたんだ！」と思う。起こってみればその人らしいことなのに、起こる前にはわか

らない。そこがミステリーにも似ているなと思います。

人のなやみをずっと聞いているのは大変じゃないですか？

もちろん仕事はハードですが、訓練を受けているのでなやみを聞くこと自体にはわりと強いと思います。それ以上に大変なのは、この仕事は「わからないこと」がすごく多いということです。なぜ学校に行けないのか、なぜ不幸せだと感じるのかなど、すべてスパッと解決できるわけではなく、モヤモヤし続ける時間がとても長い。でもたまに「そうだったんだ！」と、なぞが解けるみたいにわかるときもあるのです。それでもわからない部分がつねに残り続けるのが、「心」というものだと思います。

この仕事の魅力はどんなところにありますか？

人間の正直な部分と触れ合えるところです。それは決してきれいな部分だけじゃなく、憎しみや嫉妬、自己愛など、みにくい部分も含めて、カウンセリングでは非常に率直に話し合いがされます。

普段、家族や友だちなどに対しても、自分の正直な気持ちをそのまま伝えることって、あまりないですよね。そういう人の本音の部分と付き合えるのは、この仕事ならではのすばらしいところです。

知りたい

仕事をするうえで、心がけていることは何ですか？

　心理士の仕事を続けるためには、こちらの心に余裕が必要だと思います。そのために、つねに心身が健康でいられるように心がけています。特に人とのつながりがあること、専門家の仲間との交流をもつことは、心の健康にとても重要なことです。

　また本をたくさん読んで、勉強するようにしています。クライアントがなやみ、苦しんでいる理由はさまざまです。どんな分野の本を読んでも、必ず仕事に役立つことが書かれています。また想像力をみがくという意味でも読書は欠かせません。

ケンタからの質問

自分自身がなやんだときはどうするのですか？

　心理士は自分のなやみもうまくあつかえると思われがちですが、そんなことはありません。心理士だってなやむことの連続です。ただ、なやみは自分だけでは処理できないとわかっているので、わたしは身近な人に聞いてもらうようにしています。心の健康に一番悪いのは孤独です。困ったときに話せる相手がいることはとても大切です。あとなやみは案外、時が解決してくれるということも知っているので、待つことですね。

わたしの仕事道具
チョコレート

面談の合間にいつもチョコレートを食べています。もともと甘いものが好きですが、カウンセリングでは短い時間で集中して話し合いをするので、脳の疲れを取るためにも欠かせないアイテムです。

教えてください！

臨床心理士の未来はどうなっていますか？

社会にAIが浸透するにつれて人間関係も変化し、今までなかった心のなやみが生まれるのではないでしょうか。それにともなって、さまざまな場所で「居場所づくり」を支援する心の仕事も増えてくると思います。

みなさんへのメッセージ

心はだれもがもっているからおもしろい。親友をつくったり恋をしたり、いろいろな人間関係のなかで、どんどん心を動かしてください。ひととおりの経験をしてから心の勉強をすると、より実りがありますよ。

東畑開人さんの今までとこれから

プロフィール

1983年、東京都生まれ。京都大学教育学部卒業後、京都大学大学院教育学研究科博士課程修了。その後、沖縄の精神科クリニック、十文字学園女子大学などではたらきました。2017年に白金高輪カウンセリングルームを開業。心にまつわる本をたくさん出版し、大佛次郎論壇賞などを受賞しています。

1983年誕生

6歳

本が好きな子どもで、将来の夢は小説家。長い物語を読むことが好きだった。

12歳

中学受験で第一志望校に落ちる。中学時代は成績が低迷し、野球部では補欠。暗い日々をすごす。

16歳

18歳

深層心理に興味をもち、大学では心理学を専攻するが、まだ小説家をめざしていた。大学院で6年間学ぶうちに、臨床心理士になることを決意。

野球部を辞めて、演劇部に入る。手がけた脚本がみんなに大ウケして、書くことに自信がつく。自己表現の楽しさを知るきっかけに。

今につながる転機

27歳

沖縄の精神科クリニックではたらきはじめる。現場ではたらくなかで、心とは何かがわかりはじめ、自分なりの考えも育ってきた。

失業して半年間無職になる。この期間中、沖縄で心のケアをする人々に取材を重ね、その内容を本として出版。大学への就職が決まる。

31歳

33歳

大学で心理学を教えながらカウンセリングルーム開業。39歳で大学を辞め、カウンセリングに専念する。

現在

41歳

カウンセリングをしながら本を書く日々。企業のコンサルティングや講演をする機会も増えている。

未来

60歳

今と同じように仕事をしていたい。そのためには心身が健康であることが一番だと感じている。

東畑開人さんがくらしのなかで大切に思うこと

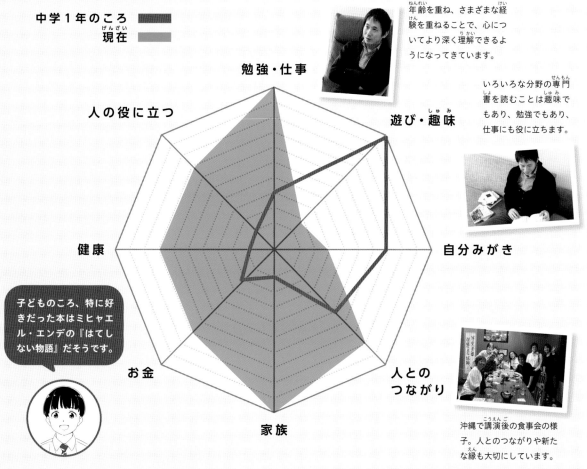

中学1年のころ ▬▬
現在 ▬▬

年齢を重ね、さまざまな経験を重ねることで、心についてより深く理解できるようになってきています。

いろいろな分野の専門書を読むことは趣味でもあり、勉強でもあり、仕事にも役に立ちます。

勉強・仕事
遊び・趣味
人の役に立つ
自分みがき
健康
人との
つながり
お金
家族

子どものころ、特に好きだった本はミヒャエル・エンデの『はてしない物語』だそうです。

沖縄で講演後の食事会の様子。人とのつながりや新たな縁も大切にしています。

東畑開人さんが考えていること

みんなが安心してすごせる居場所づくりがもとめられる時代

人のなやみはなくなることがありません。しかし、これから時代が進むにつれ、今まで想定もしていなかったような心のなやみが出てくるでしょう。そのとき、臨床心理士も今までになかったさまざまな場所ではたらき、今までになかった心についての仕事をすることがもとめられると思います。

たとえば、企業や学校、さまざまな組織・グループなどに心理士が常駐することが当たり前になるでしょう。そこでは、心になやみをかかえている人へのカウンセリングだけでなく、集団のなかでそれぞれが安心してすごせる居場所を設計するという仕事が出てくるのではないでしょうか。

わたしがメインでやっている1対1のカウンセリングがなくなることはありませんが、今後の主流となるのは、おそらくそのような仕事だと思います。

CERTIFIED CARE WORKER

介護福祉士

介護ってどんなことをするの？

はたらく場所は老人ホームだけなの？

資格がないとはたらけないの？

介護の仕事は体力がなければできないの？

介護福祉士ってどんなお仕事？

介護福祉士は、介護を必要とする人（要介護者）を食事、トイレなど日常のさまざまな場面で手助けして、生活の質の維持・向上をはかります。高齢者がずっと生活できる特別養護老人ホーム、認知症の人が少人数で生活するグループホーム、日帰りで食事や入浴のサービスを受けられるデイサービス、自宅を訪問してもらう訪問介護などの高齢者の介護が仕事の中心です。65歳以下で障がいのある人や病院に入院中の要介護者を支援する場合もあります。要介護者は認知症の人が多いので目線や身ぶりなどから気持ちを察する高いコミュニケーション能力がもとめられます。介護福祉士は専門知識や技術を身につけた国家資格なので介護職の人を管理する責任者になる場合もあります。

給与
（※目安）

19万円
くらい〜

介護の仕事は給与が低いと思われがちですが、介護福祉士の資格を取得し、経験を積んだり、現場の責任者になったりすれば収入もアップします。

※既刊シリーズの取材・調査に基づく

介護福祉士に なるために

ステップ①
福祉系高校や介護の 養成施設で学ぶ
福祉系高校や指定の養成施設で介護に必要な知識や技術を実践的に学び、実力を身につける。

ステップ②
国家試験に合格して 資格を得る
令和9年度以降に養成施設を卒業する場合*、国家試験に合格することで資格が得られる。

ステップ③
就職試験を受け、 介護の現場に
希望する施設の面接や試験を受け、採用されると介護福祉士としてはたらくことに。

こんな人が向いている！

人の世話をするのが得意。

人の話を聞く力がある。

祖父母が好き。

責任感が強い。

忍耐力がある。

もっと知りたい

介護の仕事は資格がなくてもできますが、資格がある場合とない場合で給与や待遇に差が出ることが多いです。介護の現場で3年以上の実務経験と実務者研修を修了し、介護福祉士の国家試験に合格することでも資格を取得できます。

＊令和8年度までに養成施設を卒業する人は受験せず介護福祉士の資格が得られ、卒業後5年以内に国家試験に合格するか、5年間継続して介護などの業務に従事すれば引き続き資格を有することができます。

朝、自分で起き上がることがむずかしい入所者のところへ行き、ベッドから起きられるよう介助をします。

笑顔でお年寄りに寄りそい
生活に必要な介助を行う

　櫻田康平さんは、社会福祉法人サンライズが運営する特別養護老人ホーム「ひのでホーム」に勤務する介護福祉士です。特別養護老人ホームとは、自宅での生活が困難な高齢者（要介護3以上）を対象に生活全般の介護を提供する施設です。櫻田さんの主な仕事はその施設で生活する人（入所者）の食事、入浴、トイレなどの手助け（介助）や身のまわりの世話をすることです。高齢で自由に動けず、認知症を発症している人

も多いため、入所者が安心して安全かつ快適に生活できるよう、櫻田さんをはじめとした介護福祉士や介護職員、看護師、理学療法士などのスタッフが365日24時間交代で見守る体制になっています。

　ひのでホームは、入所者が約200名の大規模な施設です。2棟で合計4フロアに分かれていて、櫻田さんはそのうちの1フロアを担当しています。入所者は食事1つとっても、見守るだけでよい人、少し手助けの必要な人、食べさせてあげなければならない人など個人差があります。トイレ介助でも、下着の上げ下げだけ手伝えばよい人もいますが、うまく排泄できるよ

うにおなかをマッサージしたり、前傾姿勢でおなかを押したりと工夫が必要な場合もあり、入所者の状況に応じた介助が必要です。このように、櫻田さんは入所者1人1人に優しく声をかけながら、できることは本人にやってもらい、必要なところには手をさしのべることを基本に仕事をしています。トイレや入浴はその人のプライバシーにもかかわるので、櫻田さんは入所者の気持ちも尊重しながら、転んだりしないよう安全に十分に配慮して介助を行っています。

また、同じ人でもその日の体調や気分によって食事にかかる時間が長くなったり、入浴をいやがったりすることもめずらしくありません。発熱や下痢など急に体調をくずす場合もあり、必要であれば体温や血圧をはかって看護師に連絡します。櫻田さんは笑顔を忘れずに入所者に寄りそい、無理強いをせずに、その場に応じた適切な介助をすることを心がけています。

ひのでホームは早番、日勤、遅番（2種類）、夜勤と5つの勤務体系があり、勤務を交代するときには必ず入所者の食事や排泄の様子、発熱の有無やその対応、気がかりな点などを次のスタッフに伝える申し送りを行います。その情報は各スタッフがパソコンに入力して、職員がいつでも見られる状態になっているので、櫻田さんは、必要に応じて勤務時間以外の入所者の様子も確認して適切に対応することができるのです。

飲みものを提供するときなどには、入所者にこまめに話しかけ、その日の気分や体調に変化がないかをさりげなく観察します。

フロアのマネジャーとして、スタッフの勤務予定表を確認するなどデスクワークもこなします。

マネジャーとしてスタッフをまとめ、入所者の生活を支える

ひのでホームには4つのフロアそれぞれにフロアをまとめるマネジャーがいて、櫻田さんもその1人です。マネジャーの大きな仕事は、経営側と現場をつなぎ、現場のスタッフの中心となって、ひのでホームの全員が同じ方向をめざす空気をつくることです。櫻田さんは、マネジャーや関係職種の人が集まる朝礼での経営者の話を現場のスタッフに伝えたり、現場の要望を経営者に伝えたりしています。4人のマネジャーが集まる会議では、各フロアで生じた問題を全員で検討し、同様の問題がほかのフロアでも起こらないよう対策を立て、その情報を現場スタッフ全員に伝えます。

担当フロア全体を見て、スタッフが適切に動いているか、仕事が計画通りに進められているかを監督することも櫻田さんの重要な役目です。櫻田さんは、フロアの副責任者が作成した勤務予定表や週ごとの人員配置の最終確認や、その月のイベント担当者が立案したイベント内容の確認などを行います。入所者の家族との話し合いも大切な仕事です。入所者の満ち足りた毎日を実現するためには、スタッフのチームワークもとても重要です。櫻田さんは、つねにコミュニケーションをとることを大切にしてはたらいています。

7:00

KOUHEI'S 1DAY

櫻田康平
さんの
1日

介護福祉士、マネジャーとして現場での介助や会議にいそがしい早番の日の1日を見てみましょう。

＊早番は午前7時から午後4時、日勤は午前9時から午後6時、遅番は午前11時から午後8時半と午後1時半から10時半、夜勤は午後10時半から午前7時半の勤務です。

夜勤の人から朝の申し送りを受け、前夜からの入所者の情報を確認します。そのあとに入所者がベッドから起きるのを介助します。

5:30
起床・朝食

7:00
出勤・離床介助

23:00
就寝

17:00
帰宅・夕食

16:00
退勤

寝る前は、インターネットで仕事や遊びの情報収集や、読書、筋トレなどをしてすごします。

帰宅後は家事や子どもと遊んですごします。家事は同じ職場ではたらく妻と分担して行います。

17:00

朝食をとる食堂まで入所者を案内し、必要に応じて食事の介助やトイレの介助などをします。

マネジャーや関係職種の人が集まり、施設全体の介護の方針や課題、解決方法などが伝えられます。

入所者にお茶などの飲みものを提供し、言葉を交わします。おむつ交換なども行います。

昼食の時間が近づくと、寝ている人のところに行き、起きる介助や食堂への案内などをします。

8:00
朝食介助

9:00
朝礼

9:30
飲みものの提供

11:00
昼食準備・離床介助

  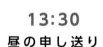

15:00
デスクワーク

14:30
打ち合わせ

14:00
マネジャー会議

13:30
昼の申し送り

副責任者が作成した勤務予定表、人員配置などを最終確認します。

入所者や家族の相談に乗っている生活相談員と打ち合わせ。これから入所予定の人について確認。

各フロアで起きた問題を話し合い再発をふせぎます。福祉用具購入の予算などを話し合うことも。

遅番の人が出勤すると、午前中の入所者の様子や気をつけることなどを伝えて、共有します。

櫻田康平さんをもっと

（さくらだこうへい）

介護福祉士になろうと思ったきっかけを教えてください

人を手助けする仕事に興味があり、高校生のときにボランティアで高齢者施設の仕事を経験しました。そこでお世話した方から「あなたの笑顔は人を幸せにする」と言われ、介護の仕事に興味をもちました。高校の先生から「介護の専門学校に進むといい」とアドバイスされたことや、子どものころから祖父母と同居していておばあちゃん子だったので、高齢者と接することに違和感がなかったことも影響していると思います。

介護福祉士の仕事で大変なことは何ですか？

認知症があり思うように話せない入所者の方に、こちらの意図がうまく伝わらないときは、もどかしさを感じてしまいます。また、介護に対する考え方、意見が介護スタッフによってちがうとき、それぞれが「これが一番いい」と思っていてどれが正解とは決められないので、その調整はむずかしいですね。そういうときは、よく話し合って決めるようにしています。

この仕事でうれしいと思うのはどんなときですか？

高齢で認知症もあり、日常生活でできないことが多い方が、介助をすることで「今日はできた」と喜んでくれたり、わたしの名前を覚えていてくれたり、前向きな反応があったりするとうれしいです。

また、入所者の方からの「ありがとう」や、ご家族から「ここで親が安心してくらしているとわかってうれしい」などと感謝の言葉をいただくと、この仕事をしていて本当によかったと思います。

印象に残っているできごとを教えてください

何に対しても感情的になって、なかなか介助させてくれず夜も眠らない認知症の方が、わたしの顔を見て安心して、介助をさせてくれたことがありました。わたしの名前は覚えていなくても、これまでのかかわりのなかで「この人なら大丈夫」と思ってもらえたのかもしれません。とても心に残るできごとでした。

また、胃ろう（口から食事がとれない人の腹部に小さな穴をあけ、チューブを通して胃に直接栄養を注入する医療措置）の入所者の方から「おまんじゅうが食べたい」と言われ、ご家族からも「リスクはあるけれど本人の希望をかなえてほしい」とお願いされたことがあります。そこで介護スタッフ、看護師、言語聴覚士などみんなで安全な方法を考え、協力して取り組み、口から食べてもらうことができました。介護にかかわる全員のチームワークで入所者の方の願いを実現できたことがとてもうれしかったし、はげみになりました。

知りたい

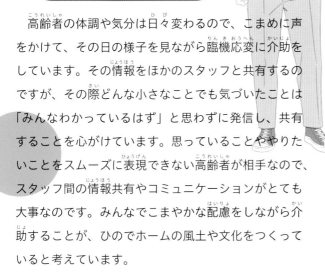

💬 仕事で心がけていることは
ありますか？

　高齢者の体調や気分は日々変わるので、こまめに声
をかけて、その日の様子を見ながら臨機応変に介助を
しています。その情報をほかのスタッフと共有するの
ですが、その際どんな小さなことでも気づいたことは
「みんなわかっているはず」と思わずに発信し、共有
することを心がけています。思っていることややりた
いことをスムーズに表現できない高齢者が相手なので、
スタッフ間の情報共有やコミュニケーションがとても
大事なのです。みんなでこまやかな配慮をしながら介
助することが、ひのでホームの風土や文化をつくって
いると考えています。

ケンタからの質問

 💬 体力がないと介護福祉士には
なれませんか？

　そんなことはありません。介助の基本的な動き方を
学べば少ない力で介助するコツがつかめますし、リフ
トやスライディングボードなどの福祉用具も活用でき
ます。介護の現場では女性、妊婦さん、高齢の方など
も活躍していますし、まわりの仲間がサポートしてく
れるので体力面の心配はいらないと思います。介護福
祉士にとって欠かせないのは体力よりも入所者や仲間
とのコミュニケーション力、いわば心の体力ですね。

わたしの仕事道具
サンライズ クレド

社会福祉法人サンライズの理念や行動指
針、仕事のあり方など「仕事の心がまえ」
をまとめたものです。仕事でなやんだとき、
迷ったときに読んで、自分たちがめざして
いる原点に立ち返るようにしています。

教えてください！

介護福祉士の未来は
どうなっていますか？

介護記録など事務的な作業や介助の一部を
AIにまかせたりするようになるでしょう。
でも、機械は人に寄りそえないので、心の
部分に深くかかわる介護福祉士は、ますま
す重要な役割を担うようになると思います。

 ## みなさんへの
メッセージ

高齢者と接する機会が少ないと思うので、
まず自分のおじいさんやおばあさんの話を
聞いてみましょう。若いころに何が得意で、
どんな本や音楽が好きだったかなど。きっ
とたくさんの発見がありますよ。

櫻田康平さんの今までとこれから

プロフィール

1993年、東京都生まれ。人を助ける仕事に関心があり、東京YMCA医療福祉専門学校で介護を学びました。卒業後は社会福祉法人サンライズに就職し、ひのでホームではたらきはじめました。現在はマネジャーとして担当フロア全体を管理しながら、入所者の介助も行っています。

将来は介護の仕事につこうと決め、専門学校（東京YMCA医療福祉専門学校）へ入学する。

介護福祉士の資格を取り、「日本の福祉を変えていく」という理念に共感し社会福祉法人サンライズに就職。ひのでホームで介護をはじめる。

就職したときの目標だった、担当フロアのマネジャーになる。

マネジャーとして現場の状況を把握し上司と部下のパイプ役もつとめながら現場での介助にもたずさわる。今の目標は仕事の質を高めること。

1993年誕生

12歳

子どものときの夢はバスの運転士だった。ソフトボールをはじめるが、少し内気なところがあり、練習に行きたくない日もあった。

13歳

中学1年から高校1年まで野球部に所属。後輩ができると、先輩としてしっかり練習に向き合うように。

今につながる転機

16歳

老人ホームのボランティアで、入所者に「あなたの笑顔は人を幸せにする」と言われて、介護の仕事に魅力を感じる。

19歳

21歳

前任者から引き継ぎ、介護の魅力を伝える「東京ケアリーダーズ」の活動に参加。広報誌の作成、研修やイベントの企画などをしている。

27歳

28歳

29歳

現在

30歳

担当フロアの副責任者になる。週ごとの人員配置と仕事内容、勤務表作成などデスクワークが増える。

未来

50歳

仕事の責任を果たしながら介護職の魅力をさまざまな形で発信し、介護の仕事を子どもの「なりたい職業ランキング」のトップ5に入れたい。

櫻田康平さんがくらしのなかで大切に思うこと

さくら だ こうへい

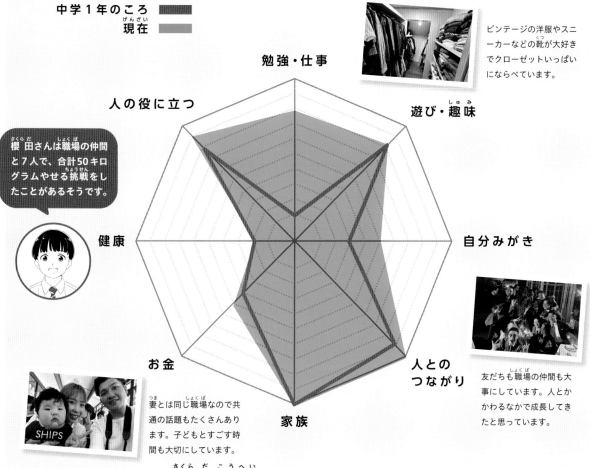

中学1年のころ
現在（げんざい）

勉強・仕事

人の役に立つ

遊び・趣味（しゅみ）

ビンテージの洋服やスニーカーなどの靴（くつ）が大好きでクローゼットいっぱいにならべています。

櫻田（さくらだ）さんは職場（しょくば）の仲間と7人で、合計50キログラムやせる挑戦（ちょうせん）をしたことがあるそうです。

健康

自分みがき

お金

人との
つながり

家族

妻（つま）とは同じ職場（しょくば）なので共通の話題もたくさんあります。子どもとすごす時間も大切にしています。

友だちも職場（しょくば）の仲間も大事にしています。人とかかわるなかで成長してきたと思っています。

櫻田康平さんが考えていること

さくら だ こうへい

介護（かいご）の楽しさ、すばらしさを世の中に発信していきたい

　介護福祉士（かいごふくしし）として入所者の方々と接していると昔（むかし）の生活の様子、仕事の話、家族との関係など学ぶことがたくさんあります。だから高齢（こうれい）の方と接（せっ）するのは楽しく、人生の先輩（せんぱい）へのリスペクト（尊敬（そんけい））を大事にしたいです。また、かかわることでその人が今できることを維持（いじ）できたり、少し上向いたりすれば

うれしくて、「ありがとう」のひとことでつかれも吹き飛びます。いろいろな人とめぐりあい、かかわりあっていくなかで今の自分が形成されていると感じています。きびしいことを言う人にも何かに気づかせてくれたと感謝（かんしゃ）したいです。
　介護（かいご）の仕事は大変そうというイメージがあるかもしれませんが、もっと前向きにとらえてほしいし、介護（かいご）の魅力（みりょく）をきちんと理解（りかい）してほしいです。そのための情報（じょうほう）発信をしていきたいと思っています。

ジブン未来図鑑 番外編

助けるのが好き！
な人にオススメの仕事

この本で紹介した、警察官、消防官、臨床心理士、介護福祉士以外にも、「助けるのが好き！」な人たちにオススメの仕事はたくさんあります。ここでは番外編として、関連のある仕事をさらに紹介していきます。

▶ 職場体験完全ガイド ❺ p.3 とあったら
「職場体験完全ガイド」（全75巻）シリーズの5巻3ページに、その仕事のくわしい説明があります。学校や図書館にシリーズがあれば、ぜひチェックしてみてください。

レスキュー隊員

（ こんな人が向いている！ ）
・体力にも精神力にも自信がある
・予想外のことが起きてもあわてない
・チームワークを大切にしている

（ こんな仕事 ）
　消防官のなかでも人命救助を専門に活動する人です。人命救助に関する高度な知識と専門技術をもち、救助隊員ともよばれます。火災、交通事故、自然災害の現場、山や海での人命救助などを行います。

（ レスキュー隊員になるには ）
　レスキュー隊員は、消防官のなかから選ばれるので、まずは消防官となって訓練や経験を積みます。消防署が行う選抜試験に合格して、専門的な訓練を受けてレスキュー隊に配属されます。

▶ 職場体験完全ガイド ㉜ p.15

海上保安官

（ こんな人が向いている！ ）
・人と協力して活動するのが得意
・責任感がある
・体力や気力に自信がある

（ こんな仕事 ）
　船や飛行機で海を監視して安全を守る仕事です。密輸や密漁などの犯罪の取り締まり、遭難の救助、海の調査と地図の作成、灯台の建設や点検、船の位置情報システムの運用などの仕事があります。

（ 海上保安官になるには ）
　高校や大学を卒業後、幹部職員を育てる海上保安大学校か一般職員を育てる海上保安学校に入学し、卒業する必要があります。海上保安大学校・海上保安学校の学生は、入学と同時に海上保安庁の職員となります。

▶ 職場体験完全ガイド ⑪ p.33

弁護士

（こんな人が向いている！）
・人の立場に立って考えられる
・冷静にものごとを判断できる
・責任をもってやり遂げられる

（こんな仕事）
　法律の専門家として、問題をかかえた人や企業の手助けをする仕事です。解決のアドバイスやトラブルの相手との交渉をします。民事裁判では依頼者の代わりに主張をします。刑事裁判では被告人の刑を軽くするよう訴えます。

（弁護士になるには）
　司法試験に合格したあと、司法研修所で勉強して試験に合格すると弁護士資格が得られます。司法試験を受けるための資格もあり、法科大学院を修了するか、予備試験に合格すると受験ができます。

▶職場体験完全ガイド ❷ p.27

検察官

（こんな人が向いている！）
・粘り強く調べることができる
・正義感が強い
・人の意見に流されない

（こんな仕事）
　警察が逮捕した人について、裁判にかけるかどうかを決める仕事です。罪を犯したと判断したら「起訴」をして裁判を起こします。裁判では、その人（被告人）が犯罪を犯した証拠や証人の証言を裁判官や裁判員にしめし、必要と考えられる種類・量の刑罰を求め、被告人の弁護士と意見をたたかわせます。

（検察官になるには）
　弁護士と同じように、司法試験に合格して司法研修所を修了して検察官の資格を取ります。その後、法務省の採用試験に合格する必要があります。

▶職場体験完全ガイド ㉜ p.3

社会福祉士

（こんな人が向いている！）
・人の話をじっくり聞くのが得意
・いろいろなタイプの友だちと交流できる
・地域の活動に参加するのが好き

（こんな仕事）
　困っている人の相談に乗り援助する仕事です。高齢者、障がい者、妊婦や子育てになやむ人、学校になじめない子どもなど、幅広い人にアドバイスをしたり、サポートできる制度や施設につないだりします。高齢者の支援センターや福祉施設、学校、病院などではたらきます。

（社会福祉士になるには）
　社会福祉士国家試験に合格する必要があります。国家試験の受験資格はさまざまで「福祉系の大学を卒業」「福祉系の短大や専門学校を卒業し、相談援助の実務経験を積む」などのルートがあります。

▶職場体験完全ガイド ⓮ p.33

訪問介護員

（こんな人が向いている！）
・人の気持ちを考えられる
・料理や洗濯など家事が好き
・相手や状況に合わせて対応できる

（こんな仕事）
　ホームヘルパーともよばれます。お年寄りや障がいのある人の家を訪問して、介護や生活の手伝いをする仕事です。食事や入浴、トイレのサポートなどの体の介護以外にも、料理や洗濯などの家事、買い物のつきそいや代行など、生活の支援を行います。訪問介護事業所に就職するなどしてはたらきます。

（訪問介護員になるには）
　各都道府県から指定を受けた研修機関で「介護職員初任者研修」を修了すると、資格が得られます。介護関連の入門的な資格です。

▶職場体験完全ガイド ㉜ p.3

手話通訳士

（ こんな人が向いている！ ）

・手話に興味がある
・人とかかわるのが好き
・国語が得意

（ こんな仕事 ）

　手話を使って耳の不自由な人と聞こえる人とのコミュニケーションを助けます。病院、役所などでの会話の通訳や、大学の授業や講演、テレビニュースの通訳があります。

（ 手話通訳士になるには ）

　多くの人が都道府県が認定した民間機関が試験を実施する「手話通訳者」の資格をもっています。また、よりレベルの高い、聴力障害者情報文化センターが試験を実施する「手話通訳士」の資格を取ると、仕事の幅が広がります。

▶ 職場体験完全ガイド ㊹ p.27

義肢装具士

（ こんな人が向いている！ ）

・手先が器用で工作が得意
・コミュニケーションをとるのが好き
・ものごとをていねいに進められる

（ こんな仕事 ）

　事故や病気などで手足を失った人のための義足、義手などの「義肢」、腰の治療中のコルセットや足が痛む人の靴用インソールなどの「装具」をつくる仕事です。多くは義肢装具製作所ではたらきます。競技に使う義足など、スポーツ分野の仕事もあります。

（ 義肢装具士になるには ）

　義肢装具士養成施設である大学や専門学校で学んで卒業し、義肢装具士国家試験を受験して合格すると、資格を得られます。

▶ 職場体験完全ガイド ㊹ p.37

「職場体験完全ガイド」で紹介した仕事

「助けるのが好き！」な人が興味を持ちそうな仕事を PICK UP！

こんな仕事も…

行政書士／家庭相談員／生活相談員／
産業カウンセラー／メンタルトレーナー／
キャリアアドバイザー

関連のある仕事や会社もCHECK！

関連のある仕事

関連のある会社

人を助ける仕事にはいろんな分野があるよ。どんな仕事が自分に合ってるか考えてみよう。

仕事の未来地図
助けるのが好き！

未来予想1

防犯・防災のために
デジタルツールが活躍する

人々を犯罪や災害から守る仕組みとして、AIやロボット、ドローンが使われるようになるでしょう。防犯・防災カメラにはAIが搭載され、犯罪や災害を未然にふせげるようにもなります。また、人間が立ち入れないような危険な場所に入るのは、ロボットやドローンの得意とするところです。

これらのデジタルツールをあつかうために、警察官や消防官には、ドローンを運転できる技術や、ロボットを管理する能力がもとめられるようになると考えられています。

未来予想2

人はロボットやAIができない
コミュニケーションを担う

介護職の人たちがはたらく病院や介護の現場でも、ロボットやAIが使われるようになります。ロボットが高齢の人や障がいのある人のサポートをしたり、AIが見守りを担当したりするようになるでしょう。

しかし、人とのコミュニケーションは、人にしかできません。今後は、助けが必要な人々との深いかかわりは人が担当し、AIやロボットはアシスタントとしてはたらくことになるでしょう。

これから注目の職業！！

AIやロボットでは解決できない、人の心にかかわる問題については、臨床心理士が担当するようになり、活躍が期待されています。また、より高齢化が進む日本では、高齢の人の世話をするために、ロボットやAIを使いこなせる介護福祉士がたくさん登場してくるでしょう。

未来のために身につけておきたい3つのスキル

1
デジタルツールを
使いこなす技術

デジタルツールを使いこなさなくては、人助けができない時代がやってきます。コンピューターやAI、ドローンなどを活用できる力を身につけましょう。

2
日々変わりゆく
社会問題を理解する力

新しい時代には、新しい犯罪や社会問題が生まれます。本やインターネットなどで、つねに社会で何が起こっているのかを理解しておくことが大切です。

3
人と人をつなぐ
コミュニケーション能力

デジタル化が進むからこそ、人とのつながりが重要になります。コミュニケーション能力を身につけ、いろいろな人たちの気持ちを理解できるようにしましょう。

取材協力

大垣消防組合消防本部・中消防署
警視庁
社会福祉法人 サンライズ
白金高輪カウンセリングルーム
特別養護老人ホーム ひのでホーム

スタッフ

イラスト	加藤アカツキ
ワークシート監修	株式会社 NCSA
	安川直志（キャリアデザインアドバイザー）
	安川志津香（キャリアデザインアドバイザー）
編集・執筆	青木一恵　安藤千葉
	桑原順子　菅原嘉子
	須藤智香　田口純子
	吉田美穂
校正	菅村薫
撮影	糸井康友　石見祐子
	大森裕之　中島明菜
デザイン	パパスファクトリー
編集・制作	株式会社 桂樹社グループ
	広山大介

ジブン未来図鑑 職場体験完全ガイド+ 11 助けるのが好き！

警察官・消防官・臨床心理士・介護福祉士

発行　2024年4月　第1刷

発行者　加藤 裕樹
編集　湧川 依央理、柾屋 洋子
発行所　株式会社 ポプラ社
　　　　〒141-8210
　　　　東京都品川区西五反田3-5-8
　　　　JR目黒MARCビル12階
ホームページ　www.poplar.co.jp（ポプラ社）
　　　　　　　kodomottolab.poplar.co.jp（こどもっとラボ）
印刷・製本　図書印刷株式会社

あそびをもっと、
まなびをもっと。

こどもっとラボ

ポプラ社はチャイルドラインを応援しています

18さいまでの子どもがかけるでんわ
チャイルドライン®

0120-99-7777
毎日午後4時～午後9時 ※12/29～1/3はお休み

電話代はかかりません 携帯（スマホ）OK

18さいまでの子どもがかける子ども専用電話です。
困っているとき、悩んでいるとき、うれしいとき、
なんとなく誰かと話したいとき、かけてみてください。
お説教はしません。ちょっと言いにくいことでも
名前は言わなくてもいいので、安心して話してください。
あなたの気持ちを大切に、どんなことでもいっしょに考えます。

チャット相談はこちらから

自分の未来を「好き」から選ぶ、キャリア教育の新定番！

ジブン未来図鑑

職場体験完全ガイド＋　N.D.C.366（キャリア教育）　全**15**巻

仕事の現場に完全密着！ 取材にもとづいた臨場感と説得力!!

職場体験完全ガイド

N.D.C.366（キャリア教育）　全**75**巻

「自分のキャリアをイメージしてみよう」

STEP1

1

「自分の生まれた年」と「現在の年齢」、「今好きなこと」や「小さいころ好きだったこと」を書いてみましょう。

2

この本で紹介している4人の「今までとこれから」を参考に、**「これから学びたいこと」「してみたいこと（アルバイトなど）」「どんな仕事につきたいか」「どこにだれと住んでいたいか」**を、年齢も入れながら書いてみましょう。

3

60歳の自分が「どんなくらしをしているか」、想像して書いてみましょう。

4

気づいたことを、メモしておきましょう。

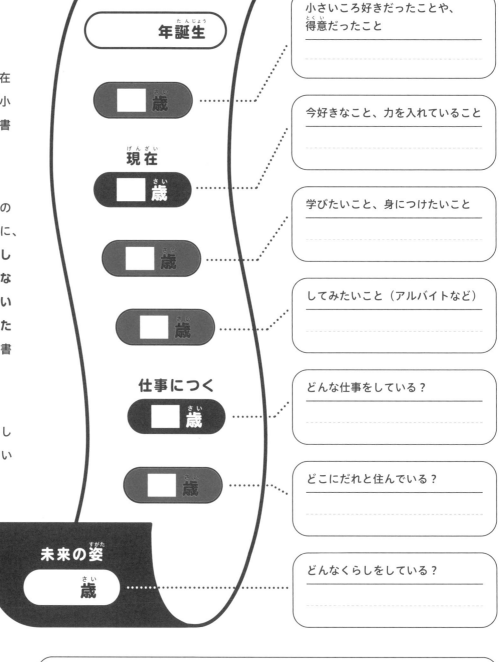

誕生年

□歳

小さいころ好きだったことや、得意だったこと

現在
□歳

今好きなこと、力を入れていること

□歳

学びたいこと、身につけたいこと

□歳

してみたいこと（アルバイトなど）

仕事につく
□歳

どんな仕事をしている？

□歳

どこにだれと住んでいる？

未来の姿
□歳

どんなくらしをしている？

STEP2

なりたい自分に近づくために必要なことは何か、課題は何か、考えてみましょう。

なりたい自分に近づくために必要なこと

気づいたこと

ピンとくる仕事や先輩を見つけたら、巻末のワークシートを記入用に何枚かコピーして、
手もとに置きながら読み進めてみましょう。

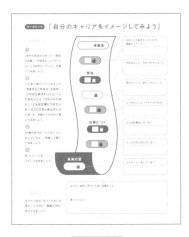

ワークシート
「自分のキャリアをイメージしてみよう」

ワークシート
「自分にとって大切なことを考えてみよう」

このワークシートは、自分の未来を想像しながら、
自分が今いる場所を確認するための、強力なツールです。

STEP1から順にこのワークに取り組むと、
「自分の得意なこと」や「大切にしていること」が明確になり、
思わぬ気づきがあるでしょう。

そして、気づいたことや思いついたことは、
何でもメモする習慣をつけるようにしてみてください。

迷ったとき、くじけそうなとき、記入したワークシートやメモをふりかえれば、
きっと、本来の自分を取り戻し、新たな気持ちで前へと進んでいけるでしょう。

さあ、わくわくしながら、自分の未来を想像する旅に出かけましょう。

ボンボヤージュ、よい旅を！

ジブン未来図鑑編集部

職場体験完全ガイド＋

ジブン未来図鑑

キャラクター紹介

「助けるのが好き！」
「スポーツが好き！」「食べるのが好き！」

メインキャラクター
ケンタ
KENTA

参謀タイプ。世話好き。
怒るとこわい。食べるのが好き。

「アートが好き！」
「アニメが好き！」「演じるのが好き！」

メインキャラクター
カレン
KAREN

「自然が好き！」
「子どもが好き！」「動物が好き！」

メインキャラクター
アンナ
ANNA

ムードメーカー。友達が多い。
楽観的だけど心配性。

「ホラーが好き！」
「医療が好き！」「おしゃれが好き！」

メインキャラクター
ユウ
YŪ

人見知り。ミステリアス。
独特のセンスを持っている。

リーダー気質。競争心が強い。
身体を動かすのが好き。

「旅が好き！」
「宇宙が好き！」「デジタルが好き！」

メインキャラクター
ダイキ
DAIKI

ゲームが得意。アイドルが好き。
集中力がある。

ジブン未来図鑑

JIBUN MIRAI ZUKAN

14

アートが好き！

現代美術家　　キュレーター　　映像作家　　美術の先生

ジブン未来図鑑 番外編

CONTEMPORARY ARTIST

現代美術家
（げんだいびじゅつか）

現代美術って
何ですか？
（げんだいびじゅつ）

絵が上手じゃ
なくても
なれるの？

作品はどうやって
販売するの？
（はんばい）

作品をつくる
以外にも
仕事はあるの？

現代美術家ってどんなお仕事？

現代美術は、20世紀以降、特に第二次世界大戦（1945年に終結）よりあとに現れた美術で、今の社会の問題や情勢などが反映された絵画や彫刻、建築、写真などをいいます。現代美術家は、社会的な視点をもって自らのアイデアで作品をつくり、展覧会などで発表します。自分の体で作品をつくるパフォーマンスなど、時間や空間を限定しないアートで見せる人もいます。また、自分でアート教室などを開いて生徒に教えたり、学生や一般の人に向けて講演やワークショップを行ったりすることもあります。資格がないのでだれでも現代美術家を名乗ることができますが、制作活動だけで生計を立てている人はごく一部で、副業や他者からの支援を得て活動している人が多いです。

給与
（※目安）

10万円
くらい〜

最初は作品の販売収入だけなので低い場合が多いです。人気が出たり専門家の目にとまると、作品の値段が上がり、制作の依頼も増えて、収入がアップします。

※既刊シリーズの取材・調査に基づく

現代美術家になるために

ステップ 1 美術の専門知識や技術を学ぶ
美術系の習い事や部活動、学校などに通い、好きな分野についての専門知識や技術を学ぶ。

ステップ 2 自分の作品を制作する
自分の考えやアイデアを作品にし、他者のアドバイスを聞きながら技術をみがいていく。

ステップ 3 美術館やギャラリーで個展を開く
美術館やギャラリーの人と協力しながら作品をつくり、個展など展覧会を開く。

こんな人が向いている！

絵をかくのが好き。
アイデアが豊富。
空想をするのが好き。
ものをつくるのが好き。
考えぬく力がある。

もっと知りたい

美術作品を展示するギャラリーは、所属する作家の作品の管理や価格の決定、宣伝などのマネジメントを行うこともあります。ギャラリーに所属することで、ギャラリーを通して作品を販売したり、個展を開いたりすることができます。

自宅のアトリエで作業をします。自分のペースで、自由に制作に取り組めるのがよいところです。

黒一色の木版画で
思いえがいた世界を表現する

　風間サチコさんは、黒一色の木版画を中心に作品をつくる現代美術家です。版画の線はシャープで力強く、風間さんの空想の世界が細やかに表現されています。時には幅数メートルにおよぶ巨大な作品も制作し、その迫力は圧倒的です。作品は、主に美術館の企画展やギャラリーの個展などの展覧会で発表します。風間さんの主な収入源は、作品を販売して得たお金や、美術館、公共事業主などから支払われる制作費です。

　作品制作では、まず作品が置かれる地域やテーマなどに合わせて、ふさわしい題材（モチーフ）を考えることからはじめます。風間さんは自由に発想することを大切にしています。方向性が決まると、本をたくさん読み、歴史を調べたり、題材に関連する現場をたずねたりして、念入りにリサーチをします。普段の生活のなかで触れるニュースや情報も作品のヒントになっています。集めた材料からうかんだたくさんのアイデアは、制作メモとして文字やラフスケッチで残します。

　作品の中心にえがくモチーフが決まると、集めた材料からいらないものをどんどんそぎ落とし、1つの絵

を完成させます。これが実際に版画になる絵の下がき（下絵）になります。この下絵を完成させるまでに、全体の制作時間の半分以上を使います。下絵ができると、あらかじめ墨でぬった版木の上にカーボン紙と下絵を重ね、ペンでなぞることで下絵を版木に転写します。そこから彫刻刀で版木を彫る作業に入ります。細い線や質感などを版木で表現するのには高い技術が必要です。また、1度削ってしまったらやり直しができないので、集中力と正確さが欠かせません。

　彫りの工程が完成したら、紙に刷る作業に移り、ローラーで黒いインクを版木に広げます。インクの量が多すぎると彫った線がうまってしまうので、量の加減も重要です。版木にインクをぬりこんだら、和紙をのせてバレンを中央から外にすべらせながら刷りこみます。黒をより濃くしたい部分は、スプーンの背の部分でさらにこすることで濃淡を細かく調節します。

　ふつうの版画は何枚でもくり返し刷ることができますが、風間さんは最初に刷ったものが最もシャープな線を表現でき、仕上がりもよいと考えています。そのため、刷るのは本番一発勝負。線がずれないようにこまやかな注意をしながら、緊張感をもって刷ります。1枚の版木で完成する場合もありますが、大型作品の場合は、何枚も組み合わせて1枚の作品をつくります。色の差やずれが出ないよう、1枚1枚細心の注意をは

2023年秋に開催された個展「ニュー松島」のギャラリーでは、来場者に向けて風間さん自身が作品の解説をしました。

らって刷ります。こうしてできた版画は、美術館やギャラリーに飾られて、ようやく完成となります。

　また、月に1回掲載される新聞記事のさし絵の制作もしています。毎月しめきりがあったり、新聞社のリクエストにこたえたりと、普段の作品制作と異なる部分も多く、風間さんにとってよい刺激になっています。

現代美術や版画のおもしろさをたくさんの人に伝えていく

　風間さんは作品づくりのほかに、学校で子どもに向けて授業をしたり、一般の人に向けて講演したりする活動もしています。たとえば、2022年度、2023年度に東京都現代美術館の企画で行われた「アーティストの1日学校訪問」もその1つです。風間さんは東京都内の小学校や高校で、「アートの手法を使って自分の考えを伝える」という授業をしました。自分の口をモデルにして彫ってつくった消しゴム版画を、不織布マスクに押します。そして、マスクの折りこまれた部分に本音を書いてもらう「正直マスク」をつくるワークショップは、子どもたちにも好評でした。

　風間さんは、こうした活動が現代美術や版画のおもしろさを多くの人に知ってもらい、親しみをもってもらうよい機会になると考えています。

「アーティストの1日学校訪問」での「正直マスク」。ユーモアをまじえながら、アートや版画の魅力を伝えます。

風間サチコ さんの 1日

自宅兼アトリエで、じっくり版画づくりに取り組む風間さんの1日を見てみましょう。

朝起きたらテレビの情報番組を見ます。日々のニュースが作品のヒントになることもあります。

11:00
起床・情報収集

12:00
昼食

4:00
就寝

3:00
作業終了

日によりますが、就寝時間はだいたい明け方。スマホで明日の運勢をチェックしてから眠ります。

作品制作やリサーチを終えると、古地図にある場所をスマホで検索するなど、のんびりくつろぎます。

1:30

11:00　15:00

朝のドラマの再放送を見ます。自宅ですごすことが多く、テレビが時計代わりになっています。

エプロンとアームカバーをつけ、制作開始。下絵をうつした黒い版木を彫刻刀で彫っていきます。

休憩のときは、ネットオークションによい資料が出品されていないかチェックするなどしています。

全体を見ながらていねいに彫り進めます。手や指に力がいる作業なので、休みながら進めます。

12:45
ドラマを見る

15:00
木版画の制作開始

17:15
休憩

17:30
制作再開

1:30
本を読む

23:00
新聞のさし絵制作

20:00
制作再開

19:00
夕食

古本を集めていろいろ読んでいます。この日は次回作のリサーチとして関連する本を手に取ります。

新聞のさし絵を制作します。刷りはバレンやスプーンの背を使い色の濃さを調節しています。

食後は歌を歌うなどリラックスしてすごしてから作業を再開。削りカスは、ほうきではきます。

料理好きで、野菜を中心に栄養バランスを考えた料理をつくります。食べる前に写真を撮ります。

23:00　20:00　17:15

風間サチコさんをもっと

　8歳でぜん息を発症し、長い間入院したことをきっかけに不登校になりました。学校生活になじめず、成績もビリ、走ってもビリで、劣等感のかたまりでした。しかし11歳のとき、幼稚園から通っていた絵画教室の先生が、「サチコは絵かきになったほうがいいよ」といい、わたしのかいた絵をすごくほめてくれたのです。家族以外の大人にほめられたのははじめてで、本当にうれしく、自分に自信をもてるようになりました。しかも具体的な職業のアドバイスまでもらえたことが、この仕事を意識するきっかけになったのです。

　現代美術というジャンルは存在するものの、こういうものだという定義が明確にないのがおもしろいところです。現代美術家は、自分の考えたことの答えとして作品をつくりますが、鑑賞する人はそれを正しく受け取る必要はなく、それぞれが自由に想像して、自由に楽しんでもらえればいいのです。
　現代美術の企画展でも、1つのテーマでさまざまな作家の作品を展示していますが、寄せ集めたものを見ると、どれもバラバラです。そうやって自由な空間を共有できることが現代美術の魅力です。

　制作中は緊張しっぱなしで、作品が完成し、展示できたときは「やっと終わった〜！」と、大きな達成感があります。作品を通じて、自分の頭のなかでかいた世界をみんなに見てもらえることもこの仕事ならではの喜びです。わたしの名前や作品を知ってもらえたり、「いい作品だね」と言ってもらえたりすることもうれしいです。子どものころから「わたしはここにいてもいいのかな」という不安を抱えていたので、自分の存在が認められたような温かい気持ちになります。

　2018年、原爆の図 丸木美術館で「ディスリンピア2680」の個展を行ったときのことです。新作「ディスリンピック2680」は2020年に開催予定だった東京オリンピックに先がけ、わたしがイメージする架空のオリンピックの開会式をかいたものです。横6.4メートル、縦2.4メートルで、24枚の版木を組み合わせた超大型作品です。しかし構想から下絵までに5年もかかったため、版画を仕上げる時間がぜんぜん足りず、個展がはじまる3日前に、残り4枚の版木を美術館で徹夜をして何とか仕上げました。
　その後、作品を高く評価していただき、アメリカの

知りたい

ニューヨーク近代美術館に所蔵されることになるなど、すべての過程が印象的なできごとでした。

現代美術家になるために
必要なことはありますか？

わたしは30代半ばまで、スーパーでアルバイトをしながら作品づくりをしていました。その当時は自分を「売り込む」ことにまったく無関心でした。幸いなことに、わたしのことを気にかけてくださるキュレーターやギャラリーの方々と出あい、やりたいことなど、他者に自分の思いや考えを伝えることの大切さを教えてもらいました。ひらめいたアイデアはいつでも提案できるようにメモに残すなどの工夫をしています。

カレンからの質問

絵がへた、手先が不器用
でもなれますか？

もちろんなれます。表現する方法は人それぞれで、映像や写真で表現する人もいれば、ものを置くだけでアートということもあります。うまいへたで評価されるものでもありません。それがこの仕事のおもしろさです。何より大切なのは、自分で発想したことをちゃんと形にすること、だれもやったことのない方法を生み出すことです。また、自分の作品を自分で客観的に見て、評価できることも大事なことです。

わたしの仕事道具
彫刻刀

彫刻刀は20本以上ありますが、使うのは主に丸刀と平刀、切り出し刀です。学生時代から使っているものと、父からゆずってもらった年季の入ったものばかりで、自分で研いで大切に使っています。

教えてください！

現代美術家の未来は
どうなっていますか？

言葉で説明がむずかしい、すぐに社会で役立ちそうにはない作品を考えて、一生懸命つくることは人間にしかできません。AIがいくら発達しても、この仕事はこれからも価値があり続けると思っています。

みなさんへの
メッセージ

「個」を大切にしてください。あなた自身の考えとイマジネーション（想像力）を信じ続けることが「力」になります。だれでもない「わたし」を表現するために、力をおしまず、最善をつくしてください。

風間サチコさんの今までとこれから

プロフィール

1972年、東京都生まれ。武蔵野美術学園版画研究科を修了。幼いころから美術に親しみ、版画を中心に学びました。2006年の「第9回 岡本太郎現代芸術賞（TARO賞）」優秀賞のほか、多くの賞を受賞。現在は無人島プロダクションに所属。毎年、美術館やギャラリーなどで展覧会を開いています。

1972年誕生

5歳

幼稚園に入園。粘土と絵をかくことに夢中になる。幼稚園の近くにある絵画教室に通いはじめる。

8歳

小学3年生でぜん息を発症し、長期入院をきっかけに不登校に。10歳から集団生活の訓練と治療のため、区立の更生施設に1年間入所する。

今につながる転機

絵画教室の先生に「サチコは絵かきになったほうがいいよ」とほめられ、将来の目標が見えて、自信がつく。

11歳

15歳

中学校時代も不登校が続いたが、美術部に所属し、美術部の友だちと一緒に定時制高校に入学する。好きだった本のさし絵にひかれて、木版画に興味をもつ。

武蔵野美術学園版画科に入学。木版画を5年間学びつつ、現代美術に出あう。卒業制作が現代美術の公募展で2つの賞を受賞する。

19歳

33歳

アルバイトを続けながら、大型作品「風雲13号地」を制作。美術館で展示し、文化庁の買い上げとなった。2012年につくった大型作品「噫！怒涛の閉塞艦」は、東京都現代美術館に収蔵されている。

これまでで最も大きな作品、横幅6メートルを超える「ディスリンピック2680」を完成させる。

46歳

現在

ギャラリーや美術館での展示を中心に、さまざまな作品を制作している。

51歳

未来

60歳

過去に制作した巨大作品の続編として、あと2つの巨大作品を制作し、シリーズとして完結させたい。

風間サチコさんがくらしのなかで大切に思うこと

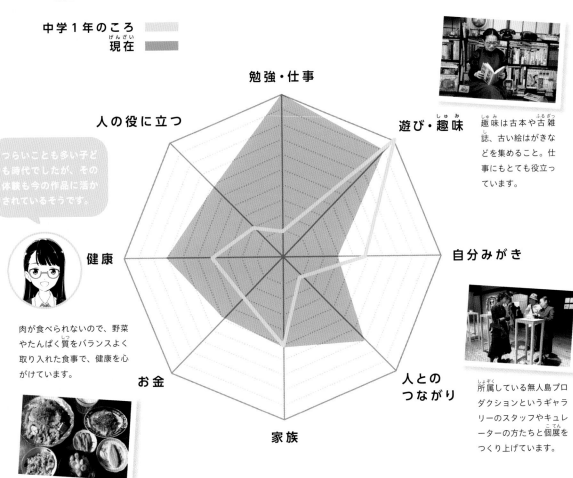

中学1年のころ
現在

勉強・仕事

人の役に立つ

遊び・趣味

自分みがき

健康

お金

人との
つながり

家族

趣味は古本や古雑誌、古い絵はがきなどを集めること。仕事にもとても役立っています。

つらいことも多い子ども時代でしたが、その体験も今の作品に活かされているそうです。

肉が食べられないので、野菜やたんぱく質をバランスよく取り入れた食事で、健康を心がけています。

所属している無人島プロダクションというギャラリーのスタッフやキュレーターの方たちと個展をつくり上げています。

風間サチコさんが考えていること

巨大作品のシリーズを自分らしく完結させたい

　これまで制作した巨大作品シリーズを完結させたいです。つくりたい作品は2つあり、1つは「風雲13号地」と「噫！怒涛の閉塞艦」に続く3作目です。前の2つの作品は襲撃や荒れくるった海などはげしいシーンをえがきました。完結作品は一見おだやかだけれど、そこにひそむ怖さをえがく予定です。

　もう1つは「ディスリンピック2680」の続編です。不幸や抑圧が支配する世界「ディストピア」の反対となる、理想的な世界「ユートピア」をテーマに、前作と同じサイズで制作したいと思っています。

　わたしの作品は「対」になるものや「最終形態」があり、それが自分らしさでもあります。完結させることで旧作の価値もきわだつと思います。未完で終わらせないよう、まだ体力や気力が残っているうちに、これらを完成させるのが大きな目標です。

CURATOR

キュレーター

キュレーターって
どんな職業（しょくぎょう）？

？

美術（びじゅつ）が好きなら
だれでも
できる？

？

アーティストを
どうやって
見つけるの？

？

作品の価値（かち）が
どうして
わかるの？

？

キュレーターってどんなお仕事？

　キュレーターは英語で「学芸員」の意味です。美術館や博物館などの文化施設に所属し、公共施設として収蔵すべき作品の選定（コレクション）、収集、保管、展示などを行います。また、展覧会の企画をして開催することも大事な仕事です。開催までの進行管理はもちろん、作品の収集から国内外の施設との交渉、搬入、設営、解説、さらに記録として残すためのカタログ制作なども行います。この展覧会の企画・運営を行う専門職をとくにキュレーターとよぶ場合もあります。そのほか、文化価値の高い作品の情報収集や調査研究、広報活動も行うなど、キュレーターの仕事は多岐にわたります。近年は、文化施設に所属せずにフリーランスではたらく人も増えています。

給与
（※目安）

18万円
くらい〜

　地方公務員として国公立の文化施設に所属すると収入は安定します。ただし採用人数が少ないため、非正規雇用ではたらく人も多く、収入に差はあります。

※既刊シリーズの取材・調査に基づく

キュレーターに なるために

ステップ **1**
大学で必要な単位を取り、資格を取得
　学芸員養成課程のある大学に進学し、必要な技能を身につけて、学芸員資格を取得する。

ステップ **2**
大学院に進学し高い専門性を身につける
　大学院に進んで専門分野の研究調査活動を行い、専門的な知識を得る。

ステップ **3**
文化施設に就職しキュレーターに
　文化施設の採用試験を受けて、合格するとキュレーターに。

こんな人が向いている！

絵や美術を見るのが好き。

感性が豊か。

臨機応変に対応できる。

好奇心・探求心が強い。

体力がある。

もっと知りたい

　学芸員資格は大学で取得できますが大学院に進学して専門知識を深めることが望ましいです。短大で必要な単位を取得し3年以上学芸員補（補佐）をつとめても取得できます。海外留学をしたり第二言語（特に英語は必須）を身につけるのもよいでしょう。

キュレーター
薮前知子さんの仕事

展覧会のために借りた作品の状態を、ライトを当てて確認します。平らな場所で確認することで、きずなどを見つけやすくなります。

社会と美術をつないでいくような
展覧会を企画して実現する

　薮前知子さんは、約5700点の現代美術の作品を収蔵する東京都現代美術館のキュレーターです。主な仕事は、東京都現代美術館で開催する展覧会の企画です。公共施設としてどんな作品を世に残し、見る人に何を伝えるべきかを意識しながら企画を考えています。

　そのために、日ごろから社会の動向にアンテナをはり、美術館やギャラリー、時には美術大学の卒業制作展などに出向いて若手のアーティストをさがしたり、注目するアーティストのアトリエに足を運び、その人や作品の動向を追ったりして、情報収集しています。

　展覧会には個展や複数の作家によるグループ展があり、個展は200点から数百点もの作品を展示する大規模なものになります。展示の仕方にも、今いる作家やすでに亡くなった作家、日本人や海外の作家など、さまざまな形があります。薮前さんは、自分のイメージがふくらみ、価値のある作品を手がけながら十分な評価がされていない作家など、時代にふさわしい個展になると確信できたタイミングで企画を提案します。

　館内の企画会議で企画が通ると、次に展覧会の構成

を考えます。たとえば、存命の作家の個展の場合、作品を年代別やテーマ別に見せる一般的なものや、会場自体をその作家の1つの作品と見立てるような新しいスタイルのものなど、作品の魅力が伝わる構成を考えます。見る人が自由に作品を解釈できる空間になることも意識しながら、アーティストと二人三脚で、納得がいくまで何度も打ち合わせを重ねます。

構成が決まると、アーティストの作品の所蔵場所をまとめた作品リストをつくります。作品は、海外や全国の美術館やギャラリー、個人宅などに所蔵されているため、それぞれの場所に貸し出しの依頼をし、出品の交渉を行う必要があるのです。リストができると、作品の配置や壁の色、照明など、構成をもとにどんな展示空間にするかを決めていきます。展覧会が近づくと、作品の輸送の手配です。安全に作品を輸送できるよう、美術品の輸送を専門とする業者と何度も打ち合わせを行います。さらに展覧会と同時進行でカタログ制作に入ります。解説文を書いたり、デザインを決めたりして開催に合わせて仕上げます。展覧会の開催中は、メディアでの広報活動や、会場での作品の解説、ワークショップや講演会、イベントなども行います。

企画が決まってからは複数年の準備期間がありますが、することは多岐にわたります。藪前さんは、多くの人にアーティストの作品から何かを得てもらえるよ

海外から調査に来たキュレーターたちに、日本の現代美術についての講義をしています。

日本全国、時には海外の展覧会やギャラリーに出かけて、自分の足で優れた作品をさがします。

う、全力で取り組んでいます。

美術鑑賞のための入り口を用意する

藪前さんは美術評論家としても活動し、さまざまなメディアで情報発信をしています。現代美術は、普段の生活では出あうことのない人たちの考えや人生に触れるきっかけを与えてくれます。たとえば、遠い国の人たち、マイノリティ（少数派）とよばれる人たちの人生、かくされた歴史などをテーマにした作品がたくさんあり、藪前さんは、そうした作品を見ることは、世の中の仕組みや自分になかった新しい可能性を見いだすための思考のレッスンになると考えています。

藪前さんは、「作品は複数の意味をもっていて、どう解釈するかは、人それぞれの答えがあっていい」と言います。しかし自由である分、美術を鑑賞する入り口でとまどってしまう人もたくさんいます。そうした人たちが、展覧会場に足を運び、直接作品に向き合い、それぞれの視点で体験し、発見してもらうために、評論という、言葉を用いた解釈の入り口を用意しているのです。藪前さんは、より多くの人に美術を通して自分たちの時代と社会を見つめ直すきっかけをつくっていければと考え、美術評論にも力を入れています。

藪前知子さんの1日

展覧会の企画や美術評論の活動をする藪前知子さんの1日を見てみましょう。

起きたらお弁当をつくります。小6と高1の息子を学校に送り出したら、家事をすませます。

まずはメールをチェック。国内外から来る展覧会の告知メールなどにざっと目を通します。

6:30
起床・家事

9:15
家を出る

9:30
出勤

25:00
就寝

23:30
入浴

21:00
原稿執筆

寝る前は、SNSで展覧会の告知などをチェックします。音楽鑑賞を楽しむこともあります。

カタログの解説やメディアから依頼された原稿を執筆します。展覧会や作品の見方を伝えます。

美術館所属のキュレーターたちがそれぞれ展覧会の企画を出し、コンセプトや背景を説明します。

手づくりのお弁当を食べることもあれば、同僚と情報交換をしながらランチに行くこともあります。

後世に残す作品を決める大切な会議です。美術館で所蔵する作品の検討をします。

今後の展覧会の企画を考えます。アーティストに関連する書籍や資料を読み、アイデアをねります。

10:00
企画会議

12:00
昼食

13:00
コレクション会議

14:00
資料を読む

20:00
帰宅・夕食

17:30
ディスプレイ

15:30
作家との打ち合わせ

15:00
外出

自宅に帰ると夕食の時間です。子どもや同居する母親から、その日の子どもたちの様子を聞きます。

アーティストと確認しながら、ギャラリーの職員に作品の展示位置を指示し、配置場所を決めます。

若手のアーティストと、ギャラリーの図面を見ながら作品のディスプレイを確認します。

外部の依頼を受け、展覧会を企画することもあります。この日は銀座のギャラリーに足を運びます。

藪前知子さんをもっと

どうしてキュレーターになろうと思ったのですか?

どこかのタイミングでキュレーターになろうと決意したというよりも、偶然が重なって今があると思っています。中学では近所の画家さんに油絵を習っていましたし、父が建築の仕事をしていたので、美術館にもよく通っていました。絵画を学ぶ道も考えましたが、いろいろな作品を見るうちに、美術が生まれる背景を追求したい気持ちが強くなったのです。

大学では美術史を学び、研究者になろうと大学院にも進みました。しかし、当時の先生から「研究者よりも芸術を広める仕事が向いている」と言われて、ちょうどそのころ今の美術館でアルバイトをしていたり、その美術館が7年ぶりに新卒採用を行っていたりと、運命的な導きもあって今日にいたっています。

印象に残っている展覧会は何ですか?

2020年に開催した、世界で活躍した日本人デザイナー・石岡瑛子さんの展覧会です。パンデミックの影響を大きく受けました。たとえばハリウッドの美術館から13点の映画衣装をお借りする予定でしたが、3点しか借りられませんでした。そのお知らせメールを見たときは泣いてしまうほどでしたが、結果的によい方向に進みました。というのは、作品だけに頼らず、ア

イデアのメモ書きから作品が生まれる過程、ほかのアーティストとの出あいなど、彼女の作品づくりのすべてを立体的に見せる展覧会にできたからです。かねて「過去の作品をただ展示する展覧会ではなく、未来につなげる生き生きとしたものにしたい」という思いがあり、それが実現できてとてもうれしかったです。

この仕事で心がけていることは何ですか?

展覧会の見せ方について、解釈を誘導することなく、見る人によっていろいろな意味を受け取れる空間にすることです。アーティストのイマジネーションはどんどん広がっていくため、展覧会の小さな空間におさまりきりません。わかりやすく単純化するのではなく、複数の入り口をつくっておきたいと思います。

この仕事で苦労することはどんなことですか?

アーティストのパワーがすごいことですね。アーティストは人生をかけて作品づくりをしているので、わたしが単なるお仕事モードで応じると、気持ちにズレが生じてしまいます。愛とパワーが大事です。海外の作家さんとのやりとりだと時差があって真夜中にメールが来ることもしばしばですが、ついすぐ返信してしまったり。24時間キュレーターをしている感じです

知りたい

が、そんな仕事でも続けてこられているのは、パワフルなアーティストこそが、だれも見たことのない作品を生み出すと信じているから。この仕事は、楽しさ半分、苦労半分ですね。

> この仕事の好きなところはどこですか？

アーティストの一番はじめの観客になれることです。アーティストはあえて作品をつくっている姿（すがた）を見せないことが多くて、ある日突然（とつぜん）作品を披露（ひろう）してくれます。そのときは「いつの間につくったのだろう」とびっくりしますが、好きなアーティストの未知なる作品に最初に立ち会えることは、キュレーターの醍醐味（だいごみ）です。

カレンからの質問（しつもん）

> 有名な絵をへたと思ってしまうのはおかしいですか？

絵がへたに思えたら、それは美術鑑賞（びじゅつかんしょう）のチャンスです。写真のようにリアルな絵ももちろんいいのですが、色の豊（ゆた）かさや線の使い方、気持ちの反映（はんえい）の仕方など、絵でしかできない表現（ひょうげん）があります。一見、へたに見える絵も何がへただと思ったのかじっと観察して、アーティストがなぜそうかいたのか考えてみてください。すると、だんだんおもしろさが見えてきます。自分から進んで絵のおもしろさを見つけてみてください。

わたしの仕事道具

クロッキー帳

アーティストのリサーチや解説文（かいせつぶん）、企画（きかく）のコンセプトづくりなど、アイデアをねるときによく使います。言葉だけでなくイメージラフもかくので、無地のクロッキー帳はサイズもちょうどよく重宝（ちょうほう）しています。

教（おし）えてください！

キュレーターの未来はどうなっていますか？

キュレーターの語源（ごげん）は「ケアをすること（cure（キュア））」です。美術と社会をつなぎ、アーティストの裏方（うらかた）としてこまやかな対応（たいおう）を行うキュレーターは、AIが普及（ふきゅう）しても人間らしい仕事として残っていくはずです。

みなさんへのメッセージ

美術（びじゅつ）に限（かぎ）らず音楽、漫画（まんが）など何でもいいので、自分が好きなものを入り口にたくさんの文化に触（ふ）れてください。スマホなどの画面ごしに見るのもいいですが、本物に触（ふ）れる体験もたくさんしてほしいと思います。

藪前知子さんの 今までとこれから

プロフィール

1974年東京都生まれ。2004年から東京都現代美術館に所属。代表的な企画展は2015年「山口小夜子 未来を着る人」、2020年「石岡瑛子 血が、汗が、涙がデザインできるか」など。音楽やファッション、広告といった文化をまたぐ展覧会の企画を得意とし、目で見るだけの展覧会スタイルを変えました。

中高大一貫の学校に入学。ソフトボール部のきびしい練習に耐える。近所の画家に油絵を習いはじめる。

美術と音楽をテーマに卒業論文を書く。もっと研究を続けたくなり、大学院に進学。学芸員の資格も取得。

アルバイトをしていた美術館の新卒採用に応募。英語の翻訳や論文などの選考を経て、採用される。

新しい作品と出あうため、カルチャーの生まれる場所をたずねたり、展示会やイベントの企画をしたりして、美術の魅力を人々に伝えている。

1974年誕生

8歳

早熟で正義感の強い子どもで、建築家の父の影響を受けて、将来はインテリアデザイナーかファッションデザイナーになりたいと思っていた。

12歳

リーダーシップを発揮して学級委員に。また、熱心な先生の指導に触発され、ブラスバンド部を立ち上げ部長に。トランペットを吹いていた。

13歳

15歳

バンドを組みギターを担当。音楽や映画、ファッションとジャンルを超えて表現するアーティストのデヴィッド・ボウイにあこがれ、さまざまなカルチャーに触れる日々を送る。

18歳

今につながる転機

22歳

中学校、高校の6年間、文化祭の実行委員になる。自分で表現をするよりも、表現が生まれる背景に興味がわき、大学は美術史を専攻できる文学部哲学科に進学する。

29歳

現在

49歳

未来

75歳

美術館やギャラリー以外に若手アーティストが作品を発表できる場所をつくって、支援していたい。

薮前知子さんがくらしのなかで大切に思うこと

中学1年のころ ＝＝
現在 ＝＝

学生のアーティストたちの展示を見にいったり、授業に招かれてアドバイスをしたりすることもあります。

勉強・仕事

人の役に立つ

遊び・趣味

キュレーターに全身全霊をささげる薮前さんは仕事と遊びの垣根がないそうです。

健康

自分みがき

実験的な音楽からK-Popまであらゆる音楽が大好きです。写真はボランティアとして参加した音楽フェスでの1枚です。

お金

人とのつながり

2人の男の子の母親です。仕事との両立は大変ですが、まわりの力を借りて何とかやっています。

家族

薮前知子 さんが考えていること

若い人たちの表現が世の中を変えていく瞬間に立ち会いたい

いつも新しいものへの好奇心をもつようにしています。演劇や映画、音楽など、美術以外のイベントを見にいったり、美術館からはみ出たところで活動をするアーティストのところに足を運んだり、いろいろな世代の人と交流をもつようにしています。自分が表現する道を選ばなかったこともあり、表現する人に尊敬の念があるのです。

特に今の20代の人たちは、社会の階層、性別、国籍といった差別意識が薄く、先入観がないので、ものごとの見方がフラットですばらしいと思います。これからは、ますます垣根のない社会になっていくと思うので、こうした人たちが社会を引っぱっていくでしょう。若い人たちが一体どんな表現をするのか、その表現によってどう世の中が変わるのか、その瞬間に立ち会えることを楽しみにしています。

VIDEO ARTIST

映像作家

映像ってどんな
ものを指すの？

？

どんな知識が
必要なの？

？

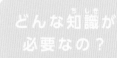

撮影の技術が
必要？

？

映画監督とは
ちがうの？

？

映像作家ってどんなお仕事？

映像作家は、芸術的な映像表現を駆使しながら、ビデオアートやミュージックビデオ（MV）、CM、ウェブ動画、映画などの映像コンテンツを、監督のもとで１つの作品に仕上げていくクリエイターの総称です。アーティストとして個人で映像作品を発表することもあれば、企業や商品のプロモーションなど、クライアントから依頼を受けて映像をつくることもあります。自ら脚本を書いたり撮影や編集をしたりする人もいますが、CMや映画などの映像作品は、各分野のプロフェッショナルに仕事を依頼し、映像をまとめ上げるのが一般的です。望む映像をつくるため、映像のもとになる絵コンテから台本、美術、衣装、撮影、編集、音響まで、さまざまな専門知識が必要です。

給与
（※目安）

20 万円
くらい〜

制作内容や雇用形態により大きく差があります。クライアントのいる制作は収入も見こめ、技術があれば高収入も。独立してフリーランスになる人もいます。

※既刊シリーズの取材・調査に基づく

映像作家になるために

ステップ 1 美術系の学校などで映像技術を学ぶ

映像を専門とする学校や美術大学で、映像制作に必要なカメラや編集技術などを学ぶ。

ステップ 2 アシスタントとして現場の仕事を学ぶ

テレビやCMなどの制作会社に就職し、アシスタントとして制作現場で実力をつける。

ステップ 3 自分の責任で作品を仕上げる

映像作品の総責任者として作品を仕上げる。独立してフリーランスで活躍する人も。

こんな人が向いている！

映像を見るのが好き。

空想するのが好き。

好奇心・冒険心が強い。

人とかかわるのが好き。

チャレンジ精神が旺盛。

もっと知りたい

映像作家になるのに決まったルートはなく、個人で映像作品をつくってそれを足がかりに仕事をもらうようになることも多いようです。映像技術のほか、映像のイメージを伝えて共有できるよう、文章力やデッサン力があると強い武器になります。

映像作家
関根光才さんの仕事

制作スタッフは、関根さんがかく絵コンテを見て作業をするので、わかりやすくかくように心がけています。

数多くのスタッフと協力して
イメージ通りに映像を仕上げる

　関根光才さんは、CMやミュージックビデオ（MV）などの映像をつくるかたわら、長編映画にも活動範囲を広げ、世界から注目されている映像作家です。

　CM制作では、広告代理店からの依頼で仕事がはじまります。関根さんの場合、毎月4、5件の依頼があり、すべての仕事は受けられません。そこで企画書などから、広告主である企業や商品が社会にどんな影響を与えているかを確認します。たとえば「環境にやさしい」とうたう商品でも、環境に負荷がかかるものを使用している場合があるので、関根さんは広告主の考え方に共感できるかを考え、仕事を受けるか判断します。

　仕事を受けると、広告代理店のプロデューサーと、内容やスケジュール、予算など、企画の大まかな内容をすり合わせます。方向性が固まると、伝えたい情報を映像でどう見せるか、ストーリーや展開がわかる構成ラフをかきます。さまざまな制約があるなかで、関根さんは自分の色をどう出すかを考え、どんな場所でどんなふうに映像が展開するとよいかなど、見る人にインパクトを与えるアイデアをねります。

構成ラフができると、演出の指示書となる各場面の絵コンテづくりをはじめます。CMはカメラマンや俳優、照明、美術、ヘアメイク、衣装、音楽、CG、編集など総勢20〜50人もの制作スタッフが協力して1つの作品をつくりあげる仕事です。関根さんは、どんなイメージの映像をつくりたいのか、すべてのスタッフに伝わるよう、ていねいに絵コンテをかきます。

絵コンテができると、衣装や音楽、照明などについてスタッフと具体的な打ち合わせに入ります。たとえば衣装のスタッフとは、撮影する場所や俳優のキャラクターに合わせて、どんな素材や色、デザインの衣装がいいかなどを細かく決めていきます。

打ち合わせを重ねながら、撮影に向けて準備を進めます。撮影の前日にはロケ場所に出向き、カメラのアングル（角度）を決めたり、光の入り方を確認したりして、シミュレーションを行います。撮影の本番では、スタッフと共有したイメージ通りになることをめざして撮影を進めます。また、俳優がその場で自分らしく演技できているかも大事にしています。撮影後は編集した映像を確認し、納得できるまで修正を重ね、広告主の企業から承認を得られると、CMは完成です。

CM制作は、発注から完成まで1〜2か月ほどかかります。また、映画制作の場合は、関根さんが脚本を1から手がけることもあるため、1本の作品に7年以

写真集や画集を参考にしながら、映像をどういった場面や展開にするとおもしろいか、アイデアをねります。

関根さんが行う社会活動に賛同する俳優やプロデューサーと、オンラインで打ち合わせをします。

上費やしたこともあります。どんなジャンルでも、関根さんは、過去にやってきたことにとらわれない新しい映像づくりに挑戦するよう心がけています。

映像を通じて社会問題について考えるきっかけを

関根さんは映像を通じて社会活動も行っています。きっかけは、2011年の東日本大震災による福島県の原子力発電所の事故でした。これまで制作してきた映像は美しさやおもしろさを優先して、社会や政治に無関心なものが多く、映像にかかわる人間も社会に責任をもつべきだと考えるようになったのです。それ以後、反戦メッセージをこめたドキュメンタリー映画や、選挙の投票率低下に対し著名人が声を上げる映像など、社会に問いかける映像をつくるようになりました。

はじめは一部の意見に焦点を当てた映像をつくっていましたが、最近は、中立な立場からさまざまな意見を伝えるようになりました。かたよった意見を伝えるよりも、いろいろな意見を伝えたうえで、意見の異なる人どうしがともに生きていく大切さを伝えたいと考えたからです。関根さんの社会問題をテーマにした映像は、政治について個人の意見を発信しにくい芸能界にも、一石を投じています。

9:00

KOUSAI's 1DAY

関根光才
さんの
1日

CMや映画、社会活動などさまざまな映像制作を同時に進める関根さんの1日を見てみましょう。

家族と朝食を食べ、メールをチェック。前日が遅かったときは8時すぎまで寝ることもあります。

頭がフレッシュな午前中に映画の脚本を書きます。映像をイメージしながら書き進めます。

7:00
起床・朝食

9:00
脚本を書く

24:00
入浴・就寝

22:00
映画鑑賞

自分が監督なら、どう映像を撮り、どう編集をするかなどを考えながら、映画を鑑賞します。

21:30

車で出勤。制作中の映画に合わせた自作の音楽プレイリストを流して、イメージをふくらませます。

移動中に買ってきた軽食を食べながら、趣味のアウトドアの動画を見て頭を休めます。

ロケ地のケニアで撮った写真を見ながら、プロデューサーとドキュメンタリー映画の打ち合わせ。

撮影したCMの映像を確認します。CGの合成に違和感がないかなど、修正点をまとめます。

11:30
出勤

12:00
軽食

13:00
映画の打ち合わせ

14:00
CM映像の確認

21:30
打ち合わせ

19:00
帰宅・夕食

15:00
絵コンテをかく

14:30
修正の指示

音楽プロデューサーや広告代理店のプロデューサーと、CMで流す音楽の打ち合わせをします。

夕食後は子どもと遊びます。撮影で留守にすることも多く、家では子どもとの時間を楽しみます。

今度撮るCMの絵コンテをかきます。自分の意図が伝わるよう、構成ラフを見て細かくかきます。

編集スタッフに修正リストを送り、電話で説明します。CGの修正は、CGスタッフに連絡します。

INTERVIEW （インタビュー）

関根光才さんをもっと

映像作家になろうと思ったのはいつごろですか？

　高校2年生のときです。ドイツの映画監督、ヴィム・ヴェンダースの映画『パリ、テキサス』を見てから、いつか映像にかかわりたいとおぼろげに思うようになりました。それまでは、アーティストだった父への反発心があり、表現の道へ進むことは考えていなくて、むしろふつうのサラリーマンにあこがれていました。しかし、だんだん表現への衝動がおさえられなくなり、大学3年生のときに映像の基礎を勉強したいとアメリカに留学し、映像作家への道を歩みはじめました。

作品をつくるうえで、大切にしていることは何ですか？

　映像そのものよりも物語やコンセプトを大切にしています。それは幼いころ、よく父に連れられ美術館に行った経験が影響しているのだと思います。父から美術の見方を教わったわけではないのですが、あるとき「おもしろい」と感じる作品と、そうではない作品があると気づいたのです。「それは何だろう」と考えたとき、単に絵がきれいな作品は頭からすぐに消えてしまって、印象に残らないことに気づきました。一方、物語やコンセプトがこめられた作品は頭に残り、「おもしろい」と感じたのです。わたしは自分の作品づくりでも物語やコンセプトを意識してつくっています。

これまでの作品で一番印象に残っているものは？

　はじめて監督した長編映画『生きてるだけで、愛。』（2018年公開）です。長編映画は、短編映画より物語性が大切で、つくり方が異なります。そのため、それまでの経験を1度リセットして、いろいろなことを俳優さんやスタッフから教わりました。たとえば、映画では登場人物のえがき方が重要です。はじめは自分の頭のなかだけで完結して、浅い解釈でしかえがけていませんでしたが、いろいろな人と意見を交わし自分の解釈をこわしてもらうことで、おもしろいものが撮れるようになったのです。わたしは土台となるものをつくるだけで、そのうえでみんなに暴れてもらったほうがいい作品に仕上がることを学びました。

　また、この作品は、主演の趣里さんが日本アカデミー賞新人俳優賞を受賞し、作品にかかわった人たちが次々と羽ばたいていったので、自分の作品というよりも、みんなでつくった作品として印象に残っています。

人生で一番影響を受けた人はだれですか？

　石岡瑛子さんです。資生堂の広告やハリウッド映画の衣装などを手がけたデザイナーです。彼女の自伝を読んで、自分のオリジナリティに絶対の自信をもって表現に臨む姿に「自分はここまで強くなれないな」

知りたい

と思ってしまいました。でも、表現者には自分にしかできない表現を追究し、自分を信じる強さをもつことが必要です。独自性のあるメッセージをもつ彼女を心の師に、映像づくりをしていきたいと思っています。

映像作家の仕事の魅力はどこにありますか？

いろいろな国に行けるところです。インパクトのある映像をつくるために、ふつうは行けないような場所で撮影することが多いのです。これまでもいろいろな国で撮影をしました。最近は、東アフリカのマラウイ共和国という、世界で最も貧しい国の1つといわれる場所にも行きました。旅先で毎回起こる予想外のできごとは、一番大切なアイデアの源でもあります。

カレンからの質問

映像はどんなふうに見るといいですか？

映像を見終わったあとに、おもしろいと感じたら、どうしてそう感じたのか、理由を考えてみるといいですよ。理由を考えていくと、つくり手の意図が見えてきます。人に「おもしろい」と思わせるために、どんな演出や編集をしているのか分析すると、映像の構造がわかってきます。映像をおもしろくするために、自分だったらどうするか考えてみるのもいいですね。

わたしの仕事道具
iPad

構成ラフや絵コンテをかくときに使っています。以前は紙にかいていましたが、消しゴムで消したり、紙をデータに変換したりする作業がなくなり、作業効率が上がりました。もうアナログにはもどれません。

教えてください！

映像作家の未来はどうなっていますか？

今以上に映像が氾濫し、制作費がかからないAIのつくった映像が、ひたすら消費されていく世界になることをおそれています。オリジナリティのない映像作家は、生き残ることがむずかしいでしょう。

みなさんへのメッセージ

映像にかかわりたい人こそ、リアルな体験を大切にしてください。本物の気持ち、本物の手ざわりなどから出発しないと生きた映像はつくれません。リアルをよく観察し、失敗する経験もたくさんしてください。

関根光才さんの今までとこれから

プロフィール

1976年東京都生まれ。2005年に発表した短編映画『RIGHT PLACE』で世界から注目を浴び、翌年、英誌『SHOTS』が発表する新人監督ランキングで世界1位に。CMやAKB48の『恋するフォーチュンクッキー』のMVを手がけ、2018年には長編映画の監督デビューを果たしました。

アメリカに留学し、映像や写真、テレビ制作の基礎を学び、映像をやっていきたいと思うようになる。

初監督の短編映画『RIGHT PLACE』で世界の映画祭で数々の賞を受賞。20代で結果を残す目標を達成。

初の長編映画『生きてるだけで、愛。』、ドキュメンタリー映画『太陽の塔』が公開。映画制作の奥深さと楽しさを知る。

CMやMVの映像制作をしながらも、映画制作に軸足を移し、脚本も書くなど新しい挑戦を続けている。

1976年誕生

5歳

はじめて映画館で見た映画は、祖父に連れられて行った戦争映画。横で涙を流す祖父の姿が忘れられず、映画の意味を考えるようになる。

16歳

親がホストファミリーをはじめ、モンゴル人やイタリア人など留学生が来て、日本を外から見るようになる。映像に対する興味ももちはじめる。

今につながる転機

21歳

CM制作を学ぼうと広告制作会社に入るが、予算やキャスティングなどプロデュース中心の会社で、監督をやりたくて1年ちょっとで辞める。

23歳

26歳

半年間ほど海外を旅したあと、演出部のある別のCM制作会社に入り、アシスタントとして監督の仕事を学ぶ。

29歳

32歳

独立し、さまざまな映像づくりに挑戦。東日本大震災後、NOddIN（逆さにして読むとNIPPON）というグループを仲間たちと立ち上げ、社会活動をはじめる。

42歳

現在

47歳

未来

60歳

映像づくりは続けているはず。映画をつくりながら、自然のなかでくらしていたい。

関根光才さんがくらしのなかで大切に思うこと

中学1年のころ
現在

旅がアイデアの源です。写真はドキュメンタリー映画の撮影で行ったケニアです。砂漠化が進んだ土地でくらす人々を撮りました。

勉強・仕事

人の役に立つ

遊び・趣味

関根さんは旅を通じて、社会の問題に向き合い、映像づくりに活かしているそうです。

健康

自分みがき

留学のときに役立ったのがギターです。英語がへたでも、楽器ができると、すぐ友だちをつくれます。

お金

人とのつながり

家族

家族とよくキャンプや湖に行きます。自然に触れることで心も体もリフレッシュできます。

関根光才さんが考えていること

生きること、そして映画づくりに真剣に向き合っていきたい

　子どもができて生活が変わりました。それ以前は、海外の制作会社とも契約していたので、日本にいない年もありました。しかし、子どもが生まれてからは、子どもとの時間を優先したいと思い、日本での仕事にシフトしたんです。そこに新型コロナウイルス感染症が流行して、さらに家族といる時間が増え

ました。大変な時期でしたが、死を身近に感じるなかで、自分にとって「本当に大事なことは何か」を考え、家族と向き合ういい機会にもなりました。

　世界のすばらしい映画監督たちは、命を削るほどの思いで、真剣に映画づくりに取り組んでいます。わたしはまだとうてい彼らにはおよびません。しかし、生きることについても自分なりにもっと真剣に向き合いながら、映像づくりを続けていきたいと思っています。

美術の先生

美術大学を
卒業すれば
なれるの？

絵が
得意でないと
いけないの？

授業以外の時間は
何をしているの？

自分の創作は
できるの？

美術の先生ってどんなお仕事？

美術の先生は、主に中学校や高校で美術の理論や実技を指導します。専門学校や予備校で教える先生もいます。美術の先生には、美術に関する専門知識や技術がもとめられますが、生徒を指導していくためにはコミュニケーション力も大切です。目の前の生徒に向き合い、授業や部活動などで1人1人の能力をのばします。また、進学や就職の指導も重要で、美術関連の高校や大学、専門学校のほか、アート関連の仕事についてもつねに最新の情報を収集しておく必要があります。また、CG（コンピューターグラフィックス）やAIが急速に進化し、美術作品にも大きくかかわる時代をむかえているため、美術の先生にはコンピューター関連の知識や技術ももとめられています。

給与
（※目安）

20万円
くらい〜

公立の中学校、高校の場合は地方公務員の給与に準じ、初任給20万円くらいです。年齢と経験によって給与は上がります。私立の場合は学校により異なります。

※既刊シリーズの取材・調査に基づく

美術の先生になるために

ステップ 1

短大や大学で美術の教員免許を取得

日本画、洋画、彫刻などの専門知識や技術を学び、教職課程を受講して教員免許を取得する。

ステップ 2

公立や私立の教員採用試験を受ける

筆記試験、論文、面接などがあり、競争倍率は受験する自治体によって異なる。

ステップ 3

教員採用試験に合格、学校に着任する

公立の場合、採用試験に合格すると赴任する学校が決定。専門学校などに就職する人も。

こんな人が向いている！

美術が好き。

専門知識や技術が豊富。

研究心、探求心が強い。

人に教えるのが好き。

責任感が強い。

もっと知りたい

教育大学の美術科（美術コース）を卒業することで美術の先生をめざすことも可能ですが、中学校の先生の免許しか取れない場合もあります。また、絵や写真などの制作・編集ソフトの知識や、「学芸員」の国家資格などがあると強みになります。

空気遠近法

近景	遠景
カラフル	空に似た色
高彩度	低彩度
ハイコントラスト	ローコントラスト

美術の先生
よこやまふみやす
横山文靖さんの仕事

生徒たちがしっかりした表現技術を身につけられるよう、美術理論などの基礎ををわかりやすく説明します。

美術理論とデッサンを徹底指導し
生徒の実力をみがきあげる

横山文靖さんは神奈川県立相模原弥栄高校の美術の先生です。相模原弥栄高校には普通科のほかに美術科、音楽科などがあり、横山さんは美術科の先生として、また美術部の顧問として、授業と部活動で生徒を指導しています。美術部は部員が140人で全国の高校の美術部のなかでも大きな規模です。美術科の生徒のほか普通科の生徒も入っていて、横山さんを中心に美術科の先生たちが指導にあたっています。

授業や部活動で横山さんが一番大切にしているのは、理論、実技ともに基礎をしっかり学んで身につけてもらうことです。理論の授業では、遠近法や色彩など専門的な美術理論をていねいに説明し、レオナルド・ダ・ヴィンチの「モナ・リザ」やピカソ、葛飾北斎などの名画を実例として見せながら教えています。

実技の授業では、理論を理解し実践できるようにするため、デッサンや色彩などの基礎トレーニングを何度も行います。横山さんはデッサンは美術の基本であり、油絵や日本画、イラストやアニメ、広告デザインなど、どの方面でプロをめざす場合でもとても重要だ

と考えています。生徒のデッサンを見て陰影のつけ方、色づかいなどをわかりやすくアドバイスしていきます。

　相模原弥栄高校の美術科は入試科目にデッサンがあるので、生徒にはすでにデッサンの経験があります。それをさらにきたえ、客観的な評価を得て美術大学の入学試験に合格できるレベル、プロとして通用するレベルにまで高めていくのが横山さんの役割です。基礎がしっかりしていれば、自分の作品をつくるときも個性が輝き、説得力が生まれると確信しています。また、生徒1人1人が表現したいことを把握し、それが引き出せるよう助言することを大事にして、横山さんの考え方や好みを押しつけないことも心がけています。

　高校生国際美術展、全日本学生美術展などで相模原弥栄高校の生徒が多数入選を果たしています。横山さんの指導によって、生徒たちが審査員など客観的に評価される実力を確実に身につけているのです。

生徒の夢をかなえるために
多忙ななかでも全力をつくす

　横山さんは、授業の時間以外も、授業の準備や学校内の事務の仕事（校務）でいそがしくすごしています。

　1年間の授業計画は学習指導要領にもとづいて大まかに立てていますが、具体的な授業計画は授業が近づ

授業のない時間は、次の授業の準備や授業計画の確認などでいそがしくしています。作業は美術の教室で行います。

くころに作成し、必要な教材を準備します。校務では、全学年の授業計画を整理して教育委員会に提出する報告書にまとめたり、2学年分の生徒の出席記録を整理して管理したりしています。平日は、授業以外の時間をこうした作業にとられてしまうため、美術部の指導は土曜日に集中して行うことが多くなりがちです。

　生徒の進路指導も重要な仕事です。美術科の生徒の大半は美術大学をめざしますが、その8割はイラスト、アニメ、広告などのデザイン系に進みます。美術大学には大学ごとの特徴があり、横山さんはどういう学生がもとめられているのかを知るため、大学のオープンキャンパスや卒業制作展などに出向き、教授とも話をして、その教授が好む絵のタッチや大学入試の傾向を分析します。それをもとに生徒が受験する大学に合わせた対策を立てて指導するのです。横山さんの予想した問題が入試で出題されたこともあり、生徒も自信をもって受験の準備に取り組めます。教授が変わるなどして、入試問題の傾向が変わることもあるので、つねに最新の情報をつかめるようアンテナを立てています。

　多忙な毎日ですが、生徒の夢がかなうように応援する気持ちで取り組んでいます。生徒が展覧会で入賞したときや希望の大学に合格したときは大きな達成感があります。また、教え子の名前をアニメ番組などで見つけたりすることもやりがいにつながっているのです。

実技の授業や部活では、生徒1人1人のデッサンを見て、陰影が足りない部分を教えるなど、具体的な指導をしていきます。

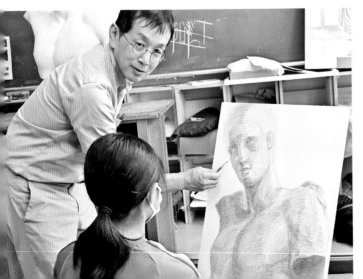

横山文靖さんの1日

美術の先生として、授業や部活動のほか、授業の準備や校務などで多忙な1日を見てみましょう。

5:30

園芸が趣味で、出勤前に庭の花に水やりをします。時間がないときは帰宅後に行うこともあります。

5:00
起床・朝食

5:30
花に水をやる

22:30
入浴・就寝

21:00
帰宅・夕食

夕食後に、翌日の授業にそなえて、授業内容や用意するものなどの確認をすることもあります。

パソコンを立ち上げると、出勤時刻として記録されます。道具をそろえて、授業の準備をします。

担当する授業は週に14コマ。50分授業で、理論と実技の授業を2コマ連続で行うことが多いです。

出席簿を作成し、欠席が続いている生徒がいる場合は生徒をケアする担当の先生に連絡します。

昼食はお弁当を持参。昼休みは生徒と展覧会の打ち合わせをしたり、個別の相談に応じたりします。

7:30 出勤・授業の準備

8:50 授業

10:50 校務

12:40 昼食・昼休み

19:00 学校を出る

15:40 部活の指導

14:15 校務

13:25 授業

18時30分ごろに校内を巡回。残っている生徒がいたら帰宅するよう声かけして、学校を出ます。

生徒たちは、それぞれ作品制作を進めているので、個別にデッサンや油絵のアドバイスをします。

授業計画書を作成し、用意する道具など、やるべきことを付せんに具体的に書いておきます。

2コマ通しではなく、1コマの授業の場合は、理論か実技のどちらかを集中して教えます。

横山文靖さんをもっと

美術の先生になろうと思ったきっかけを教えてください

美術大学を卒業した当時はアーティストになるのが夢でした。それまでの当面の収入を得るため、美術に関係があり、人と交流して刺激を受けられる職業について作品のインスピレーションを得たいと思って、美術の先生になりました。若い感性に触れて、生徒の未来を応援したいという気持ちもありました。

先生になるために受ける、高校の美術の教員採用試験は、10倍以上とかなりの高倍率。一次の筆記試験に合格するために、半年間毎日図書館に通って1日8時間以上勉強しました。図書館では、司法試験をめざして必死に勉強している人の姿を見て、がんばる気持ちがわきました。勉強は有意義でしたが、高校時代に一般教養の英語、数学、理科、社会をもっとしっかり勉強しておけばよかったと後悔もしました。

美術の先生になって苦労したことは何ですか?

大学時代は彫刻を専攻していたので絵をかいた経験が少なく、教員になった当時はどうやって絵を指導したらいいかわかりませんでした。

生徒から信頼される先生になるために、20〜30代のころは本気で絵画を勉強し、週末や夏休みなどは、山に行って風景の絵をたくさんかいて、コンプレックスを克服しました。

今は、授業以外に学校の報告書や計画書の作成などの校務に多くの時間を使うので、生徒と話をする時間をつくるのに苦労しています。

美術の先生の仕事でうれしいと思うのはどんなときですか?

指導した生徒のかく絵やイラストが目に見えて上達していると実感できたときや、生徒の絵が展覧会で入選して大きな美術館に展示されたときなどです。また、美術大学進学に向けて受験指導をした生徒からの合格の知らせなど、生徒たちががんばって夢をかなえたことを知ると、自分のことのようにうれしいです。

アーティストではなく、先生を続けようと思ったのはなぜ?

2001年に娘とアニメ『千と千尋の神隠し』を見たとき、ほんの数秒しかうつらない1枚1枚の絵がすばらしく、すべてのシーンが神秘的でアニメのレベルの高さに感動しました。それまではアニメやイラストよりも、美術の深い知識をもってかく絵画のほうが高いレベルにあると思いこんでいました。それがまちがいだったと気づき、過去に「アニメーターになりたい」という生徒に、真剣に向き合っていなかった自分を思い出して、もっとしっかり指導してあげるべきだった

知りたい

と反省しました。これをきっかけに自分がアーティストになりたいという気持ちより、生徒の未来の夢を応援して、クリエイターを育てたいという気持ちのほうが強くなったのです。

先生としていつも心がけていることを教えてください

先生がいいと感じるものを押しつける「上から目線」で指導すると、生徒はやる気を失います。未来の流行をつくり出すのは今の生徒の世代ですから、生徒たちがいいと思うものは未来の流行につながっています。それを尊重して、生徒の感性と気持ちを理解しながら、生徒のやる気を引き出すようにしています。

カレンからの質問

絵がうまくないと美術の先生にはなれませんか？

美術の知識やそのおもしろさを伝えるためには、必ずしも絵がうまくなくてもいいと思います。ただ、苦手なままで終わらせず、本気で上手になりたいと思って練習を重ね、思うようにいかなくて苦しむといった経験をしておくと、先生になって絵を上達させたい生徒がいたときに、その生徒の気持ちに寄りそって指導してあげられると思います。デッサンをたくさんかいて基礎をしっかり身につけることも大事ですよ。

わたしの仕事道具

黄色い付せん

授業のことや校務など、細かい用事が多いので、やることを1つずつ黄色い付せんに赤いサインペンで書き、パソコンなど目に見えるところに貼りつけています。これでうっかり忘れることをふせいでいます。

教えてください！

美術の先生の未来はどうなっていますか？

どんな未来でも美術という古典的な人類の知的財産を継いでいく仕事は残ると思います。未来の美術の先生は、知的財産を継ぎながら、AIなどの最先端の技術を駆使して生徒に接しているでしょう。

みなさんへのメッセージ

人には個性があり、趣味や興味、絵の好みもさまざまです。その感性のちがいを楽しいと思えたらいいですね。一方で多くの人が同じものに引かれることもあり、心理のなぞを考えるのも有意義だと思います。

横山文靖さんの今までとこれから

プロフィール

1959年東京都生まれ。武蔵野美術大学彫刻科を卒業し、1年間の就職浪人を経て神奈川県の高校教員として採用されました。2017年に美術科のある神奈川県立相模原弥栄高校に転勤。2021年「かながわ部活ドリーム大賞顧問賞」を受賞。2022年には美術部が「神奈川文化賞未来賞」を受賞しました。

1959年誕生

12歳
工作が大好きで、仮面ライダーの仮面を自作して、かぶって大満足していた。

17歳
理系への進学を希望していたが、数学や物理の勉強に限界を感じて、美術大学に進路を変更。合格をめざしてデッサンを猛練習する。

18歳
美術大学に入学し彫刻に夢中になる。卒業後は、就職浪人し、教員採用試験に向けて図書館で猛勉強。

23歳
神奈川県の教員採用試験に合格し、赴任先の高校が決まる。

27歳
絵の勉強ではじめた油絵の風景画をかくことに夢中になり、週末は山に出かけ、夏休みなどは山にこもる。

今につながる転機

アニメ『千と千尋の神隠し』を見て感動。アニメのすばらしさを知り、人生の目標が「アーティストになること」から「生徒の夢を応援すること」に変わる。

41歳

44歳
CG教室のある高校へ転勤し、美術にもコンピューターが使われると感じてCGの研究をはじめる。

美術科のある神奈川県立相模原弥栄高校に転勤、美術の指導と美術大学の受験指導に全力投球する。

57歳

現在

美術科と部員140人という全国最大規模の美術部を率いて奮闘中。

64歳

未来

70歳
教え子たちの活躍を見ながら、CGアニメづくりにチャレンジしたい。

横山文靖さんがくらしのなかで大切に思うこと

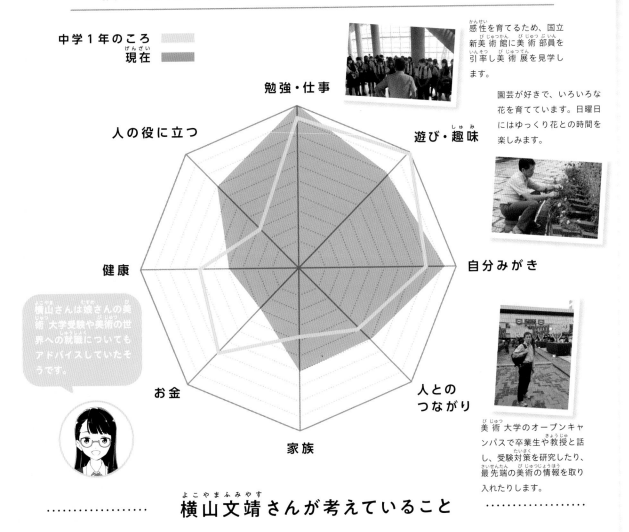

中学1年のころ
現在

- 勉強・仕事
- 人の役に立つ
- 遊び・趣味
- 健康
- 自分みがき
- お金
- 人とのつながり
- 家族

感性を育てるため、国立新美術館に美術部員を引率し美術展を見学します。

園芸が好きで、いろいろな花を育てています。日曜日にはゆっくり花との時間を楽しみます。

横山さんは娘さんの美術大学受験や美術の世界への就職についてもアドバイスしていたそうです。

美術大学のオープンキャンパスで卒業生や教授と話し、受験対策を研究したり、最先端の美術の情報を取り入れたりします。

横山文靖さんが考えていること

先人の残した知的財産を授業を通じて伝えていきたい

わたしは自分の存在の意義についてずっと考えてきました。そして今、言語をはじめ科学や哲学など、先人たちの残してきた多くの知的財産を継承することで、今の自分が存在していることを実感しています。美術の授業でも、遠くにあるものほど青みがかって、かすんで見えることを絵画表現に利用した

「空気遠近法」などたくさんの知的財産を生徒たちに伝え、継承していくことに充実感を覚えています。

わたしたちがおたがいの自由を尊重し、1人1人が充実した生活を送るために継承すべき人類の知的財産は「表現の自由」そして「民主主義」だと思います。そのことをさまざまな絵や写真を見せながら、美術の授業で伝えています。みなさんには、先人がわたしたちに残してくれた知的財産を学び、理解して、次の時代につなげてほしいと思っています。

ジブン未来図鑑 番外編

アートが好き！
な人にオススメの仕事

この本で紹介した、現代美術家、キュレーター、映像作家、美術の先生以外にも、「アートが好き！」な人たちにオススメの仕事はたくさんあります。ここでは番外編として、関連のある仕事をさらに紹介していきます。

▶ 職場体験完全ガイド ⑤ **p.3** とあったら
「職場体験完全ガイド」（全75巻）シリーズの5巻3ページに、その仕事のくわしい説明があります。
学校や図書館にシリーズがあれば、ぜひチェックしてみてください。

画家

（ こんな人が向いている！ ）

・絵をかくことが好き
・美術館で作品を見るのが楽しい
・いろいろなものを観察するのが得意

（ こんな仕事 ）

　自分の思いや表現したいことを絵画としてかき、収入を得る仕事です。油彩画、水彩画、伝統的な素材を使う日本画などの技法のちがいや、人物画、風景画など、テーマやかくもののちがいがあり、それぞれ得意な分野をもって活動しています。

（ 画家になるには ）

　多くの人は、美術系の大学や専門学校に進学して絵画の技術を学びます。展覧会や個展で画商などに注目されると作品を買ってもらえるようになります。

▶ 職場体験完全ガイド ㉜ p.3

彫刻家

（ こんな人が向いている！ ）

・工作することが好き
・手先が器用といわれる
・コツコツと粘り強く努力できる

（ こんな仕事 ）

　金属、石、木材、粘土、石膏などいろいろな素材を、削ったり加工したりして立体の作品をつくります。公園や町の施設などにある像は、彫刻家が注文を受けてつくることが多いです。近年は、プラスチックなど、素材の幅も広がっています。

（ 彫刻家になるには ）

　美術系の大学や専門学校に進学し、彫刻やデッサンの技術を学ぶ人が多いです。注文がもらえるようになるために、展覧会やコンテストに出品して実績を積みます。

▶ 職場体験完全ガイド ㉝ p.3

陶芸家

（ こんな人が向いている！ ）
- 工作や絵をかくことが好き
- 目標に向かってがんばることができる
- 使う食器にこだわりがある

（ こんな仕事 ）
　食器や花瓶やオブジェなどの陶磁器をつくる仕事です。土をこねるところから、ろくろなどで形を整え、絵や模様をかいて、高温で焼いて完成させるまで、すべての作業を行います。できた陶磁器は問屋や組合、ホームページなどを通じて販売します。

（ 陶芸家になるには ）
　工房に就職したり、師匠に弟子入りしたりして修業します。高校や大学などで基礎を学び、就職・弟子入りする人もいます。一人前になると独立する道もあります。

▶職場体験完全ガイド ⑫ p.3

書道家

（ こんな人が向いている！ ）
- 友だちに「字がきれい」といわれる
- 漢字の書き順はしっかり覚えている
- 日本や中国の伝統文化に興味がある

（ こんな仕事 ）
　書家とも。筆と墨で文字などを書く仕事です。作品としての書の販売だけでなく、企業やお店の筆文字のロゴ製作、映画や本のタイトルや看板の文字を書くなど、依頼にこたえる仕事もあります。書道教室を開くなど、書道教育の場でも活躍できます。

（ 書道家になるには ）
　書道の師匠について指導を受け技術をみがき、実力を身につけたら独立します。企業や店などから依頼を受けて仕事をするには売り込みも必要です。

▶職場体験完全ガイド ㊱ p.13

映画監督

（ こんな人が向いている！ ）
- 動画を撮るのが得意
- 空想するのが好き
- よくリーダーをまかされる

（ こんな仕事 ）
　たくさんのスタッフを指揮して映画をつくり上げる仕事です。映画の内容、出演者、脚本家、衣装、撮影場所などを決め、撮影では演技指導もします。脚本を自分で書く場合もあります。映画が公開される前後には宣伝活動も行います。

（ 映画監督になるには ）
　映画製作会社に入社して現場ではたらきながら監督をめざしたり、自分で映画をつくってコンテストに応募したりするなど、さまざまな方法があります。

▶職場体験完全ガイド ㉝ p.13

アートディレクター

（ こんな人が向いている！ ）
- いろいろな芸術に興味がある
- チームで協力して活動するのが得意
- リーダーとして人をまとめる力がある

（ こんな仕事 ）
　さまざまなイベントや商品、広告などのメディアで、ビジュアル面の総合的な演出を行いデザインをまとめ上げる仕事です。仕事の依頼を受けると、さまざまなアーティストをはじめとするスタッフをとりまとめて、決められたスケジュールの中で全体をまとめ上げます。

（ アートディレクターになるには ）
　デザインの知識と技術が必要になるため、大学や専門学校でデザインを学び、広告制作会社やデザイン会社などでデザイナーとして経験を積んだあとに仕事につくのが一般的です。

アートギャラリースタッフ

（ こんな人が向いている！ ）

・美術館に行くのが楽しい
・好きな作品を友だちに広めたい
・イベントの企画が好き

（ こんな仕事 ）

　アートギャラリーでは、絵画や彫刻など美術作品を展示しながら販売しています。スタッフは、アーティストと相談しながら展示の企画を立て、展示の準備、作品輸送の手配、来場者の招待や案内、作品が売れた場合の配送やお金のやりとりなどを行います。若手のアーティストの発掘をする場合もあり、海外とのやりとりも増えています。

（ アートギャラリースタッフになるには ）

　資格は特に必要ありませんが、アートの知識や、アートへの高い関心が必要です。大学で美術を学んだり、美術館や博物館ではたらく専門の仕事である学芸員の資格を取ったりすると有利です。

美術用品メーカースタッフ

（ こんな人が向いている！ ）

・美術に興味がある
・アイデアをいろいろ思いつく
・文房具など、もちものにこだわりがある

（ こんな仕事 ）

　絵の具や筆、画用紙、額縁など、美術作品をつくるのに必要な道具を制作する会社ではたらきます。新製品を考える企画やそれを実際に商品の形にする開発、工場での生産、製品を売り込む営業、事務など、さまざまな職種があります。

美術用品メーカースタッフになるには

　各メーカーの採用試験を受けます。多くの会社は大学卒業を条件としているので、大学に進学すると有利です。絵の具や工場の機械の開発をする場合、化学や工学など理系の大学の大学院で学んでいることが条件になることもあります。美術作品に多く触れて美術の知識を増やしておくのもよいでしょう。

「職場体験完全ガイド」で紹介した仕事

「アートが好き！」な人が興味を持ちそうな仕事を PICK UP！

こんな仕事も…

グラフィックデザイナー／美術品修復家／運送会社の美術品輸送スタッフ

関連のある仕事や会社もCHECK！

関連のある仕事

関連のある会社

身近なところにも、アートに関係する仕事はたくさんあるんだね。

仕事の未来地図
アートが好き！

未来予想1

**AIには決してできない
個性的な表現がもとめられる**

　これからはAIによる絵画や映像の生成が今以上に盛んになっていくことが予想されます。そのようななか、アート作品にはこれまで以上に人間にしか表現できない価値がもとめられていくことでしょう。

　AIを自分の表現を拡張するツールとして使うアーティスト、AIとかかわらずに自分の表現を追求するアーティスト、人間ならではの視点で社会問題に迫るアーティスト、それぞれがAIとどう向き合うかを考える時代がすぐそこまで来ています。

未来予想2

**デジタル化で作品の鑑賞方法や
流通も変わっていく**

　デジタル化でアート作品を鑑賞する方法も変わってきました。生の作品を美術館やギャラリーで鑑賞するばかりでなく、デジタルデータ化された作品をパソコンやタブレットなどで鑑賞できる機会も増えました。また、バーチャルな空間で開催される美術展も増えています。

　最近ではNFTとよばれる1点しかない唯一の作品であることが証明されたデータ形式で、生の作品のように高価で取引されるデジタル作品も身近になってきました。

これから注目の職業！！

　さまざまな社会問題を抱えていくこれからの時代には、その問題を独自の切り口で提示する現代美術家の役割がますます注目されていくでしょう。同じように、アートと社会をつなぐキュレーションの仕事も美術館やギャラリーだけでなく、さまざまな場面でもとめられていくでしょう。

未来のために身につけておきたい3つのスキル

1
**社会の問題に関心をもち
自分で考える力**

これからのアートには、より世界や国内のさまざまな問題へのまなざしがもとめられるでしょう。ニュースや本に親しみ、社会について考えてみましょう。

2
**IT技術を身につけ
使いこなす力**

アートの世界にも、デジタル化の波が押し寄せています。パソコンや電子機器についての知識をもっておくことで、より柔軟な発想ができるでしょう。

3
**経済やお金の流れに
ついての知識**

アート作品をつくることができても、それがお金を生み出さなくては職業として成り立ちません。アートにおける経済やお金の感覚をみがいておきましょう。

取材協力

神奈川県立相模原弥栄高等学校
株式会社 思文閣
株式会社 NION（ナイオン）
セイコーエプソン株式会社
東京都現代美術館
独立行政法人 国際交流基金
無人島プロダクション

撮影協力

上田良
益永梢子

スタッフ

イラスト	加藤アカツキ
ワークシート監修	株式会社 NCSA
	安川直志（キャリアデザインアドバイザー）
	安川志津香（キャリアデザインアドバイザー）
編集・執筆	安藤千葉
	須藤智香
	田口純子
	前田登和子
	吉田美穂
校正	菅村薫
撮影	糸井康友
	大森裕之
	戸嶋日菜乃
デザイン	パパスファクトリー
編集・制作	株式会社 桂樹社グループ
	広山大介

ジブン未来図鑑　職場体験完全ガイド＋　⑭ **アートが好き！**

現代美術家・キュレーター・映像作家・美術の先生

発行　2024年4月　第1刷

発行者　加藤 裕樹
編集　　湧川 依央理、柾屋 洋子
発行所　株式会社 ポプラ社
　　　　〒141-8210
　　　　東京都品川区西五反田3-5-8
　　　　JR目黒MARCビル12階
ホームページ　www.poplar.co.jp（ポプラ社）
　　　　　　　kodomottolab.poplar.co.jp（こどもっとラボ）
印刷・製本　図書印刷株式会社

©POPLAR Publishing Co.,Ltd. 2024
ISBN978-4-591-18093-8
N.D.C.366／47P／27cm
Printed in Japan

ポプラ社はチャイルドラインを応援しています

あそびをもっと。
まなびをもっと。

？！
こどもっとラボ

18さいまでの子どもがかけるでんわ
チャイルドライン®
0120-99-7777
毎日午後4時〜午後9時 ※12/29〜1/3はお休み

電話代はかかりません 携帯（スマホ）OK

18さいまでの子どもがかける子ども専用電話です。
困っているとき、悩んでいるとき、うれしいとき、
なんとなく誰かと話したいとき、かけてみてください。
お説教はしません。ちょっと言いにくいことでも
名前は言わなくてもいいので、安心して話してください。
あなたの気持ちを大切に、どんなことでもいっしょに考えます。

チャット相談はこちらから

P7225014

自分の未来を「好き」から選ぶ、キャリア教育の新定番!

ジブン未来図鑑 職場体験完全ガイド+ N.D.C.366(キャリア教育) 全15巻

第1期

❶ 食べるのが好き!
パティシエ・シェフ・すし職人・料理研究家

❷ 動物が好き!
獣医・トリマー・動物飼育員・ペットショップスタッフ

❸ おしゃれが好き!
ファッションデザイナー・ヘアメイクアップアーティスト・スタイリスト・ジュエリーデザイナー

❹ 演じるのが好き!
俳優・タレント・アーティスト・ユーチューバー

❺ デジタルが好き!
ゲームクリエイター・プロダクトマネージャー・ロボット開発者・データサイエンティスト

第2期

❻ スポーツが好き!
サッカー選手・野球監督・eスポーツチーム運営・スポーツジャーナリスト

❼ 子どもが好き!
小学校の先生・保育士・ベビーシッター・スクールソーシャルワーカー

❽ 医療が好き!
医師・看護師・薬剤師・診療放射線技師

❾ アニメが好き!
イラストレーター・アニメーター・声優・ボカロP

❿ 宇宙が好き!
宇宙飛行士・星空写真家・宇宙開発起業家・天文台広報

第3期

⓫ 助けるのが好き!
警察官・消防官・臨床心理士・介護福祉士

⓬ 自然が好き!
農家・バイオテクノロジー研究者・林業従事者・建築家

⓭ ホラーが好き!
ホラー小説家・歴史学者・オカルト編集者・お化け屋敷プロデューサー

⓮ アートが好き!
現代美術家・キュレーター・映像作家・美術の先生

⓯ 旅が好き!
登山ガイド・アウトドアブランド経営者・旅行会社スタッフ・写真家

仕事の現場に完全密着! 取材にもとづいた臨場感と説得力!!

職場体験完全ガイド N.D.C.366(キャリア教育) 全75巻

第1期

❶ 医師・看護師・救急救命士 ❷ 警察官・消防官・弁護士 ❸ 大学教授・小学校の先生・幼稚園の先生 ❹ 獣医師・動物園の飼育員・花屋さん ❺ パン屋さん・パティシエ・レストランのシェフ ❻ 野球選手・サッカー選手・プロフィギュアスケーター ❼ 電車の運転士・パイロット・宇宙飛行士 ❽ 大工・人形職人・カーデザイナー ❾ 小説家・漫画家・ピアニスト ❿ 美容師・モデル・ファッションデザイナー

第2期

⓫ 国会議員・裁判官・外交官・海上保安官 ⓬ 陶芸家・染めもの職人・切子職人 ⓭ 携帯電話企画者・ゲームクリエイター・ウェブプランナー・システムエンジニア(SE) ⓮ 保育士・介護福祉士・理学療法士・社会福祉士 ⓯ 樹木医・自然保護官・風力発電エンジニア ⓰ 花卉農家・漁師・牧場作業員・八百屋さん ⓱ 新聞記者・テレビディレクター・CMプランナー ⓲ 銀行員・証券会社社員・保険会社社員 ⓳ キャビンアテンダント・ホテルスタッフ・デパート販売員 ⓴ お笑い芸人・俳優・歌手

第3期

㉑ 和菓子職人・織物職人・蒔絵職人・宮大工 ㉒ 訪問介護員・言語聴覚士・作業療法士・助産師 ㉓ 和菓子職人・すし職人・豆腐職人・杜氏 ㉔ ゴルファー・バレーボール選手・テニス選手・卓球選手 ㉕ テレビアナウンサー・脚本家・報道カメラマン・雑誌編集者

第4期

㉖ 歯科医師・薬剤師・鍼灸師・臨床検査技師 ㉗ 柔道家・マラソン選手・水泳選手・バスケットボール選手 ㉘ 水族館の飼育員・盲導犬訓練士・トリマー・庭師 ㉙ レーシングドライバー・路線バスの運転士・バスガイド・航海士 ㉚ スタイリスト・ヘアメイクアップアーチスト・ネイリスト・エステティシャン

第5期

㉛ ラーメン屋さん・給食調理員・日本料理人・食品開発者 ㉜ 検察官・レスキュー隊員・水道局職員・警備員 ㉝ 稲作農家・農業技術者・魚屋さん・たまご農家 ㉞ 力士・バドミントン選手・ラグビー選手・プロボクサー ㉟ アニメ監督・アニメーター・美術・声優

第6期

㊱ 花火職人・筆職人・鋳物職人・桐たんす職人 ㊲ 書店員・図書館司書・翻訳家・装丁家 ㊳ ツアーコンダクター・鉄道客室乗務員・グランドスタッフ・外国政府観光局職員 ㊴ バイクレーサー・重機オペレーター・タクシードライバー・航空管制官 ㊵ 画家・映画監督・歌舞伎俳優・バレエダンサー

第7期

㊶ 保健師・歯科衛生士・管理栄養士・医薬品開発者 ㊷ 精神科医・心療内科医・精神保健福祉士・スクールカウンセラー ㊸ 気象予報士・林業作業士・海洋生物学者・エコツアーガイド ㊹ 板金職人・旋盤職人・金型職人・研磨職人 ㊺ 能楽師・落語家・写真家・建築家

第8期

㊻ ケアマネジャー・児童指導員・手話通訳士・義肢装具士 ㊼ 舞台演出家・ラジオパーソナリティ・マジシャン・ダンサー ㊽ 書籍編集者・絵本作家・ライター・イラストレーター ㊾ 自動車開発エンジニア・自動車工場従業員・自動車整備士・自動車販売員 ㊿ 彫刻家・書道家・指揮者・オペラ歌手

第9期

51 児童英語教師・通訳案内士・同時通訳者・映像翻訳家 52 郵便配達員・宅配便ドライバー・トラック運転手・港湾荷役スタッフ 53 スーパーマーケット店員・CDショップ店員・ネットショップ経営者・商店街さん 54 将棋棋士・総合格闘技選手・競馬騎手・競輪選手 55 プログラマー・セキュリティエンジニア・アプリ開発者・CGデザイナー

第10期

56 NASA研究者・海外企業日本人スタッフ・日本企業海外スタッフ・日本料理店シェフ 57 中学校の先生・学習塾講師・ピアノの先生・料理教室講師 58 駅員・理容師・クリーニング屋さん・清掃作業スタッフ 59 空手選手・スポーツクライミング選手・プロスケートボーダー・プロサーファー 60 古着屋さん・プロゲーマー・アクセサリー作家・大道芸人

第11期 (会社員編)

61 コクヨ・ヤマハ・コロナ・京セラ 62 富士通・NTTデータ・ヤフー・NDソフトウェア 63 タカラトミー・キングレコード・スバリゾートハワイアンズ・ナゴヤドーム 64 セイコーマート・イオン・ジャパネットたかた・アマゾン 65 H.I.S.・JR九州・伊予鉄道・日本出版販売

第12期 (会社員編)

66 カルビー・ハウス食品・サントリー・雪印メグミルク 67 ユニクロ・GAP・カシオ・資生堂 68 TOTO・ニトリホールディングス・ノーリツ・ENEOS 69 TBSテレビ・講談社・中日新聞社・エフエム徳島 70 七十七銀行・楽天Edy・日本生命・野村ホールディングス

第13期 (会社員編)

71 ユニ・チャーム・オムロン ヘルスケア・花王・ユーグレナ 72 三井不動産・大林組・ダイワハウス・乃村工藝社 73 au・Twitter・MetaMoji・シャープ 74 ABEMA・東宝・アマナ・ライゾマティクス 75 東京書籍・リクルート・ライフイズテック・スイッチエデュケーション

ワークシート 「自分のキャリアをイメージしてみよう」

STEP1

1

「自分の生まれた年」と「現在の年齢」、「今好きなこと」や「小さいころ好きだったこと」を書いてみましょう。

2

この本で紹介している4人の「今までとこれから」を参考に、「これから学びたいこと」「してみたいこと（アルバイトなど）」「どんな仕事につきたいか」「どこにだれと住んでいたいか」を、年齢も入れながら書いてみましょう。

3

60歳の自分が「どんなくらしをしているか」、想像して書いてみましょう。

4

気づいたことを、メモしておきましょう。

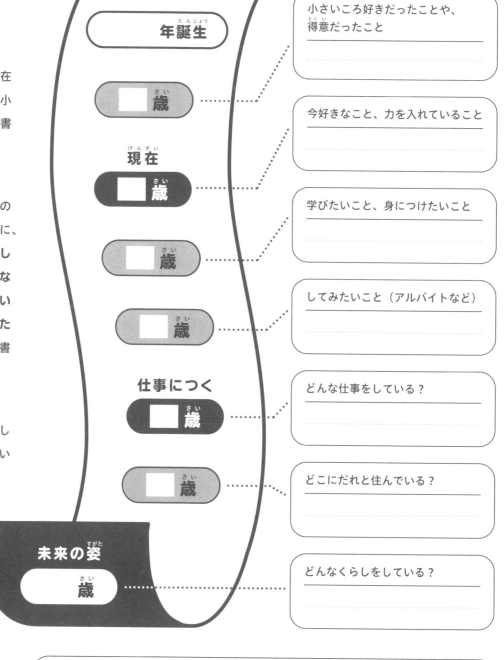

誕生年

小さいころ好きだったことや、得意だったこと

□歳

今好きなこと、力を入れていること

現在
□歳

学びたいこと、身につけたいこと

□歳

してみたいこと（アルバイトなど）

□歳

仕事につく
□歳

どんな仕事をしている？

□歳

どこにだれと住んでいる？

未来の姿
□歳

どんなくらしをしている？

なりたい自分に近づくために必要なこと

気づいたこと

STEP2

なりたい自分に近づくために必要なことは何か、課題は何か、考えてみましょう。